宗通與說通

——成佛之道

平實導師　著

ISBN 957-97840-7-8

本書提示眞實可行之禪宗明心應有知見與次第，依之修學，易得建立將來證悟明心所須之正確知見，並次第建立將來眼見佛性所需之功夫與知見。並於書中略述悟後進修之道，以此奉獻佛門一切學人，願我佛門學人詳讀之，如實依之而修，普得見道！

修學佛法者，應有明確之目標，然後應有到達此一目標之方法與次第，而此方法與次第必須是確實可行者。如是學佛，方能有成，不致於浪擲此世之生命時間與精力財物於常見、斷見等似是佛法而非佛法之佛門外道等道場上，一世便得大乘般若之見道，乃至超越第一大阿僧祇劫，方是有智之學佛人也！

如聖教所言，成佛之道以親證阿賴耶識心體（如來藏）爲因，《華嚴經》亦說證得阿賴耶識者獲得本覺智，由此證實：證得阿賴耶識者即是大乘法中之開悟者，即是大乘別教勝法眞見道者。經、論中又說證得阿賴耶識而轉依識上所顯眞實性與如如性，能安忍而不退失者即是證眞如、即是聖人，當知親證阿賴耶識時即是開悟見道也；除此以外，別無大乘別教、圓教正法之眞見道；若尚有他法可作爲見道內容者，則成爲見道內涵有多種，則成爲實相有多種，則違實相絕待之聖教也。

自序

余自破參及出道弘法以來，未曾起念欲與諸方名師對話。一則諸方名師自視甚高，大多不屑與默默無聞之余對話。二則諸方墮處，余已悉知；欲以深妙之般若種智及解脫智，與諸方誤解般若及解脫智者晤談，必定扞格不入，故爾意興闌珊；非因自抬身價故推諉不見。

今夏出版《楞伽經詳解》第三輯時，改絃易轍，於名師之誤導衆生及破壞正法者，悉皆稱名引述其文而辨正之；此舉亦引起部份患有「名師情執症、法師情執症」之學人煩惱，而於網際網路施余以人身攻擊，認定余爲惡人，而不對余提出法義辨正；較著者爲現代禪副宗長張志成先生，及化名爲「木石」者。

復有初機學人，初學佛法甫三五年，自謂已知佛法，不能忍於余之評論諸方法師邪見，復未詳閱拙著諸書，便於網際網路攀誣余，謂余同於宋七力、妙天、青海、太極門、義雲高…等外道，妄評余法，如小學生之評論大學教授。諸方大師不敢向余提出法義之辨正，而彼輕易爲之；猶彼井蛙，難可爲彼解說天之廣袤，如是類人亦復如是，難可與語，唯能一笑置之。

近年往往於定中觀見往昔世之弘法淨行，及無量世前之誤造謗法業而受報等等，爲示因緣果報不虛，以警初學狂慢學人樂造謗法業者，有時披露一二。然終不說往世多生姓氏名號，學人亦莫探問，待余捨壽時自當明告。學余法者，要在余法之眞實與勝妙，完全契合三乘經典，能申三乘經典密意，令人如說而證。往昔多世之虛名，無益學人；彼時所證般若，遠不及今世故，如是虛名，說之徒增慚恥，無可炫人者，諸方學人莫以此相要。

諸方所不願爲之惡人，而余一肩挑之，護持「批判之佛教」，實因教內自我批判評論之舉，猶如各級政府設置政風處之自我監督，能令教中弊絕風清，是佛教中之防腐劑故，以此能令佛教正法垂之久遠故。期盼諸方耆宿新秀，跳出人身攻擊之窠臼，具眞姓名提出法義辨正，令眞理越辯越明，使得學人可以從中檢魔辨異，獲得法益。若不作法義辨正，而作法義辨正外之言語者，乃是俗人之所爲者，非佛門學人之所應爲。

本書多引《阿含經》者，乃因現代禪張志成先生妄誣余爲否定《阿含經》者，故多引阿含佛語爲證。後當別造《阿含正義—唯識學探源》，詳述諸方耆宿所不知不證之阿含密意，令佛世阿含正義顯示照耀於此時之娑婆。

復次，余之判教，悉不遵從智光、月稱、宗喀巴、印順諸人之見，彼等諸人所判皆是見始非分故。余不隨諸錯悟祖師言語，完全依三乘經典及所證道種智，重新檢校，回歸世尊三轉法輪原旨，亦符合玄奘大師之判教。完全不依現代佛教學術界研究所得之歷史觀點和立論文獻，此諸學術研究者之所依論據，多依日本學術界及密宗應成派中觀邪見先作定見而後立論故，此諸學術研究者皆未知解三乘菩提三轉法輪經旨故。譬如印順法師爲佛門碩德耆宿，而其立論偏邪，違教悖理，不可信受，何況其餘非有佛法修證之研究「佛教學術」者？不可信也。

若余之判教，同於諸方未悟名師、同於印老，則以諸方著作繼續流通即足，不須余之辛苦別造諸書也！余既無意攀緣諸方而求名利，何須如是辛苦埋首造論判教耶？乃因古今諸方研究學術者誤判等事所在多有故，是故不應責余判教之異於現代研究「佛教學術」者。

本書中多舉名師之邪見而作辨正者，無意唐突名師；乃欲令義易了，故多舉證名師邪見而辨正之，令學人容易知其分際，遠離邪見，爲學人後時之見道宗通乃至說通而作因緣。茲以出版時至，乃造此序略述私意，即以爲序。

大乘末法孤子　蕭平實　謹誌

公元二千年立秋序於喧囂居

張序

吾師平實先生自一九九〇年破參親證實相迄今十載，以其親證如來藏之功德勤修三昧，深入三藏十二部經，對於大藏經所顯眞實義理具足了知，洒至微細淆訛之法義，亦皆圓滿證解無礙，智慧之深妙令人嘆爲觀止。十年來吾師所演述之法，從凡夫位始，歷十信、十住、十行、十迴向，近年更直示初地之法要，乃至二地、三地……等覺、妙覺進修之道，亦皆一一鋪陳明述；對於佛法之全貌和盤托出，令行人一窺究竟，可謂當代全球獨一無二「宗」「教」俱通之大善知識。

吾師由於佛法理路之通達及憐憫佛子被各方知識誤導之深切悲願，近年來戮力摧毀諸方邪說謬見，顯示唯一佛乘—如來藏正理，席不暇煖，無怨無悔。多年來，吾師演述《正法眼藏—護法集、平實書箋—答元覽居士書、眞實如來藏、楞伽經詳解、成唯識論、如來藏系精選經典、大乘起信論》等第一義諦正理，一則用以護持已悟佛子之見地使其得不退轉，二則顯示教界諸多異端邪說，使今世後世學人得以揀擇正法及辨明眞假善知識，建立釋迦世尊如來藏正法於不滅之地。吾師大慈大悲，大智大勇之風範可見一斑，亦是吾等大乘佛子之精神標竿，果圜何其有幸得以親近熏聞，當盡未來際矢志弘法護法，永不改易。

《宗通與說通》爲吾師最新之作，書中不僅詳述如何通達宗門，證解第一義諦，對於現今全球大乘見道之岐路─常見、斷見、自性見、邪見外道見等更是一一枚舉，苦口婆心，警惕衆生。尤有重者如印順導師及密宗應成派中觀師之否定阿含所說十八界之意根第七識及涅槃本際（阿賴耶、有分識、窮生死蘊），爲害之大足可斫喪佛法根本，若不摧毀如是異說，顯示正法，則若干年後娑婆世界將無世尊了義正法住世，全部都將被其邪說所籠罩，置衆生於萬劫不復之境地，其害不可謂輕也！

再者對於台灣當今教界之怪象，一窩蜂推崇密宗活佛、法王、仁波切之風氣，誤導衆生至鉅，令人憂心。吾師多年來蒐集密教典籍二百餘册，以其通達一切法義之法眼，對於密教中隱覆之邪見謬見究竟曉了。實質上，密教祖師所著密續及自古至今口耳相傳之無上瑜伽、大樂光明、黑嚕嘎……等法，皆是不離欲界有爲之法，爲無明所罩，不起明相；二乘見道且無，何況超凡越聖、究竟成佛？爲摧伏此異端邪說，吾師於此著墨甚多，原因無他，唯欲救度一切爲密教所誑惑之衆生，正本清源，引其趣入大乘見道。

「說通—從宗入教」章，更將大乘菩薩七住親證如來藏爲基點，八住位後漸漸生起後得無分別智，至佛地究竟圓滿之次第脈絡，條分縷析，引導學人深入探究三乘菩提之異同，指示悟後起修之道，使別教菩薩悟後，能歷經習種性、性種性、道種性之修行，永伏思惑，離異生性，發起聖性而入初地；乃至如何修學初地大乘照明三昧、如何入二地、三地……等覺，及頓斷最後一分極微細所知障，金剛喻定現前，究竟成佛，將《成佛之道》之全貌口說手呈，可謂悲心至極。

「弘法與護法—從宗出教」則是籲請一切親證三乘菩提之大菩薩，具有思辨能力及言語辯才者，皆當憫念衆生，救護衆生遠離邪見迴向正道，出世弘法，破邪顯正，令諸衆生得最勝法，能令有緣學人趣入大乘別教甚深法義，矗立正法之大纛。

「簡異辨邪—三界唯心萬法唯識」，則指陳眼等八識乃三界萬法之王，三界萬法皆因八識心而展轉生起，佛菩提道及二乘解脫亦悉攝其中。吾師更於本章略敘《百法明門論》，使學者能因之而契入大乘般若，現前領受八識心王一一心之自性同異，觀見七轉識由阿賴耶識展轉而生，與阿賴耶識非一非異之理，現起般若中道智。

綜觀吾師十年來之修行見地，可謂一日千里，於佛法之全貌已無所疑，一切法皆從其自性汩汩流出，洋洋灑灑，浩浩蕩蕩，聞者悉皆為之嘆服。尤其是摧邪顯正護持正法之決心和勇氣，更是當今滾滾紅塵道場中之異數，不惜得罪諸方大師、大居士、大法王、大活佛，力顯如來藏真實正理，揭示唯一佛乘妙義，欲救芸芸學人，如此宗教俱通之大善知識眞可謂「百千萬劫難值遇」；普願一切有緣佛子，善能揀擇眞正善知識，速入大乘見道，隨吾師修學一切種智。

吾也才疏學淺，於修行功行進境更是不足為道，唯一可堪告慰者乃十年來追隨吾師修學，始終如一；比之吾師之光明智慧，吾如蚊蚋，實不足以提筆為序，但為護持吾師摧邪顯正故，乃遵師命勉強為文，敬祈十方大德善具慧眼，同證菩提。

阿彌陀佛！

菩薩戒子張果圜　敬序

二〇〇〇年夏於正覺講堂

宗通與說通——成佛之道

第一章 概說

第一節 總釋宗通與說通——證第一義諦

本書所謂通者，非謂世俗神通，乃謂宗門意旨之通達，以及教導衆生第一義諦之教法已經通達；乃謂第一義諦般若之通達，又名法通，非謂三界世俗有爲之神通也。

世俗神通乃三界中衆生意識境界分段入出之法，愚夫不知其幻，執爲實有，因茲起慢及瞋，造作能感後世三惡趣之三業行支，來世大多失於人身，淪入鬼神道，與諸夜叉地神山神宅神及諸精魅仙人爲伍，展轉互相牽絆，難復人身，不聞佛法；長劫處於生命之黑暗長夜，輪轉生死，世俗神通是鬼神相應法故。

復次，神通無關證悟，是三界中世俗境界故，無關般若故。如諸鬼神道及道教中之神祇，亦如一神教之上帝阿拉，三如人間之有神通仙人與佛子，悉有神通，皆是世俗有爲法；通力或大或小或深或淺，然無有能知般若者，乃至淺如二乘菩提，彼諸神通衆生與上帝悉不能知，何況能知大乘般若？是故神通無關證悟，不可謂有神通者必是證悟之人，唯除菩薩示現神通，以度俗人入學人位中。

然於佛教中言，般若之證悟，有助於神通之增長，而非必發起神通。佛子於證悟般若前，若已曾修定修通有成者，於證悟後，心轉清淨，令彼原有世俗有漏神通轉易成無漏妙定神通，通力及境界變化倶皆增長；是故佛子心大歡喜，欲示衆生般若之妙，乃現神通：於虛空中若行若坐若臥，上身出水下身出火，上身出火下身出水，具十八種神變。然彼神通非因證悟而得，乃因悟前之修定修通而得，因悟後離染而增長。若佛子悟前未修定修通者，悟後唯得宗通，不得神通。唯除往世已證神通，今世忽忘者，此名報得神通，因悟而顯。若往世未修得神通，則今世悟後亦不能現神通，是故佛門中不以神通之有無而判定是否證悟，此乃佛門中一切善知識之共識。

復次，證悟之人無有神通者比比皆是，可以聲聞乘及大乘之證悟聖者爲例，證實余語之非虛也。如佛世之蓮花色比丘尼，乃是倶解脫之大阿羅漢，早已證悟聲聞菩提及取證滅盡定，然因神通乃三界世俗有爲法，無益解脫道之修證，反因修學神通而必障礙解脫道，故蓮花色大阿羅漢悟後不修神通。一日，有諸強梁垂涎蓮花色大阿羅漢之絕色，心生淫意，綁架禁閉之，欲俟入夜而後染指；蓮花色阿羅漢雖有聲聞菩提證悟，以及四禪八定滅盡定之修證，竟不能離去；後因目犍蓮尊者聞悉此事，飛入禁閉之牢，當場傳授神足通，蓮花色阿羅漢方得隨目犍蓮尊者飛離彼處，免受玷污；是故神通無關證悟，證悟非必有關神通。

亦如禪宗傳至中土，二祖慧可禪師之後，大多未有神通，唯除悟前已曾修神通者。如三祖僧璨、五祖弘忍、藥山惟嚴，馬祖道一、南泉普願、黃蘗希運、趙州從諗、石頭希遷、德山宣鑒、臨濟義玄……乃至大慧宗杲轉生至於二十世紀末仍無神通，如是證悟之人而無神通者，比比皆是，難以盡數，皆因修學神通之時未至故；皆因修學道種智之時間尚且不足，何有閑暇修學無關般若及解脫之世俗神通？然諸無聞佛子不得因彼諸祖無有神通，而妄謂爲非悟之人也。

神通無關證悟，故若有人神通廣大而示現者，非必是悟者；應以其著述中之演述三乘菩提內涵而判定之。若其所著所述三乘菩提知見偏差，縱有大神通能炫惑世人，令諸俗人迷信崇拜，仍不得謂其已悟。譬如余於二〇〇〇年所著《宗門血脈》，及一九九九年所著《宗門道眼》書中所述大陸元音老人，今已逝世，而其徒衆風聞宣揚其捨壽後之大神通及舍利，謂人曰：「如此具有大神通之修證者，云何可言其未悟？是必證悟之聖者。」如是之人，名爲俗人，非佛法中之學人也。謂如是徒衆不具聞慧思慧，不知神通之本質，不知神通與定慧之關連所在。

元音老人在世之時，未有大神通，云何甫逝便生大神通？顯見其歿後之大神通非眞，多是穿鑿附會，以訛傳訛，渲染所成，非必眞實。西洋有寓言云：某甲晨起，忽見一雞無故掉下一根羽毛，說向某乙；某乙說與某丙時謂：「有人見雞無故掉下二三根羽毛。」展轉傳至最後一人時，謂云：「有人晨朝忽見一雞掉光全身羽毛。」密宗行人轉述祖師證量及神通境界時，率多如是；如彼等傳說密勒日巴之證量悉皆非實，以密勒日巴捨壽前尚未證得四禪，亦未修入初禪離欲境界，復未證悟大乘般若，乃至未證聲聞初果，云何有彼傳說中之大神通？

元音老人歿後被人傳說之大神通境界亦復如是，悉屬以訛傳訛、穿鑿附會渲染所成，非眞實也！何以故？以其生前尚未證得粗淺之初禪定境故，尚未證悟三乘菩提之任何一種智慧故；彼諸著述現在，識者閱已便知，不容徒衆含混其詞；假饒元音老人歿後眞有大神通境示現，亦不能推翻其未悟之事實，彼於生前依常見外道見所作之著述今仍現在，鐵證如山，無可懷疑。如智者大師云：「神通度俗人，智慧度學人。」有智學人唯依三乘諸經智慧爲皈，不迷於一切凡夫所現之神通表相，何況生前未有神通，而於歿後由徒衆渲染附會傳說之者？

復次，神通境界之高下，與行人之定境層次高低有關，亦與行人所證智慧之爲有漏世俗智、無漏出世智有關；於佛法中，神通境界之高下，亦與所證三乘無漏智之差別而有異同，非可一概而論，佛子亦應知之。舉要言之：同是證得神通之人，上地能知下地境，下地不知上地境。譬如凡夫及未證初禪之外道所得神通，不能測量已證初禪境界者之神通，：乃至凡夫外道證得無所有處定者所得神通，不能測量得非非想處定者所得神通。亦如外道凡夫之神通境，不能測量佛門證道者兼修神通所得通境。三如同爲具有四禪八定滅盡定及神通之三乘無學，聲聞不能測量緣覺通境，緣覺不能測量菩薩通境，菩薩不能測量佛之通境。凡此皆因定境高下、有漏無漏、三乘菩提差別等而有高下異同，佛門學人宜應知之，以免遭致有神通之附佛門外道所迷惑。

三者，菩薩修學佛道，不應如諸名師之顚倒次第、一知半解而修。成佛之道有其進階次第，佛說菩薩於三賢位之第六住修四加行及學般若，證悟藏識，生般若慧，漸漸通達而入初地，修學百法明門滿足而入二地；二地持戒清淨及修學千法明門而入三地，三地修增上心學——四禪八定及四無量心，將至滿心位方修五神通。此是眞正成佛之道，首要乃在明自眞心—成就中觀，而後隨入初地無生法忍及二地三地無生法忍，依三地無生法忍般若而修禪定，禪定成就具足之後始修習五神通；乃是以般若慧為主，未得三地無生法忍前，不修五神通。聞慧思慧不具之人，不曉此理，迷惑於世俗神通有為之法，將彼具有神通之凡夫外道奉為證悟聖人，輕賤無有神通之三地以下菩薩，於菩薩依般若證量所開示之理不屑聞之、不屑讀之，眞俗人也。

桃園南崁亦有某大活佛，奉常見外道之義雲高為師，徒衆渲染其神通廣大，奉之如佛；然竟對於其座下某比丘尼之一指小疾不能診治；更偕往四川謁義雲高求診，然亦無功而返，所謂大神通者，如是誇大不實，而愚人信之。如是未悟亦復無有神通之凡夫，假藉新聞傳播機構，宣傳誇大不實之事，以邀名聞利養，愚痴無智之人不曉內幕實情，投注錢財精神於彼常見外道法、及非眞實有之神通證量，令人悲憫。

復次，近日有仰諤益西諾布「大法王」開示《佛法精髓》一書出版，以神通境界為禪門三關之修證，以神足通之穿牆入壁為過重關，閱之不禁噴飯大笑；無知若此，令人悲憫。彼亦以覺知心安住不動、不起妄念，以此境界為「六塵不染，四大皆空」，自謂「爾際則是了生脫死了」，與聖嚴、惟覺、法禪、印順、達賴、創古、義雲高⋯⋯等人一般，墮於意識之粗細心境界。彼以證意識之知覺性不起一念為漏盡通，未離十八界之意識界與意根界，未離我見，尚未能證聲聞初果斷我見境界，何況能知四果漏盡通境界？何況能知阿羅漢所不知之菩薩七住破初關明心境界？更不能知重關見性境界也。彼以意識知覺性之如如不動，錯認爲證得法身阿賴耶識，墮於凡夫外道我見之中，而推崇蓮花生、瑪爾巴、密勒日巴等常見外道。復未知解緣起正觀，而以神通之有無證得，作爲「緣起大法」有無修證之判定標準，無知至此，乃竟有人迷之信之，眞是末法也。假饒彼書所說「黃紙剪半混雜而後拼對」之事，非爲事先串謀者，仍與三乘菩提證量無關；假饒彼書所說「甘露丸能於弟子手中依令跳動」之事，能確定爲事實，亦與三乘菩提無關，與解脫道無關。而彼書中所謂緣起大法及般若，悉皆言不及義，若有比丘迷信彼法爲「緣起大法」者，眞名「愚比丘」也。後若有緣，當與彼「大法王」當衆廣論三乘菩提之異同，及四種圓寂之關聯，今且暫時表過，不作細論。神通既與佛法二主要道（佛菩提道及解脫道）無關，是故本書不再談論神通。

三者解脫道雖共三乘，然非本書所欲討論之主題；本書所說通者，謂第一義諦通—大乘般若空性—之宗通與說通，合先敘明。

佛菩提道之宗通與說通，雖亦偶而旁述解脫道，乃因佛菩提道之修證必定函蓋二乘解脫道故，然以第一義諦中心，而宣示般若之宗通與說通。

佛乘菩提之通相有六：眞實義通、得通、說通、離二邊通、不可思議通、意通。除說通外，餘五皆屬宗通。《楞伽經》卷三云：「三世如來有二種法通，謂說通及自宗通。」又云：「我謂二種通：宗通及言說。說者授童蒙，宗爲修行者。」宗通之教示，乃爲眞正修行之人而說，所說皆是第一義—法界之實相；令諸證悟佛子於般若慧日益增上，乃至成就佛菩提果。說通之教示，乃爲接引及度化初機學人解知佛法；猶如塾師爲諸學童授三字經及百家姓等，說通之目的乃在啓發佛法中之童蒙，建立正確知見，爲未來之證悟而作準備。菩薩通達自宗（自心藏識）已，當以般若慧爲依，而爲初機學人說法，是則應修說通，以啓童蒙，是故佛云：「說者授童蒙」。

三世一切諸佛成佛時，必定具足二種法通：宗通與說通；菩薩少分或多分成就，皆未具足圓滿，唯佛具足圓滿宗通與說通。

宗通又名自宗通；大乘佛子修學佛法，若已滿足信心，具備福德資糧者，當以大乘見道爲第一要務；大乘見道即是禪宗之開悟明心。

明心後，若不遇大名聲之假善知識攝受，不被其邪見所轉而退失；亦不自我否定所悟者，即不退失見地，能入第七住位，常住不退，名爲證得大乘無生忍，獲得法智及與類智，成位不退菩薩。此即自宗通之初步入門，然猶名爲習種性菩薩，雖得證悟而有見地，仍未稍離異生凡夫之深重劣習故，尚未發起深樂佛乘之性故，尚未發起念念欲修佛道之性故，尚未於三賢位中歷緣對境汰除凡夫性故，尚須熏習佛道法無我之一切種智故，故雖明心，猶住習種性位。

隨後尚須親隨宗教俱通之善知識修學定力功夫，求見佛性。（眼見佛性一關，亦可俟於未來入初地三地時見，非必此時；然以此時見性爲最適宜，修學一切種智時，較易成就初地無生法忍故。）眼見佛性時，即入十住位，名爲未入地菩薩隨順佛性（若於初地三地眼見佛性，名爲已入地菩薩隨順佛性，已分證法無我、分證五分法身故，故於見性時，不似未入地菩薩見性者之執有佛性可以眼見；不起能見所見諸解，故不障礙法無我之繼續修證）。此十住菩薩隨後復隨彼善知識修學一切種智——如來藏經、楞伽經、成唯識論⋯等種智正理，了知八識心王、五法、三自性、七種性自性、七種第一義、名言自性、四緣、四涅槃、二種無我、諸地地相、四智圓明等。

學習種智之過程中，隨時隨地將其所學，配合所悟如來藏諸種子之界性，加以體驗領受，不唯可以確認見聞知覺性之人無我性，亦可證驗八識心王及蘊處界百法之法無我性。菩薩如是親證、現前領受，即證初地無生法忍，起初地道種智而入初地，此亦自宗通，名爲聖種性菩薩。

復次初地菩薩親隨善知識修學，深解菩薩十無盡願，了知諸地之對治及斷愚，勤修布施波羅蜜，勇發十無盡願，誓願弘傳及護持正法眼藏—一切諸佛心—自心藏識第一義般若。以法布施及護法爲主修，餘法隨緣隨力修持。

初地菩薩復於五位百法明門具足證驗領受，了知一切法本來無生，皆是自心如來藏所現能取所取之功能差別；如鏡現像，非有眞實六塵相分爲自心意根意識所觸；亦無眞實自在之蘊處界我，名爲親證「猶如鏡像觀」，成滿心菩薩。

初地應修之福慧滿足，若蒙佛加持而入大乘照明三昧，是人能遊百佛國土等。其後隨佛修學，亦得諸方上地菩薩指導，即可漸入諸地，此亦宗通也，得證上地無生法忍故。

若未蒙佛加持而入大乘照明三昧，則須隨眞知識修學而入二地；於三地漸修，滿足四禪八定、四無量心；以依三地無生法忍般若修定故，所證諸定皆成無漏妙定；然後修五神通，而得轉化神足通等爲三昧樂意生身。復於四地五地滿足熏禪修禪；六地圓成滅盡定，七地念念可入滅盡定。七地因佛加持，成就「引發如來無量妙智三昧」故，不入無餘涅槃，證得如幻三昧意生身，成八地心，於相於土隨念變現自在，不須於變現前先作加行故。入於九地重又熏修四無礙辯，具足圓滿衆善妙慧，得佛四無礙辯，九地滿心而入十地，此等亦是宗通也，然於九地已兼具說通，幾至圓滿。

於十地滿心將屆時，得蒙十方諸佛寶光加持灌頂，轉其原有神通爲大神通境，並圓成大法智雲，成一生補處。乃至降神母胎出生，隱其威德神力，現如凡夫，方便善巧示現出家學佛修道，終於菩提樹下明心，大圓鏡智及上品妙觀察智平等性智現前，確定必將成佛；復於夜後分，曙光將顯，明星出時，睹見明星而見佛性，成所作智現前，此時方得名爲諸佛隨順佛性。凡此皆是自宗通也，是故宗通非僅中國禪宗之明心及見性而已，其實有諸深淺差別，不可一概而論。

說通者，其要有三：一爲大乘別教七住菩薩，已經初入宗通之境，能爲他人宣說自心藏識體性故，已經現前領受藏識自性故，般若中道觀已因證悟自心而現前故；然此說通者，猶非《楞伽經》中佛所說之說通也。二爲初地無生法忍位，已能爲人宣說八識心王之五法三自性及七種性自性、七種第一義、二種無我法故，已起初地道種智故，名爲說通。三爲初地滿心菩薩，已具百法明門般若慧故；依其道種智，能具足宣說八識心王之五位百法種智故。

如是第三種說通者，謂通宗已，能自通達教門，能爲佛子宣說十二部經（楞伽經云：宣說九部種種教法），下自苦空無我無常、緣起緣滅、聲聞涅槃寂靜、三法印、緣覺十二因緣正觀；上至菩薩所修第一義諦如來藏無生忍之法智類智—禪宗之開悟明心；以及證悟菩薩所修，不離如來藏之人無我—自心藏識從來離見聞知覺及從不作主；不離如來藏之法無我—蘊處界等百法千法無有實我不壞，皆自心藏識所生；乃至自心藏識所顯之四種涅槃寂靜。如是之理皆能爲人宣說，乃是初地滿心菩薩之說通，非戒定直往之初地二地菩薩所能宣說。人間之宗通與說通菩薩，通常皆爲如是三種，佛子若有福德智慧，偶爾能值遇之。

復次，若有不離八識心王種智，而爲人宣說四禪八定、四無量心、五神通、四種圓寂、觀練熏修四種禪定三昧、十二因緣正觀、七地之念念入滅盡定、八地之如幻三昧意生身、九地四無礙辯、十地十八不共法及大神通境等大法智雲、佛地四智圓明⋯⋯

等，復能具知衆生之應所知量而爲衆生宣說者，如是名爲具足說通，名爲成佛。

菩薩雖悟，有能說禪而令人證如來藏者，如禪宗祖師之令人開悟、得大乘無生忍者；有能教人動中定力，令得眼見佛性，永不取證聲聞無餘涅槃者；有能教人悟後修證初地無生法忍，分證法無我者；凡此皆名說通，然皆未得具足。唯佛力能加持初地菩薩入於大乘照明三昧，爲現一切身面言說；唯佛力能加持七地滿心菩薩，授予「引發如來無量妙智三昧」，使入八地，證得如幻三昧意生身；唯佛力能加持十地菩薩，爲之灌頂，令受佛職，得成等覺；故名佛爲究竟說通，具四無礙，四智圓明；具四圓寂，究竟涅槃。

說通者，下自各宗諸派祖師證悟者之能開示大乘見道—證得如來藏—之正確知見與方法者，上至諸地等覺十方諸佛之能開示入地乃至成佛之正知見者，皆得名爲說通，然唯佛地具足圓滿，故《楞伽經》卷三云：「三世如來有二種法通：謂說通及自宗通。」此言菩薩亦有二通，以未具足圓滿故，名爲未來諸佛有二種法通。

第二節　宗通概說

宗通有二：明心與見性。

明心者，證得不生不滅，不來不去、不增不減、不斷不常、不一不異、非俱非不俱、非有非無之眞實心—如來藏也。由已親證如來藏故，漸生般若慧，親證中道實相觀，非諸錯悟凡夫及定性二乘愚人所能臆測其般若慧也。

《楞伽經》卷三，佛云：「自宗通者，謂修行者離自心現種種妄想，謂不墮一異、俱不俱品，超度一切心、意、意識，自覺聖境界，離因成見相。一切外道聲聞緣覺墮二邊者所不能知，我說是名自宗通法。」此謂修行者親證自心阿賴耶識已，現觀阿賴耶識之本來自性清淨涅槃，亦現觀阿賴耶識藉緣能生萬法，與蘊處界及一切萬法非一非異，與蘊處界及一切萬法非俱非不俱，現前領受阿賴耶心、意根末那、及意識等體性，不墮一異俱不俱等邪見中。復由親自現前領受自心阿賴耶之性淨涅槃，是故不唯遠離未證者對「自心所現」所起諸法之種種虛妄計度臆想，亦於所證心意識三性不生執著而超度之，住於自覺聖智境界之中；對於錯悟凡夫及諸外道所說，種種成就蘊處界法之因，如是邪見相皆悉遠離。如此菩薩所住自覺聖智境界，乃是一切外道、一切聲聞、一切緣覺之未證入中道實相，而墮於一異、俱不俱二邊之人所不能知，佛說是名自宗通法。

換言之，一切外道、佛門凡夫、聲聞緣覺，若未證得自心阿賴耶者，於自心阿賴耶必生種種虛妄想，於佛說「諸法皆唯自心所現」必生虛妄想，口說已離一異俱不俱妄想，心欲離此妄想而不可得，不離凡夫及外道之「因成見相」，則必不能證入自覺聖智境界，不能超度心意識三性之法，不名已證宗通之人。

《大乘入楞伽經》卷四，佛云：「宗趣法相者，謂自所證殊勝之相，離於文字語言分別，入無漏界，成自地行；超過一切不正思覺，伏魔外道，生智慧光，是名宗趣法相。」自宗意趣之法相，乃是說自身所證智慧殊勝之相，所證之自心乃是自無始來本就遠離文字語言及分別之第八識阿賴耶，由現觀此心之本來自性清淨涅槃而轉依故，入於無漏界中，成就自地所修諸行。如是菩薩超過一切不正確之思惟與覺想，示現降伏魔說與外道說，出生般若中觀智慧光明，能令眾生依之趣入自宗意旨，是名宗趣法相。是故證悟之人能於佛門內外諸錯悟者所現種種因成見相，一一簡別抉擇，如理作意而析破之，降伏佛門內之魔所化現黑衣白衣，以及一切外道邪說，如是之人方是通宗者。

此謂佛門學人悟得如來藏後，不遇惡知識攝受；或雖遇惡知識攝受、否定其所悟如來藏，但有諸佛、菩薩、善知識攝受，為其巧設方便，多方開解，使其證驗所悟如來藏之眞實無訛，證明其所悟如來藏之不生不滅、不增不減、不來不去、不斷不常、非一非異、非俱非不俱、非有非無之體性，般若現在前，親自觀見中道實相，入第七住常住不退。嗣後了知妄想、靈知、分別、受想等皆由自心如來藏生；已能如實現前觀察：能知能覺能作主之知覺性自我，由不知自我及諸法皆由如來藏所現，故緣十八界之我知我覺我受我想，不捨處處作主之我，由是滋生諸愛業種，便致輪迴。

證知此理已，則漸遠離分別及虛妄想，使自己（知覺心）處於離虛妄想狀態，不墮「一異、俱不俱、有無、斷常」四句之中，超過三界有情妄想所知之心意識境界，自知自作證：此是聖人涅槃之本際，遠離外道虛妄建立宇宙第一因邪見，遠離二乘法中未見道者之邪見—否定藏識因、建立無因有緣之十二因緣觀。了知三界一切蘊處界皆唯衆生自心如來藏所現，一切聲聞、緣覺、外道、大乘法中未見道者，墮於二邊之人所不能知，此乃禪宗眞正破參者所住境界，非諸錯悟者臆想所知；如是名為大乘別教七住菩薩自宗通相，亦名菩薩法眼淨。大乘之法眼淨者，謂菩薩證如來藏故，生般若慧，慧眼清淨，隨於三乘法義見法得法，漸漸無所障礙，名爲大乘法眼淨；以證自心如來藏故，其慧已證無餘涅槃本際，非如阿羅漢之證有餘涅槃而不知其本際，名爲不證涅槃（詳見拙著結緣書《邪見與佛法》。此處從略），故不共二乘無學，不通二乘，故名別教。此非大乘法中未悟錯悟之人所能測度，故名甚深；眞悟之人若不修學種智，亦不能具知，故名微妙；此法能通貫三乘，函蓋一切世出世間法，故名無上。（註：密宗自稱金剛乘，自謂超勝於大乘；然實密宗金剛乘法極劣，尚不能符合聲聞乘教，墮於外道見中，何況能知能證大乘法？彼諸實情將於《狂密與眞密》書中據實披露，茲不述之。）菩薩如是未斷三界貪瞋煩惱而證菩提，非諸凡愚所知，故名不可思議。

佛子中之善根淺者（如性障深重及聲聞種性習氣未盡者），雖然皈依三寶，乃至出家在僧寶數中，以盜法心態入我會中，多方研求，故現殷勤，向親教師數數探問如來藏而得知曉如來藏何在；然因性障及聲聞習氣未盡故，不事體驗領受，生輕易想，滿足於藏識之總相智，不肯證驗其別相智與種智，遂輕賤此法，往往不告而別。

亦有見取見極重之人，於我會中證藏識已（此余早年之過：不觀根器，一律奉送。今已改之，永不再犯），不肯依自心藏識之清淨體性而修，不信自心藏識爲實相，返認處處作主之知覺性，回復常見外道見，與諸煩惱相應而行，貪瞋慢等不能消除；以見取見故，處處與人諍勝，不爲摧邪顯正，只爲淩駕他人。

如是之人，不能令其知覺心安住藏識遠離語言、文字、分別之境，時時現起虛妄想，永不能入無漏界，不能成就上地行。以未曾深入體驗故，不能超過一切不正思覺，甚至認同大名聲之佛門外道法師所說常見見、認同錯悟法師之邪見，尙不能生智慧之光，何況降伏魔說及佛門中諸外道輩？如是之人雖知悟者所證總相，而自身之智慧與見地不顯，則不得名爲自宗通；未具擇法眼故，不能摧邪顯正救護佛子故。以上略釋明心之宗通。

見性者有二，一非見性宗通，一爲見性宗通。初者云何不名見性之宗通？謂此乃明心之宗通也。彼以證悟明心故，能親見自他有情藏識之性，謂此即是見性；然此仍非眼見佛性，不名見性之宗通也。佛性有二義：成佛之性及佛性。眼見佛性者乃謂狹義之佛性，非謂成佛之性。最後身菩薩見性成佛而起成所作智者，乃謂眼見佛性，非見成佛之性也。二者之異，唯眼見佛性者方知，餘人聞之悉皆不解。

見性之宗通者乃謂眼見佛性，如是證量極難描摩，唯證者自知，迥異於明心者之觀見自他藏識體性。欲求眼見佛性者，須具三種資糧：定力、慧力、菩薩應具之福德。此三若缺其一，必不能見，不唯善知識不能相助，十方諸佛現前亦不能助其眼見。

眼見佛性之親證與否，極難勘驗，非如明心者於其述說自心藏識運作中即能驗其虛實。勘驗者唯能依自己眼見之情境，依據被勘驗者所述見性情境而判斷之，不能藉被勘驗者之眼根而檢驗之，是故極難勘驗，故說唯證乃知，非如明心破參之可說與人─明說奉送。

見性之層次有四：凡夫隨順佛性、未入地菩薩隨順佛性、已入地菩薩隨順佛性、諸佛隨順佛性。前一乃凡夫臆想及感覺佛性，非是宗通；後三乃外聖內凡佛子及聖人之見性宗通。分述如左：

一、**凡夫隨順佛性**：此非眼見佛性，唯是對於眼見佛性之臆想及感覺故，必墮妄知妄覺之性中故。此復有七：

一者異生外道未聞佛性名義，隨逐於妄知妄覺之性，雖然日日受用自身佛性，而不知不覺佛性之存在，亦不曾聞自身有佛性，名爲不知佛性而隨順佛性。

二者佛子聞說一切衆生皆有佛性，心中信受，而不知佛性爲何物，名爲聞見佛性。若聞一切衆生皆有佛性，心不信受，不名聞見佛性。

三者有諸佛子雖信一切衆生皆有佛性，亦知佛性之總相義及別相義，然因無緣得遇傳授見性功夫之善知識，故不能眼見，亦名之爲聞見佛性。

四者佛子雖得值遇眞善知識傳授見性應具之功夫，然不信受佛性可以眼見之理，不肯如實鍛鍊功夫，雖知佛性名義，仍不能眼見，仍屬聞見佛性。

五者學人專作學術研究，不肯修學見性應具之功夫（定力），數數覓諸見性者討論如何眼見佛性，欲冀討論研究而見；然因缺乏定力故不能見，雖已知悉佛性名義，終不能眼見；其性障重者，聞《大般涅槃經》說十住菩薩可以肉眼而見佛性，不能安忍，便謗此經及佛，成就未來無量世之長劫純苦地獄重罪，失菩薩戒體及菩薩身。然此類人仍日日受用佛性而不能見，故名凡夫隨順佛性。

六者佛子定力具足，由善知識引導故，參得正確之佛性名義而仍不能眼見，緣於慧力（非謂聰明之慧）不足所致，亦名凡夫隨順佛性。

七者定慧已具，自己探究佛性名義，於證悟佛性名義後仍不能眼見，以欠缺菩薩見性應具之福德資糧所致。如是之人，余出道弘法接人以來，屢見不絕；如是之人自恃定力慧力勝於他人，而私心自用，處處爲己，不肯修集福德資糧（護持正法、布施植福）；於彼類人參得佛性名義之前，余雖屢次私下指示：應修集福德資糧，而彼都不信受，故於參得佛性名義後仍不能見，由彼欠缺福德資糧以莊嚴故。

爲有如是七種現象，今總結其緣由，向諸學人提出忠告：若不肯長期如實鍛鍊動中功夫（動中一念相續看住話頭之定力），縱饒重關破參前以十天爲期，以無相念佛法，每日禮佛十小時，如是人於禪三時，雖因善知識故少分得見，由心放逸及定力淺薄故，所見佛性矇矇矓矓似有若無，不敢確認，無有功德受用。至解三時，已經完全不見，便於返家後心疑當時是否眞見？似此之人便不肯相信佛性可以眼見，不名未入地菩薩眼見佛性。

復有一類人雖有功夫，但因不肯自己參究，到處刺探佛性名義，或遍閱經典尋覓答案；此類人中，十有五人不能眼見。復有一類人慧力極佳，然不肯先鍛鍊功夫，使盡一切方法，先求知悉佛性之名義，欲免參究之辛苦；後得知悉佛性名義而不能眼見，方信無功夫者不能眼見，方肯回頭補作功夫。然此類人中，十有五人不見佛性；餘五人將來設或得見，亦多矇曨不明、如似霧裡看花，不久即告退失，無有功德受用。此二類人，或因先知佛性名義，或因不肯自己參究，導致自身於眼見佛性之修證上，無有功德受用；此二類人多屬聰明人，正是「聰明人專作傻事」之典型，末學弘法之過程中，屢見不鮮、前後相隨，年年皆有踵繼之人，最是高學歷聰明者易犯之過失，皆不名見性之宗通。是故欲求將來眼見佛性者，最忌先知佛性名義；若有他人好意欲為汝說，汝當速急掩耳，捨彼而去，莫為其所害。

二、未入地菩薩隨順佛性：此復有四。

一者已曾明心之人，遇善知識為彼開示清淨圓覺之性，了知七識心念剎那變異流注、隨起隨滅，令彼明心者現前領納藏識之本性清淨而無所得；亦令了知蘊處界之塵勞皆悉虛妄不實，而與藏識非一非異，本如來藏妙眞如性，由是不再執著六入十八界之受想行覺，亦不厭惡之；然因不具定力或福德莊嚴故，於佛性不能眼見。如是菩薩由明心證眞，及善知識開示故，證知佛性之圓滿知覺，而仍不能眼見，是名外聖內凡之七住菩薩——未入地菩薩隨順佛性。此乃見性之解悟。

二者、未明心者先見佛性：此人以具定力慧力及福德故，未明心前即已參得佛性名義，參得之時隨即眼見分明；一根見時，諸根隨見，六根通流無有阻隔。此人雖見佛性而未明心，必將仍以六七識心性爲心，不能遠離我見與邊見，不能通達大乘了義經，不知不證涅槃本際，不證法智類智，不曉道之次第，不能發起道種智，不如前者。

此謂前者於重關雖唯解悟、不能眼見佛性，然以初關明心之法智類智，即得據以修入初地而證道種智，起無生法忍；來世若具福德莊嚴及定力，即得眼見佛性，即成已入地菩薩隨順佛性。彼時見性，即可不被未入地菩薩之「眼見」見解所礙，可得離眼見之覺受，無有一毫執著，超越未入地菩薩隨順佛性境界。第二類人雖得眼見佛性，若不明心，假饒再經一大無量數劫，依然常處十住位中，至多不越五行之位，以不與般若智之法智類智道種智相應故。是故菩薩應先破參明心，而後求過重關—眼見佛性。

三者，菩薩有緣得遇眞善知識，傳授其見性應具之動中功夫，如實鍛鍊；破參明心已，以具慧力及修集福德莊嚴故，於重關破參時，了知佛性名義，當下便能眼見分明。此後只須保持定力不退，則必眼見分明、永不退失，此亦未入地菩薩—別教十住眼見佛性。如是之人若能修除凡夫性—捨離五蓋，發起聖性，熏習道種智而證初地無生法忍，加以初迴向位之努力摧邪顯正，及十迴向位之勇發十無盡願，即成初地之入地心，一世得超第一無量數劫；此乃菩薩修道之正途也。

四者，菩薩已破初參明心，復於重關破參而得眼見佛性；然因見性之後心生放逸，不肯繼續修持動中定力，於見性後或三月、或半年，漸漸退失眼見佛性境界，唯能體會之、感覺之，方信平實所云「見性必須定力」之語無虛。此菩薩若有閑暇，重新自修動中定力，十天半月後，又得眼見分明，此亦名為未入地菩薩隨順佛性。

三、**已入地菩薩隨順佛性**。此復有三：明心直往地上菩薩隨順佛性、明心見性地上菩薩隨順佛性、迴心大乘之二乘俱脫無學隨順佛性。

（一）明心直往地上菩薩隨順佛性者，謂菩薩破參明心已，不生猶豫，不修禪定神通，復隨宗教俱通之善知識學一切種智：八識心王之五法、三自性、七種性自性、七種第一義、名言自性、妄想自性、五位百法、四緣五果等唯識義學，一一現前證驗領受之。

此菩薩於三賢位中未能眼見佛性，然因深入修證八識心王之五法三自性…等，長時深細體驗如來藏，及其所生七識展轉共生一切諸法，分證法無我而入初地心；復因如是緣熟及修學動中功夫而得見性，名爲已入地菩薩隨順佛性。此菩薩復應修集初地所應修之檀波羅蜜，若未滿足初地布施波羅蜜及五位百法明門智慧，則不能得佛加持，不入大乘照明三昧，雖於初地中見性，未能發起輪寶及莊嚴報身，不能面見百佛，不能供養諸佛及面受妙義。此乃明心直往之地上菩薩隨順佛性，雖同十住菩薩眼見佛性，然十住因見解爲礙，墮於見覺；此菩薩則不墮眼見之解，不住見性覺受中，仍以涅槃本際爲其轉依境，其智慧深利，非彼未入地之見性菩薩所能測知也。

（二）明心見性直往之地上菩薩隨順佛性：此菩薩於明心見性二法一時俱證，自參自悟；或因善知識緣，先破初參明心，後復參究佛性而破重關—眼見佛性而入十住，離於未見性者之「佛性清淨無染」淨解所礙，受於見性之樂。此菩薩不修禪定神通，而隨善知識學一切種智—唯識義學，漸入初迴向位。

此菩薩於初迴向位，爲人間有情作法皈依，能摧邪顯正，救護一切佛子遠離邪見、趣向正道，而作衆生之清涼池。如是法隨法行而入初地，具足體驗領受八識心王各各自性及展轉而生之一切法，分證法無我而入初地；復爲衆生廣作布施——財施、法施、無畏施。以檀波羅蜜多爲主修，其餘九度隨分隨力修習，非不修習；無生法忍之修習，則需修學唯識百法明門，一一證驗，現前領受。如是檀波羅蜜多及百法明門二法滿足，成滿地心，若復蒙佛神力加持而入大乘照明三昧者，於三昧中，十方諸佛爲現一切身面言說。由是佛力所加故，此菩薩佛性得以開展，能覺照十方百佛國，能至十方百佛世界面見百佛、供養百佛、聽受妙法；亦能化現一百化身菩薩，一一化菩薩各有一百化身眷屬，此菩薩隨即轉入第二地，此亦名爲已入地菩薩隨順佛性。

凡此皆因初地百法明門之證驗，加以三施及護法功德滿足，蒙佛威神加持，得入大乘照明三昧，於三昧中得佛開示而發起莊嚴報身及輪寶所致。此非凡夫未曾眼見佛性者所知，非十住菩薩眼見佛性者所知，亦非分證法無我而未得佛加持之初地無生法忍菩薩所知。若人未曾明心，未眼見佛性，以意識思惟所得而教導他人開展佛性者，必墮凡夫隨順佛性中；如是教導有情開展見聞知覺性者，說其爲「迷於佛法海雲、繼於人生大夢中作開展佛性之夢中夢」，不亦宜乎！

（三）二乘俱脫無學迴心之地上菩薩隨順佛性：菩薩依《華嚴經、十地經》所說成佛之道修習，於初地二地仍未修學四禪八定及五神通，若未於初地得佛加持者，須至三地滿足四禪八定四無量心及五神通後，方得依於此諸福德及三地無生法忍而轉為無漏妙定，方能發起莊嚴報身及輪寶，此時方能將十住位所見佛性功德加以開展，發起地上菩薩遊履十方佛國之隨順佛性功德。

然二乘俱脫無學之迴小向大者，親隨善知識修學般若、破參明心，入別教七住常住不退後，復學見性之法—廣集福德，熏習增上慧學而得見性；若彼二乘俱脫無學聖人復修五通，復依眞善知識修學通達八識心王之五法三性…等，得入初地；復於初地法無我—唯識百法明門義學——一證驗領受，則必於三施滿足後，得佛加持而入大乘照明三昧，亦同時發起莊嚴報身及輪寶，非唯五通中之神足通色身，此乃地上菩薩之無漏妙定意生身，遠離蘊處界之執著，遠離十住見性之見解爲礙及見覺執受。如是二乘迴心菩薩，常住離虛妄想之清淨知覺中，而不再起入涅槃想，垂手入廛隨順衆生，示現五欲之中而修佛道，與諸衆生同事。以上三種皆名已入地菩薩隨順佛性。

四、十方如來隨順佛性：十方如來見性成佛時，成所作智現前，「隨緣赴感靡不周」，不須別起故意加行，無有時空隔礙。此須由三地修學四禪八定起始，續修四無量心、五神通；復返修止，於止中起觀，於極寂靜中覺照一身乃至無量身，覺照一村一國一世界，乃至覺照一世界中所有衆生起心動念皆悉能知。次第進修入於十地，乃至成佛時，覺照十方無盡世界，於一一有情之心念起滅，無有不能覺照者，如是名爲遍十方覺；能遍十方世界隨有衆生因緣熟者，化現如來影像而說法度之，名爲十方如來隨順佛性，非十地等覺菩薩之所能知。如是四種，俱名見性之宗通，而層次深淺有差、德用廣狹有別，不可謂見性者皆能成就究竟佛道，不可謂見性之宗通者悟後皆不必修道也。

明心之宗通復有二種：一者大乘般若之法智類智，二者無生法忍之一切種智。

大乘般若之法智者，如《大乘入楞伽經》佛云：「……種種色身威儀進止，譬如死屍，咒力故行；亦如木人，因機運動；若能於此善知其相，是名人無我智。」此即禪宗之破初參—開悟明心。此是大乘般若之無生忍，能忍知覺心外別有如來藏心之本來無生、未來無滅，故名大乘般若之無生忍；依此忍故，能忍色身之我爲無常苦空無我，能忍有念及無念覺知心之我爲生滅變異、爲假我，能忍「受想行覺」等知覺性爲假合幻有，如是名爲大乘般若之法智忍，依此忍故而生法智，名爲大乘人無我智。然此唯是法智，僅知如來藏之總相與別相智，不知種智。如是法智乃依自相起觀，觀已復於一切有情作觀，觀一切有情同具如是自心藏識共相、同具如是蘊處界共相，與己不異，心得安忍，名爲類智忍；依類智忍故，證得類智。而此類智，仍唯了知如來藏識之總相與別相智，不證種智。

無生法忍之一切種智者，如《大乘入楞伽經》佛云：「大慧！云何爲法無我智？謂知蘊界處是妄計性。如蘊界處離我我所，唯共積聚、愛業繩縛，互爲緣起，無能作者；蘊等亦爾，離自共相；虛妄分別種種相現，愚夫分別，非諸聖者。如是觀察一切諸法，離心、意、意識、五法、自性，是名菩薩摩訶薩法無我智。得此智已，知無境界，了諸地相，即入初地，心生歡喜。」如是宗通者，名爲初地菩薩明心宗通，了知《楞伽經、如來藏經、解深密經、菩薩瓔珞本業經、成唯識論》等宗旨義趣，並能一一證驗領受之，此即法相唯識宗之宗通，非禪宗一般祖師之所弘傳者。

古來必有宗教俱通之禪師，對其已明心見性之弟子，傳此初地無生法忍道種智，如克勤圜悟大師之傳大慧宗杲者，然亦未見典籍明載，數亦極少；禪宗諸祖之證悟者所遺語錄等，皆唯總相智及別相智，尚未曾見典籍明載傳授種智者，故知非必無之，甚少有故。其餘宗派，則唯玄奘窺基二大菩薩弘傳，不數代即滅，非易可遇也。若有善知識，能令吾人證得般若總相智別相智，實證楞伽所說人無我；復能傳授初地法無我智，令吾人盡此一世得入初地者，不論彼人現何身相，乃至現屠夫之相者，吾人亦應隨學；如是善知識者，百世難遇一人故。

今之大善知識（名聲大、道場大、徒眾多），偶有專攻唯識學，其著作及錄音帶錄影帶亦多者；然皆屬於學問研究，非自宗通，何以故？謂彼諸人皆未親證自心如來藏識故；尚不能證驗意根末那及自心阿賴耶之法性故，不入眞實唯識門故；唯能證驗虛妄唯識門—前六識及相應法之法性。如是諸人，尚不能證解般若中觀之總相智別相智，何況能證能解般若種智無生法忍？何況能爲人說？是故，凡未親證大乘無生忍—大乘人無我智者，雖然畢生研習唯識經論，以不能如實證驗眞實唯識門故，雖名修習法無我智，永不能證無生法忍一切種智；尚非別教七住賢位菩薩，何況能證別教初地聖位？

宗通復有五種：眞實義通，得通，離二邊通，不可思議通，意通。

眞實義通者，謂宗通明心之人，於佛及菩薩所說般若之中觀與種智，如實證解名句文身之眞實義，如實通達，名爲眞實義通。

得通者，謂於般若之中觀種智，證解其眞實義，而生中觀智與種智；依此二智之生起，說此二智本無今有，故名爲得。此得，通於一切證悟者間，故名得通。

離二邊通者，謂證得藏識之菩薩，親自現觀及領受藏識之不來不去、不增不減、不生不滅、不垢不淨、不得不失……等中道體性而證中觀，由是之故，見地顯發，依般若智故遠離二邊，不墮有無俱不俱四句之中，是名離二邊通。

不可思議通者，謂菩薩依此自心藏識之親證，所得眞實義通、得通、離二邊通等智慧，深妙無方，匪唯外道及凡夫不知不解，乃至定性二乘無學共聚，亦不能思議之，是名不可思議通。

意通者，謂自宗通者若有表意，雖然隱覆密意而說般若中觀種智，彼諸通宗者互相會意，側聞之人所不能知，故名意通。

如是宗通雖有多名，皆依親證領受自心藏識而立諸名，以諸親證者由於領受其自性之深淺廣狹差別及自共相等種種別異，故有諸名。欲知自身是否已得通宗者，且待佛子之自我檢查印證；謹臚列如上。

第三節　說通概說

《楞伽經》卷三，佛云：「說通者，謂隨衆生心之所應，爲說種種衆具契經，是名說通。」《大乘入楞伽經》卷四云：「言說法相者，謂說九部種種教法，離於一異有無等相，以巧方便隨衆生心，令入此法，是名言說法相。」

說通有二：說人無我智，說法無我智。此二各三：三乘人無我智，三乘法無我智。

人無我智之說通有三：初者爲人宣說十八界五蘊十二處之四諦八正及與盡智無生智，如諸未迴心之慧脫俱脫阿羅漢所造衆論，是名聲聞「人無我智」之說通。

四聖諦謂苦集滅道。苦聖諦者謂三界中有八苦：生、老、病、死、怨憎會、愛別離、求不得、五陰熾盛。或謂三苦：苦苦、壞苦、行苦。或謂一苦：五陰熾盛苦，八苦三苦皆由此起故。八苦三苦，其義如名，自惟可知，勿煩多言。

苦乃三界中生滅無常有漏有爲之法，云何名爲聖諦？謂八苦三苦一苦者，有凡夫衆生外道之所能知者，有唯聖乃知者，譬如行苦與五陰熾盛苦。

行苦者，衆生凡夫外道皆所不知，乃至當代佛門中所謂證悟聖者，以及密宗內諸

「大修行者」皆所不知，唯眞實證悟者方能知之。舉例明之：譬如當代顯宗之證悟者，及密宗一切「大修行者」，率以知覺心安處於一念不起之覺照境界中，以如是欲界定中之一心不亂境界以爲涅槃境界，悉墮行苦之中，尙不能證聲聞人無我智，何況能證大乘人無我智？譬如桃園雲慈正覺會推崇之仰諤益西諾布大法王所著《佛法精髓》書中所述涅槃了生死，亦如四川義雲高所著《般若波羅密多心經講義》所述，三如法鼓山中台山之所謂證悟，四如印順法師達賴喇嘛之「修證」，莫非如是，悉墮意識之粗心（知覺性）及細心（臆想意識處於離見聞覺知境），不離意識境界行苦，云何能了生死？

此謂意識知覺性所能安處之最細境界（最細意識心），無過於非想非非想處；然此定中仍有意識一念不生之心行不斷，此心行若斷，則入無想定或滅盡定（知行苦者，則如俱脫阿羅漢入滅盡定；不知行苦者，則如凡夫與外道之入無想定）。然此諸大修行者等，悉以知覺性之處於一念不生境界爲涅槃，或以思惟猜度之意識離見聞覺知境爲涅槃，不解行苦。如是爲人宣說「佛法」者，皆不得名爲「聲聞人無我智」之說通者。

假饒能知意識行苦，亦不能知意根行苦；謂此諸人尙不能證知意根末那識何在？

何況能知何謂意根之行苦？此謂無智凡夫於四禪之後或四空定中，滅卻意識心而入無想定，以意識滅故無見聞覺知，以無見聞覺知故，妄謂已證涅槃，墮於意根之行苦中。何以故？謂於無想定中，尚有意根之心行不斷故；行若不斷，則是變易，非常住不滅不變之涅槃，則亦是苦，必致未來之六趣輪迴故。設使能如俱脫阿羅漢之入住滅盡定，仍未離行苦，尚有意根住於滅受想定之「觸、作意、思、慧」四心所之心行不斷，唯不觸三界五塵及不起證自證分爾，故非已離行苦。雖可方便名為「暫出三界」，非真已出三界也；是故阿羅漢入滅盡定已，次日午前復能出定托鉢，午後為人說法。須至捨壽入無餘涅槃，方名永離行苦。入無餘涅槃者，我執已斷，捨壽時令自我滅除（滅除意識之知覺性及意根之思量性自我），以意識意根滅已永不復現，故永不受三界五蘊，名真無我，名為涅槃，名為永離行苦（然菩薩能離行苦而不斷離，起大悲心發受生願，自度度他乃至成佛），能如是知、如是見、如是為人宣說者，方可名為知苦聖諦者，方可名為「聲聞人無我智」之說通者。其餘苦聖諦勿煩贅言，學人自惟可知。

苦集聖諦者，謂學人不曉苦集之理，效諸顯宗錯悟大師，學諸密宗大修行者，一心打坐，求能常住一心不亂之「涅槃」境，不知已墮行苦之中，自謂每日常住涅槃。

如是之人犯大妄語，必墮三塗，名爲苦集；此暫不論。單說學人日日坐入一心不亂境界中，欲求成就出世間無餘涅槃境界，此即「修集行苦」之痴行，名爲苦集；若人如是知行苦，如是見行苦者，名爲已知苦集聖諦者；若能依如是知見爲人宣說者，方得名爲「聲聞人無我智」之說通者。

苦集滅聖諦者，謂人若能如是知、如是見，便能知滅苦之眞理。知滅苦之眞理者，名爲證知苦集消滅之眞實理者；如是知見而能爲人宣說者，名爲「聲聞人無我智」之說通者。

苦集滅道聖諦者，謂人能如是知、如是見，便漸漸能知滅除苦集之道，所謂八正道。能知八正道之理，轉能爲人宣說，令滅苦集心行者，名爲「聲聞人無我智」之說通者。

次爲緣覺人無我智之說通者。緣覺依於十二因緣觀，現觀「識緣名色、名色緣識」正觀；依於十二因緣，現觀老死緣生，生緣有……乃至行緣無明，證知蘊處界無人無我，如是緣覺智慧，名爲緣覺菩提，名爲「緣覺人無我智」。如是知，如是見，如是現觀已，復能爲人宣說者，名爲「緣覺人無我智」之說通。

末為菩薩人無我智之說通者。菩薩人無我智與二乘人無我智，同中有異，異中有同。二乘人無我智唯依蘊界處之無常、苦、空、無我及緣起性空而作現觀，菩薩亦如是現觀，此是同者；異者謂菩薩親證如來祕藏—自心藏識，此是菩薩不共二乘、不通二乘法處，故名別教。

如是，菩薩不唯依二乘法宣說四聖諦，亦依大乘密意宣說四聖諦。菩薩於二乘法中，為眾宣說八苦、三苦、一苦，令眾知曉苦聖諦乃至集滅道諦；說已復依大乘法說四聖諦：於大乘中，不以苦為聖諦，謂牛羊人類乃至地獄有情悉受眾苦，悉知無常苦空之理，是則應有苦聖諦；然彼各類眾生悉無苦聖諦，知苦而不知如何離故。二乘有學無學亦無苦聖諦，謂彼等不迴心者悉皆不知不聞如來祕藏—自心藏識實相；迴心之人雖然得聞，而不知不證，心欲修證而不能證，是名為苦；修已得證，能親領受，入菩薩數，現觀蘊處界我之苦空無常無我，乃是依自心藏識為因，方有蘊處界之苦空無常無我；現觀蘊處界之緣起性空，乃依自心藏識而有緣起，而有緣滅，而有性空。菩薩如是現觀，證實本來自性清淨涅槃乃是二乘苦聖諦及因緣觀之實相，二乘定性無學不知不證此一實相，畏懼隔陰之迷而不願再受生死；菩薩證此實相故，不離隔陰之迷而發受生願，再受生死，心無所懼；是故定性二乘無學畏生死苦，唯有苦，無苦聖諦；菩薩不畏生死苦，不唯有苦，亦有苦聖諦，現觀定性二乘無學不知不證實相而畏生死苦故。

略說集滅道諦之理如是：定性聲聞緣覺唯知蘊處界苦集之理，不知修集般若眞智之理，若聞般若實相眞智，則生煩惱，然不思修證，故說定性二乘無學於大乘法中有苦集，無苦集聖諦；菩薩不唯了知定性二乘無學苦集聖諦，亦了知彼等被無始無明所障，不知不證實相，而菩薩如實親證，是故菩薩於大乘法中已證苦集，亦證苦集聖諦，何以故？謂菩薩於無始無明尚未完全斷盡，故有苦集；於實相已知已證，漸漸深入修證，故有苦集聖諦。

定性二乘無學，能知蘊處界苦集滅除之境，而不知自心眞如所蘊無始無明隨眠滅除之境界，故說定性二乘無學於大乘法中無有滅聖諦。菩薩不唯了知二乘滅聖諦，亦能了知無始無明隨眠滅盡即成佛道之理，是故菩薩於大乘法中，亦有苦滅，亦有苦滅聖諦。

定性二乘無學，能知蘊處界苦集滅除之道—八正道，而不知滅除無始無明塵沙惑之道，故於大乘法中無有苦滅之「道聖諦」。菩薩不唯如是證知定性二乘滅苦之道，亦證知無始無明塵沙惑滅除之道，由有般若實相智故；故能化度衆生證悟自心眞如，由是發起眞智，自知未來必定成佛。菩薩以知成佛之道，如實知故，故於大乘法中有苦滅之道，亦有苦滅道聖諦。

四聖諦如是，十二因緣正觀亦復如是，有同於緣覺者，有異於緣覺者；如是同異俱能親證，證已巧設方便，爲人宣說；或書以成文，廣度有緣。能如是宣說以度有緣者，名爲大乘之說通。至於十二因緣法於大乘法中之說通，限於篇幅，乃至不作略說；後若有緣，當有我會親教師另行著文成書，以獻有緣佛子。如上略述三乘人無我智之說通。

聲聞乘之法無我智者，即是三法印之「諸法無我」。彼等聲聞行者，於五蘊十二處十八界之中證驗人無我已，復於蘊處界之人無我智基礎上，現前觀察蘊處界展轉所生諸法之中，無有不壞之我，由是斷盡我執，成阿羅漢，而猶未知諸法緣起緣滅之因——藏識實相，是故不與大乘般若慧相應，是故人人畏見維摩詰大士。然聲聞無學能爲衆生宣說諸法無我，故名聲聞法無我智，斯人不唯得盡智，亦得無生智，名爲「聲聞法無我智」之說通。

緣覺乘之法無我智者，亦不離「諸法無我」。緣覺乘行者，依十二因緣之緣起正觀，深細證知諸法之中，無有常恒自在之我，悉同蘊處界之緣起緣滅。然緣覺乘人於緣起法中，現觀「識（阿賴耶）緣名色（意根及受精卵）、名色緣識」，故能了知無明依於阿賴耶識而住，而至後世、而現行，其慧深細，非聲聞羅漢所能知之。雖然如是，然猶未能證得自心賴耶，故於菩薩所說般若中觀之理不能證入。如是辟支佛，能為人宣說十二因緣之緣起正觀——識緣名色，名色緣識；是名緣覺法無我智之說通。

二乘無學有如是法無我智，然此法無我智未與實相般若相應，非能證知諸法無我之實相，非能證知諸法法性之無我性，故非眞正法無我。菩薩不然，依自心藏識之親證及領受其性，證知藏識法性之無我性，證知藏識所生十八界五蘊十二處之無我性，亦證知自心藏識及蘊處界所共展轉而生之一切法，悉無常恆不壞之我。如是菩薩法無我智，下自初地所證八識心王之五法、三自性、七種性自性、七種第一義、二種無我法所得道種智，上至諸佛之二種究竟轉依、四種圓寂、四智圓明之一切種智，悉名大乘法無我智；菩薩隨其所證法無我智，而能為人宣說者，名為大乘法無我智之說通，所說函蓋二乘「諸法無我」之法無我智。

第四節　法師與僧寶

說法授人，令修佛法，如是之人名爲法師。傳授佛法之師，則有在家出家之別，是故法師一詞，不單指出家弘傳佛法之師，亦泛指在家弘傳佛法之居士。然今佛教界之習慣，已將法師一名視爲出家僧寶之同義詞；不論出家人有無爲衆生說法，皆名之爲法師。至於居士弘傳佛法者，則多稱爲老師，不名法師。

老師一詞，今已浮濫，古時不然。古之禪宗叢林，唯有證悟開山之人，方得自稱老師，餘宗餘人皆不敢自稱老師；如南泉普願禪師自稱王老師，睦州道明禪師自稱陳老師……等，故於禪宗叢林中，老師一名極爲崇高，等閒之輩不敢輕用，否則不免他人之非議也。然今外道世俗之傳授風水、算命卜卦、股票分析、說書相聲……等學問者，亦皆自稱老師，已將儒家老師、叢林老師之崇高意義混淆。

儒家之老師，乃謂能爲弟子傳道授業解惑者，地位極爲崇高。佛門中之法師，其地位之所以崇高者，亦在爲弟子傳道授業解惑之故。而法師則以出家僧寶爲多，居士少之。

中國地區佛法弘傳，以大乘佛教爲主；大乘佛教乃是人菩薩行爲主，天菩薩行爲輔之佛教，是故大乘佛教中，將僧寶分爲凡夫僧與勝義僧。凡夫僧謂一切出家剃髮、身披僧服之三乘比丘比丘尼，尙未見道者，具名凡夫僧。勝義僧則謂一切於大乘法中見道不退之人，不論其身爲出家相抑在家相，亦不論其身爲人身、天身、傍生身，俱名勝義僧。勝義僧又得名爲菩薩僧，依菩薩藏法而見道故。

若人受三壇大戒已，不以菩薩戒爲主要受持，而以聲聞比丘比丘尼戒爲主要受持，是人名爲聲聞僧，不名菩薩僧。若以菩薩戒爲主要受持，聲聞戒爲次要受持，是人得名菩薩僧。以依未見道者說，是故菩薩僧中亦有凡夫僧，唯出家人可以名之。

大乘在家佛子若未出家者，受菩薩戒已，得名菩薩，不名菩薩僧，未於大乘法中見道故。若得見道，雖現在家相，亦名菩薩，亦名爲僧，合名菩薩僧，此乃大乘經典所說，已證大乘勝義故。

然大乘勝義菩薩僧，不論出家在家之人，俱極難得；偶爾出現人間，其數非衆，不易値遇承事，何況具得其意？若是宗說俱通之勝義菩薩僧，更難値遇，福薄之人往往交臂失之，不能信受；此謂勝義菩薩僧所說般若種智深妙，福薄之人若聞所未聞法，心生驚懼，往往捨之而去。

復次，宗說俱通之菩薩僧，唯在大乘，二乘所無；本書所述之宗通與說通，亦依大乘法中宗通與說通爲準，是故此下不述二乘之宗說二通。

大乘法中之宗說二通，層次淺深廣狹有別，要在依於般若證悟所生見地，而後能起二通，未悟錯悟之人所不能知。若得證悟自心藏識，即具宗通乃至說通；若未證悟領受自心藏識體性，則二通俱無，所知所解所證悉皆未到第一義諦故，是故二通唯諸證悟藏識者得。

若證悟者，於四無礙辯無有少分修學，往世亦不曾少分修四無礙辯者，則不具說通，如是人得名勝義菩薩僧，不名法師。若證悟者，少分或多分發起四無礙解、四無礙辯者，斯人則有說通，得名勝義菩薩僧，亦得名爲法師，不論身著緇素；能授人以無上第一義諦，宣說法要故。然宗說二通之具足者，唯在佛地，具足四種圓寂以及四智圓明故，是故唯佛是眞正法師，是眞正大和尚也。

在人間，勝義菩薩僧所說諸法，非諸外道、凡夫所能評議；乃至定性二乘無學，及諸迴心大乘而未證得藏識之阿羅漢與辟支佛，於此菩薩僧眼前，悉無語話分；般若中觀及唯識種智，悉以觸證領受藏識體性爲根本故；般若中觀及唯識種智所述者，皆是藏識之空性與有性故。

在人間，勝義菩薩僧極難可遇，特別是已證道種智之宗通與說通菩薩；其所說法，無上甚深，能助眞悟者修證道種智，一切凡夫、外道、二乘無學聞皆不解。是故凡夫外道於彼菩薩所說妙義，由不解故心生煩惱，輒妄評之（如現代禪副宗長張志成老師之妄評余身，即是現成案例），以積非成是之謬見，詆誣菩薩僧之摧邪顯正，誣爲「思想主觀」，誣爲不符「無見、無諍、無我」，而不敢就法義提出論證。

若人摧邪顯正，救護學人遠離邪見，即違「無見、無諍、無我」者，則佛踵隨六師外道之後，一一遍至各大城摧邪顯正之作爲，即違無諍無我境界，則不名爲佛。觀乎三乘諸經佛語，在在處處破斥外道、辨正法義，豈違無諍無我之說？眞善知識悉不如是知見。是故諸佛菩薩爲救護衆生，於諸外道、凡夫之邪見邪解，必作法義之辨正；於外道凡夫誤導衆生等事，必定不作壁上觀—必依救護衆生之悲願而現身摧邪顯正，救護衆生回歸正道。外道與凡夫若對善知識之批判辨正，不能辯白，而指稱他人之法義辨正爲「辯護與宣傳」者，終不能更正其未入見道位之凡夫定位。不肯虛心探究之結果，永無捨離凡夫位之因緣，無益自他。

於大乘法中，一切眞善知識皆樂於接受他人之評論與批判，並就此事而作法義辨正，悉符三乘經典佛旨。若不能就他人所提出之法義上評論與批判而正式辨正者，皆非眞善知識也；如是之人，皆不能於法義上與余辨正，唯能顧左右而言他——誣余貶斥阿含及中觀，誣余有違「無諍無我」風格，妄稱未觸證藏識之人能「契應甚深般若」。後若別有他緣，兼因有暇，或可考慮就張志成之謬論作一公開覆函，廣益佛子，緣缺則罷。茲且暫表不述。

此節之主旨，乃謂法師及勝義僧皆有在家出家之別；亦謂一切僧寶，必須證悟自心藏識方能通宗及通教說，方名大乘勝義僧。如是大乘勝義僧與法師，方名眞善知識，得名勝義菩薩僧，是佛子所應親近修學者。若人未曾觸證自心藏識，未能於四威儀中親自領受藏識體性，而言能知能解般若中觀，而言能知阿含佛之祕旨，而言能知能證七住人無我，而言能知能證初地法無我者，無有是處。

第二章　宗通

第一節　禪宗之宗通—不聞而聞、不說而說

禪宗之宗通，乃是教外別傳之法—不聞而聞，不說而說。

譬如：有僧參問：「妙機言句，盡皆不當宗乘中事如何？」永明延壽禪師答曰：「禮拜著！」僧曰：「學人不會。」永明禪師曰：「出家行腳，禮拜也不會！」（詳見拙著《宗門法眼》拈提解析）

二如：福州長慶慧稜禪師上堂，大眾集定，長慶禪師下座拽出一僧，對眾曰：「大眾禮拜此僧。」又曰：「此僧有什麼長處？便教大眾禮拜？」（詳見拙著《宗門法眼》拈提）

三如：杭州龍華寺彥球禪師上堂云：「好時好日，速道！速道！」又曰：「大眾近前來！聽老漢說第一義。」大眾近前，師便打趁。（詳見拙著《宗門法眼》拈提）

四如：汝州廣教院歸省禪師上堂云：「宗師血脈，或凡或聖；龍樹馬鳴，天堂地獄；鑊湯爐炭，牛頭獄卒；森羅萬象日月星辰，他方此土有情無情……」以手畫一畫云：「俱入此宗」（詳見拙著《宗門道眼》拈提）

五如：天台德韶禪師來訪，建州白雲禪師即問：「什麼處來？」天台云：「江北來。」建州又問：「船來？陸來？」天台答云：「船來。」建州又問：「還逢見魚鱉麼？」天台答云：「往往遇之。」建州問：「遇時作麼生？」天台曰：「咄！縮頭去！」建州禪師大笑。（詳見拙著《宗門道眼》拈提）

六如：福州羅山道閑禪師臨遷化時，上堂集衆；良久，展左手；主事僧罔測其意，乃令東邊師僧退後。師又展右手，主事僧又令西邊師僧退後。師無已，乃謂衆僧曰：「欲報佛恩，無過流通大教。歸去也！歸去也！珍重！」言訖，莞爾而寂。（詳見拙著《宗門道眼》拈提）

以上皆是教外別傳之法—不聞而聞，不說而說。

大乘佛法之入道初門有二：教外別傳、言教開示。教外別傳者，謂不依經教義理開示學人，別於經教之外，不依言說而使機鋒，令學人初入大乘宗門正旨；由是入門故，漸能通達經教宗旨，乃至通達悟後漸修漸至佛地之修道次第。言教開示者，則以佛及諸大菩薩所說經義，宣示自心眞如之體性；佛子由聞熏故建立正知正見，由具足正知正見故，一朝忽然觸著自心眞如，便入大乘見道，所悟無異禪宗諸祖；此由聞說而入，異於禪宗。然此僅是表象，實際悟入時仍是一念相應─不聞而聞不說而說─證悟之剎那及第二剎那起之領受眞如體性過程中，皆離言說，心中絕無語言。

不聞而聞者，謂禪宗門庭迥異諸宗；學人入於禪宗叢林者，皆不令彼聞經解經，日常作務灑掃庭除，乃至農耕自活之日出而作，日入而息，行普請之法。住持和尚則於一切作務之中觀機逗教，有時言語提示，有時略施機鋒，有時正令全提，學人因緣具足者，往往忽然一念相應，打破無明，便得時時現前觀察自心眞如（阿賴耶識）之運作。由是觸證及領受自心眞如體性故，得入中道觀，發起般若慧，遂通教門。

然禪宗行者於宗門意旨之悟入，非由聞說而入；住持和尚開示自心眞如時，亦復不說而說，非以語文明說也。學人欲於禪宗眞善知識之「不說而說」中證悟者，不得以語言文字及耳根聽聞，當以眼聞，唯除晚參之開示正知正見時。

日常運爲中，住持和尚雖亦有諸言語，然其眞義不在言語中，故其言說亦是不說而說。譬如前舉六例，宗門意旨皆不在言語中，若於言語中作諸情解臆想者，皆不得住持和尚之旨意。最有名及最具典型者，莫過於清涼毫釐及曹源一滴公案：

清涼文益禪師一日問紹修山主：「毫釐有差，天地懸隔，兄作麼生會？」紹修山主曰：「毫釐有差，天地懸隔。」清涼禪師曰：「恁麼會，又爭得？（哪裡體會得到？）」紹修山主問曰：「和尚如何？」清涼禪師答曰：「毫釐有差，天地懸隔。」紹修山主聞已，便禮拜清涼禪師。（詳見拙著《宗門法眼》第一六一則拈提）

天台山德韶國師歷參五十四善知識，最後至臨川，謁淨慧禪師（清涼文益）。一日淨慧上堂，有僧問：「如何是曹源一滴水？」淨慧答曰：「是曹源一滴水。」僧惘然而退，天台德韶卻於座側豁然開悟。（詳見拙著《宗門法眼》第一七四則拈提）

如上所舉，禪師雖有言說，其實不在言說；學人欲悟者，不得耳聞，當以眼聞；若以耳聞，百劫過已，依舊不會禪師意，故曰教外別傳者乃是不聞而聞，不說而說。

至於完全無言說者，譬如龍潭吹燭公案：一夕，德山宣鑒於方丈室外默坐參禪，其師龍潭崇信禪師問曰：「何不歸去寮房？」德山答曰：「天黑。」龍潭乃點燭予德山，德山伸手擬接，龍潭卻一口吹滅，德山乃大悟，即地禮拜。

於此公案中，龍潭崇信禪師不說而說，德山宣鑒禪師則不聞而聞。如是之法，非經教中所開示者，故名教外別傳。昔年世尊因大梵天供養寶蓮，乃當衆拈起寶蓮，微笑示衆，彼時於摩揭陀國相聚聞法之一切人天，悉皆罔知世尊意旨，獨有金色頭陀迦葉尊者當時一念相應，便會世尊之意；世尊乃云：「吾有正法眼藏涅槃妙心，實相無相微妙法門，不立文字教外別傳，付囑摩訶迦葉。」如是拈花微笑，世尊不說而說，迦葉不聞而聞，是名教外別傳—禪宗之宗通也。

第二節　藉教悟宗

藉教悟宗者有二：一者依於經典之研讀體究而證悟自心藏識，二者依於眞善知識之開示而證悟自心藏識。

依經典研讀而體究自心藏識，亦可得悟；譬如壇經所載：《永嘉玄覺禪師，少習經論，精天台止觀法門。因看維摩經，發明心地。偶師（六祖慧能）弟子玄策相訪，與其劇談，出言暗合諸祖。策云：「仁者得法師誰？」曰：「我聽方等經論，各有師承。後於維摩經悟佛心宗……。」》後見六祖得受印證，留宿一夜而辭，人稱「一宿覺」。又如玄沙師備禪師：《師入室咨決，罔替晨昏。又閱楞嚴，發明心地；由是應機敏捷，與修多羅冥契。諸方玄學有所未決，必從之請益。》如是事例，《五燈會元》中所載尚多；其餘典籍所載及典籍未載者更多，是故學人不應效法月溪法師之否定經藏，誣謂研讀經藏者悉皆不能悟入，否則便有大過。

如是藉教悟宗故事，末法學人參禪究心者，實應效法。當知末法學人及法師（出家在家弘揚佛法者）之所以墮於我見中者，悉因自心臆想而不讀經教，故有此過—不斷我見。我見不斷故，隨生種種不如理作意；知見不正，故名邪見。若以如是我見所生邪見，而以言說或著作成書弘揚佛法者，口說阿含涅槃、般若中觀、唯識種智，實際則是誤解阿含、錯會中觀、不解唯識，如是名爲誤導衆生同入歧途。觀察當代宣稱已證佛法之大小善知識，莫非如是，彼等所以致此過者，咎在少讀經藏或誤會經教。於後第七、八章中當有敘述，此處略表不論。

依善知識之開示而證悟者有二：親聞善知識之開示，以及閱讀善知識之著作。

禪宗叢林自百丈清規訂立施行已，行普請之法；上至百丈大師，下至沙彌，一體遵行：一日不作則一日不食。自行開墾種植，以求自給自足，不作經懺法事，減少與居士信徒之攀緣。一切學人皆於日常作務執事中參究，住持和尙則隨時於作務中觀機施教。然因學人乍入叢林，多有未知經教中之知見者，遂有晚參之舉，或者每逢七日一行，或者每逢朔望而作。屆時擊椎集衆，或燃燈燭，或俱不燃；大衆集已，首座迎請住持和尚至法堂開示，是名晚參，如是漸漸蔚成風氣，譬如汾陽晚參是也。

住持和尚之開示，主要在於宣說自心眞如之體性—離見聞覺知，隨緣應物而不作主，本性恒處涅槃中道…等。有時宣說參究自心之方法與方向，有時旁引經文而解釋之；有時舉示諸方錯悟而剖析之，令諸學人不墮邪見…；有時拈提證悟祖師公案而提示之，令知入處；…如是種種言教開示，令諸學人得以悟入，亦名藉教悟宗。

如佛宣第一義宗旨，弟子結集佛之開示，編定目次以便誦持，即成契經；後來書以成文，即成經典。禪宗叢林亦復如是，證悟祖師開示法要，學人聞而悟入，即是藉教悟宗。禪師開示後，漸漸有人予以結集書寫，故有諸多禪師開示語錄刻版印行天下；學人閱之而悟者，亦是藉教悟宗也。天下學人亦多因閱語錄而知某方有善知識，翕然而聚，遂成十方聞名之叢林。

後世野狐禪師見彼語錄流通而天下風行，乃以我見邪見而東施效顰，亦聚徒衆而作開示，結集刻板印行天下以邀令名；學人不知究裡，以其名聞及著作繁多，復又無人破斥其邪見所在，認作大修行者，趨之若騖。生徒旣廣，衆口鑠金，益令無知學人生大信心，聚徒益廣，勢力益大，乃至朝野側目，無有敢捋其虎鬚者。

今值末法，學人根器稍劣；又逢通訊發達時代，新聞媒體眾多，若肯捨錢，於報紙、電視、網路……等大作廣告，配合著作之流通，便能於短短一二年內成就大名聲。名聲普聞已，諸方學人麕集，貢獻身財鼎力護持，遂成大師，勢力廣大。以其信徒眾多，各政黨候選人爲選票故，皆往彼處夤緣，益發奠定其大師之身份，更易廣招徒眾。如是，諸方學人不明實情，便信大師語錄著作，依其我見邪見而入歧途，各皆信心具足，法喜充滿。然彼等大師語錄著作，不唯無益佛子修學佛道，反致誤入歧途，乃至成就大妄語罪—未證謂證。如是欲求藉教悟宗，猶如緣木求魚，必不可得也。

復次，祖師之論，有正有訛，不可盡信，學人欲求藉教悟宗者，務須先行明辨，免爲所誤。近者如月溪法師之《大乘絕對論》，遠者如唐朝圭峰宗密禪師之《禪源諸詮集都序》四卷，如宋元釋知衲法師之《眞心直說》，如密宗宗喀巴之《入中論善顯密意疏》，如天竺月稱「菩薩」之《入中論》否定第八識、墮於應成派中觀邪見……等，不勝枚舉；是故學人欲入佛道實證宗門意旨者，必須加以辨正，探究其論或語錄是否符合佛旨？不可盡信。

第三節　禪宗三關眞實不虛

悟有深淺，智有廣狹，所以禪宗設有三關：破初參明心，過重關眼見佛性，破牢關成慧解脫而證盡智。

錯悟之人不證實相本際，不能眼見佛性，不得涅槃盡智，而執壇經之方便說，每謂：「一悟即至佛地，明心證悟已，則同釋迦佛，故悟後不必修行。」便否定禪宗之三關。若人言悟後必須修行，彼則加以破斥，並謂人曰：「主張悟後起修者，皆是未悟之人。」如是邪見之人，不能忍於平實諸書所說「悟後起修」之理，便派人來誤導我會中早期重要同修數人，於內顚覆我法，遂有《正法眼藏—護法集》之出版流通、廣益佛子。

悟有深淺者，謂三乘菩提之悟，各有淺深不同。如聲聞法中，有人證悟蘊處界空相而得初果，有同一類證悟而得二三四果。如緣覺乘人證悟者，有人深解「識緣名色、名色緣識」之密意；有人唯得最粗淺之因緣正觀，是故辟支佛亦有十品，品品差別，非皆六通具足也。又如聲聞法中有慧解脫者，有證俱解脫而無五神通者，有俱解脫而六通具足者。綜上事實，可知二乘法之證悟亦有深淺差別，不可等視而觀也。

大乘所修佛菩提果亦復如是有深淺廣狹之別。復次，佛究竟位之佛菩提果，亦必具足四種涅槃—具足二乘解脫果之有餘及無餘涅槃。既已現見二乘菩提之證悟有深淺之別，當知佛菩提果之修證過程亦必有其深淺之異，佛菩提果函蓋二乘解脫果故。

復次，菩薩六住位中，現觀能取所取皆空；如是印定隨順二取空已，般若正觀猶未現前，直至觸證自心眞如—第八識阿賴耶，在此大乘眞見道位親自領受眞如之有性與空性，中道正觀方才現前，發起般若而入七住不退，是即禪宗之破參明心—眞實證悟。

菩薩於眞見道位中親自領受眞如體性已，般若正觀現前，雖名爲悟，仍未能知初地證悟之般若—道種智，是故仍須進修，並非破參之時已至究竟佛地。如是，別教七住以上及初地、八地、十地、等覺，一切位中皆是證悟般若之賢聖，非未悟證眞如之人而能發起般若中觀智也。既皆已悟，應皆已成究竟佛，云何於七住起尙有如是證悟層次深淺差別？是故，壇經所云「一悟即至佛地」乃是方便說—入相似即佛、分證即佛之佛地也，非是究竟佛地也。亦謂依理而言，與佛無異；同此類心，無別異故。由是可知：禪宗三關，非虛設也。

禪宗明心者破參之後，當應轉入相見道位，依四聖諦十六心作法空觀；亦應依《楞伽經》修學五法、三自性…等，此亦眞見道後之相見道位所應修學者，若不修此，永無進入初地之資糧。然初地所修所證，是無生法忍道種智，修此非易；大善知識難値遇故，自身慧力多有未逮故，自身福德資糧亦多未具足故，心量不夠廣大雄猛故；是故初地難階，自古已然。禪宗祖師之已入分證即佛位者（其數甚少），有鑒於此，遂有種種三關之設，不求初地無生法忍，但求解脫之果—取證聲聞盡智。乃有牢關之設，令弟子中之有緣者，得於一念之中取證盡智，成慧解脫；如是已顯破參明心之異於牢關也。

復次，破參明心之人，及破參後逕破牢關者，終未能證眼見佛性境界，是故偏空樂寂，性好寂滅涅槃；雖已親證般若中觀，仍未能知眼見佛性境界，是故難以親受「未入地菩薩隨順佛性」境界；由是之故，亦難發起廣大心及雄猛心，不能爲諸佛子而做衆人所不敢爲之事。

破參明心之人，每將眼見有情眞如運作之性，誤認爲眼見佛性，便將初參明心與重關見性混爲一譚，以此求余印證。然眼見佛性實非如此，若如是破參明心即是見性者，則見性之人於定力退失後不應喪失眼見佛性境界，而明心者之觀見有情眞如體性境界永不喪失，迥異見性者之因於定力喪失而不見佛性；亦不應於回復定力後，復得眼見佛性，是故重關見性迥異破參明心，兩關非一，不可混爲一譚也。

禪宗三關，自古以來，歷經投子大同、巖頭全豁、羅山道閑⋯五祖法演、克勤圜悟、大慧宗杲⋯無門慧開禪師以來，皆同余說。餘諸祖師雖亦偶然別有三關之設，而不同於此三關者，悉是別別施設，非是祖祖相傳、衆所認同者，是故於此略不陳述；後若有緣，當於公案拈提中別敘。

至於近來有一「密宗大法王」仰諤益西諾布者，謂禪宗之過重關，即是具有神足通而能穿牆入壁及穿越荊棘林者，已成佛教界茶餘飯後之笑譚資料，有智者哂之，不須於此評論也。

第四節 法相唯識宗之藉教通宗

法相唯識宗之宗通者，皆屬藉教通宗—經由上師以語言文字之直接說明而證得自心眞如（阿賴耶識）。然此宗之宗通者，非如禪宗之唯證得般若之總相與別相智，亦能令人通達三乘菩提，能令人悟後入於初地乃至三地六地。然此宗之悟者若欲眼見佛性，須至三地。

有諸法師居士，性好修學唯識，宣說唯識義理；然此諸人唯能於虛妄唯識門中，略解虛妄唯識—七轉識之依他起性及遍計執性，而不能具足了知，何況能知眞實唯識門？譬如印順法師之不解末那識即是十八界之意根，即是其例，是故彼所著作關於唯識學之種種書籍，似是而非，錯誤百出，在在處處無非是誤導佛子之謬見；尚不能具知虛妄唯識門，生諸錯解故，妄謂第七識意根是部派佛教發展而後建立故，妄謂阿含諸經中未說第七識故。復次，印順法師信受密宗應成派中觀之邪見，又否定第八識，則阿含諸經中佛說意根是心（第七識），又說七識外別有阿賴耶識是涅槃本際，便成妄語；若佛所說非妄語者，則印順法師之否定第七八識即成妄語。身爲當代台灣佛教「導師」之印順法師尚且如是，何況餘諸法師居士？可見一斑也。

此宗云何能令人通達三乘菩提？云何能令人悟後修入初地乃至六地？於後當說，此處暫表不述。且述此宗之藉教悟宗：

《成唯識論》卷一中，不唯廣破四大外道，宣說九十九法非實有我，復於卷四開宗明義而說眞實唯識門：「阿賴耶識業風所飄，遍依諸根，恆相續轉。」唯識上師依此明言遍十二處之自心藏識，令門下弟子證解而後領受此識體性。此乃依於教門及言說，令得悟入，故名藉教悟宗。

若於禪宗，不得如是引度學人，否則必將如同末學早年明說之弊：以非自參自肯故，體驗不足故，不能信受；故爲自在居士等人之常見外道法所轉，復又退回常見外道法中，不能信受余所明言之阿賴耶識。

唯識宗內則無此弊，唯除宗內已無通達位之上師。唯識宗內師弟之間，可以明說宗門密意而不致退失者，乃因有《成唯識論、顯揚聖教論》可以宣說故。經由此論之宣說，在在處處可以證實阿賴耶識之非眞非不眞，證實阿賴耶識之眞實理，證實七轉識及萬法之虛妄無我，證實外道見皆是虛妄想⋯由是諸理，將諸法相攝歸唯識－唯八識有；復將八識心王攝歸阿賴耶識。如是，弟子雖由教門明說而通宗門意旨，亦不退失正見，不墮斷常二見。得入般若中道，起正觀已，上師復令弟子不執眞相識，由是遠離法執；由三性而入三無性，實證有餘涅槃。

如《成唯識論》云：「『無始時來界，一切法等依；由此有諸趣，及涅槃證得。』

此第八識自性微細，故以作用而顯示之。頌中初半，顯第八識爲因緣用；後半顯與流轉還滅作依持用。界是因義，即種子識；無始時來展轉相續，親生諸法，故名爲因。依是緣義，即執持識無始時來與一切法等爲依止，故名爲緣。謂能執持諸種子故，與現行法爲所依故，即變爲彼、及爲彼依。……『及涅槃證得』者：由有此識，故有涅槃證得，謂由有此第八識故，執持一切順還滅法，令修行者證得涅槃。……由能斷道、斷所斷惑，究竟盡位，證得涅槃；能所、斷證，皆依此識，是與還滅作依持用。……後三(句)顯與三種自性爲所依止，謂依他起、遍計所執、圓成實性，如次應知。今此頌中諸所說義，離第八識皆不得有。即彼經中復作是說：『由攝藏諸法，一切種子識，故名阿賴耶，勝者我開示。』由此本識具諸種子，故能攝藏諸雜染法，依斯建立阿賴耶名；非如勝性轉爲大等，種子與果體非一故，能依所依俱生滅故。與雜染法互相攝藏，亦爲有情執藏爲我，故說此識名阿賴耶；已入見道諸菩薩衆得眞現觀，名爲勝者，彼能證解阿賴耶識，故我世尊正爲開示。」

又爲已證悟此識者宣示虛妄唯識門：「外道、餘乘，所執諸法，異心心所，非實有性，是所取故，如心心所。能取、彼覺，亦不緣彼，是能取故，如緣此覺。諸心心所依他起故，亦如幻事，非眞實有，爲遣妄執心心所外實有境故，說唯有識。」隨即依眞實唯識門，勸令已悟自心藏識者應離法執，不可執著所證第八識：「若執唯識眞實有者，如執外境，亦是法執。」

又恐證悟此第八識者，執此自識爲果地眞如，妄謂「一悟即成究竟佛」，故又說云：「此識無始恆轉如流，乃至何位當究竟捨？阿羅漢位方究竟捨。謂諸聖者斷煩惱障，究竟盡時，名阿羅漢；爾時此識煩惱粗重永遠離故，說之爲捨。」

又恐未悟凡夫錯解捨義（如聖嚴法師自在居士令人捨此阿賴耶識體），又開示云：「然阿羅漢斷此識中煩惱粗重究竟盡故，不復執藏阿賴耶識爲自內我，由斯永失阿賴耶名，說之爲捨，非捨一切第八識體。」

復又宣示第八識在修道過程中之三位差別：「然第八識雖諸有情皆悉成就，而隨義別、立種種名，謂或名心，由種種法熏習種子所積集故。或名阿陀那，⋯⋯或名異熟識，能引生死善不善業異熟果故。此名唯在異生、二乘、諸菩薩位，非如來地猶有異熟無記法故。或名無垢識，最極清淨諸無漏法所依止故，此名唯在如來地有。⋯⋯如契經說：『如來無垢識，是淨無漏界，解脫一切障，圓鏡智相應。』阿賴耶名，過失重故，最初捨故，此中偏說。…無垢識體無有捨時，利樂有情無盡時故。」

論中依於三乘諸經，由攝藏種子、能取所取、知覺性現行、煩惱現行、熏習…等種種理，宣說第八識與七轉識間之互動及體性。弟子聞已，隨得勝解，依之證驗而領受其性，雙證虛妄唯識與眞實唯識二門而起勝行，盡此一世即入初地。是名法相唯識宗之藉教通宗，如是依種種法之舉例證驗得親領受，永不退失大乘見地。余於早年爲諸同學明說自心所生諸弊，即以《護法集》及《成唯識論》而作補救，是故彼時見道而不退者，今時見地已甚深妙，非諸退轉者所能臆測也，是亦名爲藉教通宗。

然法相唯識宗之通宗者難以眼見佛性，謂純依慧學而修，未修學見性所需知見，及未鍛鍊見性所需定力故，是故我會取爲見性後修增上慧學之用。

第五節　大乘宗通見道之歧路

第一目　常見

常見者，謂有一類外道，執取見聞覺知心爲常不壞心，妄謂此心爲輪迴之根本識，爲一切法之根源，執此心爲常不壞心，故名常見外道。如是常見外道法，滲入佛門之中，由來已久；衆多錯悟大師競執意識爲常不壞滅之眞如，要而言之，不外如下十七種：一者空明覺知之心，如密宗紅教白教花教之蓮花生、密勒日巴、岡波巴、歷代噶瑪巴法王、敦珠法王、當代之卡盧、創古、宗薩欽哲、泰錫杜、頂果欽哲…等金剛上師，皆是此類人。二者無思惟妄想之靈知心，如聖嚴法師、法禪法師、元音老人、王驤陸、義雲高、仰諤益西諾布、南懷瑾等人。三者清清楚楚明明白白處處作主之心，此是意識再加我執識末那，惟覺法師是此類人也。四者無分別之明覺心，此覺知心因禪坐而不起語言妄想，謂爲無分別心，實非眞正無分別心，仍是意識心也；密宗一切法王喇嘛仁波切上師悉墮此中。五者專心課誦、專心做事的心，謂如是心爲常不壞心，佛教界許多小有名聲之法師居士，如是指示信衆與徒弟，墮於常見中。六者遍滿虛空而能覺知之心，月溪法師執此爲常不壞滅之涅槃心，自在居士踵隨之。七者遍滿虛空而無見聞覺知之心；佛門中有許多人，因余引經據典敘述眞如離見聞覺知及遍一切處體性，此諸人等不知不證眞如，便妄想遍一切處爲遍十方虛空，妄想有一不可知之離見聞覺知心遍滿虛空；我會中改信月溪邪法而最早退失之首批人，因余《護法集》之破斥故，改生此類常見。八者打坐進入定中之知覺心，以此心爲常不壞心；

如奧修與克里希納穆提，亦如現今南傳佛法諸大師來台所弘傳之內觀禪，皆此類人。九者一念不生之覺照心，如元音老人、亦如南傳佛法內觀禪諸師，亦如越南一行禪師，亦如密宗紅花白教一切法王仁波切等人，皆墮此中，此是外道五現涅槃之初。十者打坐進入初禪定中能知能覺之心，此是外道五現涅槃之次。十一者坐入定中而不聞外聲、不見色塵之覺知心，此境有三：二禪等至、三禪等至、四禪等至。此三境界即是外道五現涅槃之第三、四、五類。十二者打坐入定後無見聞覺知之心：此復有二，首爲未到地定過暗，不知不覺定中之知覺性；次爲四禪後入無想定，意識斷滅，非是意識心離見聞覺知性，以誤執此境中有離見覺之意識細心，故名常見外道。十三者證得神足通，能離色身飛來飛去之心，此亦常見；如仰諤益西諾布《佛法精髓》書中說：「禪宗過重關者，即是能穿牆入壁，透過荊棘林而不沾身。」假饒仰諤眞能如是（余不信其有），仍是常見外道邪見。十四者有五神通之覺知心，此亦是意識，不出六識界，與神通境之六塵相到故。十五者無相念佛之知覺心：今時因拙著《無相念佛》一書而學會無相念佛者漸衆，然有部份人於學會無相念佛時，即以無相念佛之覺知心做爲自心眞如，此亦錯會，仍是意識心；必須進前參取自身一向遠離見聞覺知之自性眞如，如拙著《悟前與悟後》所示：以見聞覺知心覓取離見聞覺知之心，見聞覺知心與離見聞覺知之心一向並存，非以滅卻見聞覺知心而可謂爲「覓得離見聞覺知之眞如」也。（欲知其詳，請閱拙著《生命實相之辨正》及《禪—悟前與悟後》二書。此處從略。）十六者看話頭之知覺心，此亦是意識心；今時有此功夫者，多因學會無相念佛而轉進此境；仍同於無相念佛之心，應以此看話頭之心向上一步，覓取自心眞如。十七者如元音老人以打坐至一念不生時能返觀之覺知心爲眞如，以能返觀之心已離言語故，妄謂返觀之心已離見聞覺知。以上十七種，皆屬常見，非眞佛法；然今已經普遍滲入佛門之中，爲多數學人所接受認定。

第二目　斷見

斷見之信仰者較少。然斷見者在修行者中較易受人恭敬，因彼已曾深入觀察十八界，已曾深入佛經研究，而建立一套似是而非之理論，一般修行者難以據理破斥；雖知其見邪謬，然苦於無力破之。無知之人見此表象，便信仰之，其聲勢便可漸漸穩固發展。然此斷見不易與衆生無始以來之常見熏習相應，故其發展有侷限性；然此斷見論，可以佛法名相教相包裝，而令學佛人易於信受，故其破壞佛門正法之勢力極爲深遠，其破壞性之巨，遠甚於常見法之滲入佛教中，若不迅速摧滅，佛教前途堪憂。

斷見論者主要歸納爲二大類：外道斷見及佛門內之斷見，皆非眞正之佛法。

先論外道斷見：謂有外道依五陰十二處十八界而細觀察，現前觀見陰處界悉無常恒不壞之自性，由作如是觀察故，了知陰處界無常無我。由如是現前觀察已，復作思惟：陰處界既皆有生，生則必滅，有生有滅之法則是敗壞無常；敗壞無常之法而能有生者，必定別有能生之法，故令陰處界有生。如是思惟已，更作觀察，覓彼能生諸法之自在法；研之究之，極力探尋而不可得，自謂探究已經至極而不可得，便謂陰處界無因而有，唯依衆緣而有，緣散則壞，歸於斷滅，是故一切有情無有前世，無有後世，死已即歸空無。

依此邪解及其現觀陰處界之過程，一一建立學說，立斷滅論。修行人見其立論詳細「眞確」，而能令人現前觀察無訛，便信受之。如是斷見論之信受者，多屬理智而薄情之人；慈悲心強者及感情豐富者，皆不易信受之。

如是斷見論者，多以刀及利之理，譬喻其理論。此謂有智者質云：「若唯父母四大為緣而生之色陰，能起有情之受想行識精神體性，則應人死以後仍有精神體性。」彼則答云：「譬如刀與利性，刀存則鋒利性存，刀滅則鋒利性滅，利性依刀而有。精神體性亦復如是，依於色陰而存，色陰若壞，識心隨之而壞，是故五陰純依父母及四大元素為緣而生，不必別有心法。復次，汝若謂別有心法者，試問：十八界外別有之心法何在？汝頗能示余否？」

如是，質問者自身既然同彼斷見論者久研自在不壞心而不可得，則無能破斥斷見論者；以自身未能證實十八界外別有自在心為十八界之因故，以未證自在心而未能發起般若慧故，或雖初得般若慧而未具四無礙辯故。

次論佛門內之斷見論：佛門內之斷見論者，皆以般若中觀之名相包裝其斷見本質，以身披僧衣、現出家相之教相，而掩飾其斷見本質。如是佛門斷見論者，以應成派中觀師為代表；天竺密宗月稱、寂天，西藏密宗阿底峽、宗喀巴、土觀、歷代達賴喇嘛，台灣印順法師，皆此類人也。

彼等立論之本質，同於斷見外道，而以般若中觀名相及二乘法掩飾其斷見之本質，於二乘法中，尚不能名為初果向人，何況能知能解能證般若中觀？而於他人之所悟，竟敢隨應取破，極爲狂妄。又彼等否定三乘佛法根本之第八識，令三乘法墮於無因論之本質中，斫喪三乘佛法命脈，必將令佛教成爲玄學之教，離於義學之修證，其害極大極深極遠。

月稱、宗喀巴、達賴、印順等人，崇尚密宗應成派中觀思想，否定第七及第八識，以一切法空解說般若中道，以緣起性空解釋中觀，本質乃是斷見外道法，非眞佛法也。

譬如印順法師於《空之探究》頁二〇六云：「西藏所傳的，是後期中興的龍樹學。在佛教史上，龍樹與弟子提婆以後，龍樹學中衰，進入後期大乘時代……後期的龍樹學，以『一切法空』爲了義說，是一致的；但論到世俗的安立，不免是各說各的。」

然而西藏的中觀，爲印順法師所服膺者乃應成派中觀；此派之中觀思想嚴重扭曲龍樹菩薩中論意旨，是故藏密之應成派中觀不應歸類爲龍樹學，正是龍樹中論所預破之邪見故。此謂龍樹所造《中論》乃依第八識體性而闡釋之，應成中觀則否定七識八識，違背佛旨而別立意識細心爲涅槃實際，如是邪見已於《中論》預破，而月稱寂天等人猶墮其中，乃竟自謂其中觀見是龍樹學，可笑至極。後若有緣有暇，當就龍樹《中論》作一正解，以與印順法師所說《龍樹學—中道緣起與假名空性之統一》比對，令讀者了知：印老及密宗黃教之應成中觀思想本質乃是斷滅見，非眞正中觀。

龍樹《中論》之意旨，絕非一切法空，乃以第八識之中道體性而說中觀。印老不解龍樹意旨，依後期龍樹學（月稱、宗喀巴之《入中論、入中論善顯密意疏》）而認同「一切法皆空」爲了義說，嚴重誤解龍樹《中論》意旨，墮於斷見之中。雖然口說中道中觀，卻不能自外於斷見，與外道無別。拙著《楞伽經詳解》一至四輯中，已舉不少例證，讀者逕閱可知，此處不煩重解。

學人當知：大中小品般若經所說般若中道，絕非一切法空，龍樹《中論》所說，更非一切法空。二乘法之緣起觀，若離阿賴耶識（名色緣識之識）—否定阿賴耶識，則非緣起正觀，則同斷見外道之緣起觀，無有勝妙之處，亦非佛說之緣起法。

若陰處界一切法空，而無阿賴耶識爲一切法緣起之因，則一切法無因而依緣現起；無因有緣之法，非是佛法二乘緣起之法，成無因論故。若無阿賴耶識爲涅槃無漏之因，則阿羅漢入涅槃時即成斷滅，斷滅之法非是佛說之二乘法，佛不許涅槃是斷滅空故。

舉經爲證；大正藏雜阿含卷五第一〇四經載：

如是我聞：一時佛住舍衛國祇樹給孤獨園。爾時有比丘名焰摩迦，起惡邪見，作如是言：「如我解佛所說法，漏盡阿羅漢身壞命終，更無所有。」時有衆多比丘聞彼所說，往詣其所，語焰摩迦比丘言：「汝實作是說：『如我解佛所說法，漏盡阿羅漢身壞命終，更無所有』耶？」答言：「實爾，諸尊！」時諸比丘語焰摩迦：「勿謗世尊！謗世尊者不善。世尊不作是說，汝當盡捨此惡邪見。」諸比丘說是語時，焰摩迦比丘猶執惡邪見，作如是言：「諸尊！唯此真實，異則虛妄。」如是三說。時諸比丘不能調伏焰摩迦比丘，即便捨去，往詣尊者舍利弗所，語尊者舍利弗言……時焰摩迦比丘遙見尊者舍利弗來，即爲敷座洗足，安停脚机奉迎，爲執衣鉢，請令就座。尊者舍利弗就座，洗足已，語焰摩迦比丘：「汝實作如是語：『我解知世尊所說法，漏盡阿羅漢身壞命終，無所有』耶？」焰摩迦比丘白舍利弗言：「實爾，尊者舍利弗！」舍利弗言：「我今問汝，隨意答我。云何焰摩迦、色爲常耶？爲非常耶？」答言：「尊者舍利弗！無常。」復問：「若無常者，是苦不？」答言是苦。復問：「若無常、苦，是變易法，多聞聖弟子寧於中見我、異我、相在不？」答言：「不也，尊者舍利弗！受想行識亦復如是。」復問：「云何焰摩迦、色是如來耶？」答言：「不也！尊者舍利弗！」復問：「云何焰摩迦異色有如來耶？異受想行識有如來耶？」答言：「不也，尊者舍利弗！」復問：「色中有如來耶？受想行識中有如來耶？」答言：「不也，尊者舍利弗！」復問：「如來中有色耶？如來中有受想行識耶？」答言：「不也，尊者舍利弗！」復問：「非色受想行識有如來耶？」答言：「不也！尊者舍利弗！」「如是，焰摩迦！如來見『法』眞實，『如』住無所得，無所施設；汝云何言『我解知世尊所說，阿羅漢身壞命終，無所有』，爲時說耶？」答言：「不也！尊者舍利弗！」復問：「焰摩迦！先言我解世尊所說，漏盡阿羅漢身壞命終、無所有；云何今復言非耶？」焰摩迦比丘言：「尊者舍利弗！我先不解、無明，故作如是惡邪見說；聞尊者舍利弗說已，不解、無明，一切悉斷。」

是故，「法」眞實，「如」住無所得；法者如者，謂涅槃本際—非色、非受想行識之第八識也。是故漏盡阿羅漢身壞命終，捨五蘊十八界已，非如印順法師所說之一切法空，非如焰摩迦所說之無所有，有「法」眞實不滅，有「如」住於無所得境，住於非施設境，所謂涅槃寂滅是也。

亦如一〇六經所載：衆多外道出家說言如來死後爲有，或有言如來死後爲無，或有言如來死後爲有無，或有說言如來死後爲非有非無，尊者阿耨羅度皆指斥爲無記之說，無關法界義故；隨後尊者請示於佛，佛亦如舍利弗爲焰摩迦比丘所說無二，爲阿耨羅度尊者說法「如焰摩迦契經廣說」。然涅槃實際，其法甚深，聞者不解，轉更增疑，唯除値遇眞善知識之善說者。

凡夫衆生若聞佛說「如來死後非有我」，便墮無見；若聞佛說「如來死後非無所有」，便謂死後有我不滅；印順法師亦復如是，謂涅槃中道爲一切法空，如焰摩迦比丘未證四果前之墮於「涅槃無所有」中，成就斷見；復恐佛子責彼爲斷見，乃又建立意識細心爲涅槃實際之不滅心，復墮常見之中。如是未見道人，聞余細說涅槃實際，轉更增疑，不捨惡見；此法甚深難解故。如佛說云：「正應增疑，所以者何？此甚深處難見難知，應須甚深照；微妙至到聰慧所了，凡衆生類未能辨知。所以者何？衆生長夜異見異忍、異欲異求故。」

如是印順法師及達賴喇嘛之斷見惡邪見，即是應成派中觀師之惡邪見；佛滅度後，去聖日遙，弟子不能眞解四大部《阿含經》之世尊密意，遂有部派佛教之發展而建立意識細心說，應成中觀之惡邪見因之出現世間，破壞正法根本。

若佛子於五蘊十八界觀察，證知是苦、無常、空、無我者，則墮斷滅見；是人不名聲聞初果，不名「見跡」，墮於涅槃一切法空故，墮於涅槃無所有故。如何是聲聞初果？如《雜阿含經》卷五：《佛告火種居士：「我為諸弟子說：『諸所有色，若過去、若未來、若現在，若內若外，若粗若細，若好若醜，若遠若近，彼一切如實觀察：非我，非異我，不相在；受想行識，亦復如是。』彼學必見跡，不斷壞，堪任成就厭離知見，守甘露門；雖非一切悉得究竟，且向涅槃。」》

必須親自觀察色受想行識無常苦空故非我，復須觀察五蘊壞法不異於「不壞之假名我」—眞如實際，故非異我；復須觀察此假名我不在五蘊中，五蘊不在此假名我中，非即故不相在；如是現觀「五蘊非我，非異我，不相在」，是故斷我見而不墮斷滅見，斯人方名見跡，成初果二果人，雖未證知假名我（眞如、實際）故不入菩薩位，亦未成無學，佛說斯人「且向涅槃」，不過七有往返，究盡苦邊，得入涅槃。若認涅槃為一切法空、無所有者，以此為中道般若，斯人豈唯不入菩薩數中，亦乃不入聲聞見道位中，本質是斷滅見故；於四阿含諸經中，佛俱不許此惡見故。

然此惡邪見，假藉般若中觀之名相，混入佛法中，已數百年，月稱「菩薩」是倡導者，寂天與宗喀巴繼之發揚，由歷代達賴喇嘛師資相傳，今者印順法師復於台灣寶地而弘傳之，乃至影響日本大陸之學者而景從之，斫喪三乘佛法之根本，眞乃惡邪之見也；是名斷見論者，墮誹謗見—謗菩薩藏。

第三目　自性見

自性見者，謂有衆生探究生命之本際時，依於觀察五蘊十八界之幻有，復欲尋覓本際而遍尋不得；以不知不證本際故，久久推尋而不能得故，遂起不如理作意，謂蘊處界乃由自身不可知之冥性所生，此冥性有其恒常不壞之自性。如是名爲自性見，數論外道是此第一類。

數論外道即是僧佉外道，乃古印度衆多哲學派別之一，彼論乃依衆數而立，故名數論。是外道以三法建立二十五諦，三法者謂：冥性眞理，三事，我知者；具此三法，故生有情，受用一切法。三事謂薩埵、剌闍、答摩，即是貪瞋痴；由此三事生二十三法：大（能生萬有之力用）、我慢我執、五唯（色聲香味觸）、五大（地水火風空）、五知根（眼等五根）、五作業根（口舌、手、足、小便處、大便處）、心平等根（以肉團心爲根）。

依冥諦與三毒所生之二十三法，故有能知能受用一切法之精神我—處處作主取捨之我。

印度古時有如是外道，入金耳國，以鐵鍱腹，頂戴火盆，擊王所設論鼓，求與衆僧論義；彼時佛門中適無眞善知識，衆僧無能敵之者，彼數論外道遂謗僧不如外道，乃造七十行頌，申論數論宗旨。時王爲彼所惑，信爲眞實，朋彼外道，賜金褒揚之；外道即以彼論立名爲金七十論，一時風行。

然彼外道有大過焉；如彼所言心平等根，彼既以分別者爲心，則不應是肉團心；以分別爲心，亦非平等根。復次，彼執「我是思」，然思即是我慢我執—恒審思量、處處作主；既如是，此應是二十五諦中三事所生二十三法之次，不應是第二十五諦所生之法。有智之人皆可現見能思者（能處處作主者），依於意識分別而於六塵中受用一切法，不應列於二十三法之次位，彼依五唯、五大、五知根、五作業根及心根而起思量性故，此思即是意根之性故。

我執我慢既是意根之性，意根即是其體；應說能生諸法者爲意根，不應說能生諸法者爲我執我慢。而此意根雖依貪瞋痴而起，要以三毒隨眠爲種；三毒隨眠種子須有持種識，方能生起一切三界有分，持種識即是阿含所說「有分識」也。

今者數論外道建立冥性爲萬法根本，謂冥性若未生大等二十三法時，則住自分境界，不現三界大等諸法，名爲自性；若生大等二十三法，便有勝用乃至大神通等大作用等，便名勝性。然若有人質彼自性何在，便諉言自性不可知，故名冥性；彼時彼國僧衆無智，不能破之，遂令數論外道坐大。

後來部派佛教犢子部中，已無阿羅漢，有人受此惡見影響，便主張有「不可說我」，此乃自性見之第二類；此派不許「即蘊我」，亦不許「離蘊我」，謂眞實之「我」不可說，故云「不可說我」，而爲印順法師之所讚歎：《犢子和它的支派都建立「不可說的補特伽羅」。補特伽羅，意譯爲「數取趣」，即不斷的招受五趣生死輪迴的主體，本是「我」的異名。今加以「不可說」的簡別，當然非外道的神我可比。》

（印順法師著《唯識學探源》頁五二）

然補特伽羅於三乘法中，實謂「我」也，非如印老所謂「即不斷的招受五趣生死輪迴的主體」，生死輪迴之主體乃是涅槃之本際—第八識阿賴耶，此心非我非非我故。犢子部以未能實證故，依理論上之必有此法，而主張此一未能證知之法爲「不可說我」，亦如數論外道所說冥性自性，實無差異。印老不知，加以推崇，乃謂：「今加以不可說的簡別，當然非外道的神我可比。」仍然不出數論外道之自性見也。

如是，教內一切善知識，若有主張：「一切有情皆有眞如，此眞如能依緣而生蘊處界及一切法；但此眞如不可證知，亦無法言說，而非斷滅空。」如是之人悉名自性見者。何以故？此謂外道之不墮斷見者，悉知必有此心，而無慧力善根故不能證知，乃建立冥性自性爲立論之根本；佛門中人若亦如是建立、如是說法，則與此自性見外道無有差別，所異者唯在使用佛法名相而解說之。

自性見之第三類者，即是「意識細心」說，以及「意識極細心」說，此乃佛門未悟凡夫之自性見。前者如印順法師之否定第七、第八識，而建立意識之細心爲常不壞心，爲不可知心，爲生死輪迴之主體識；後者如達賴喇嘛之繼承月稱、宗喀巴邪見，否定第七第八識，建立不可知之意識細心或極細心爲常不壞心，爲生死輪迴之主體識；以未能證得故，說之爲不可知、不可證者。

印順法師認同說一切有系：「說一切有系，是主張過去心的：他們不許（前後）二心同時現起，不許六識外別有細心，所以說剎那過去的六識，能引後念的六識，叫意根。」（摘自《唯識學探源》頁一二三）何故指稱印順法師認同此說？譬如彼著《以佛法研究佛法》書中《如來藏之研究》一文（三三九頁）中說：「唯識學者的這種生滅相續論，中觀學者是不能贊同的。如造業，是剎那滅的；業滅過去，並非沒有，而是存在的。如從過去到現在，從現在到未來，業是存在的，有用的；不過這種存在，只是過去有，非現在有；因為有此業存在，才能感受生死苦果。法性空中無礙，過去雖然過去，或者很久了，仍然可以起用，不必要相續才能成立因果，所以中觀者不必立阿賴耶識。」所以印順法師反對大眾部於六識外「建立」恒存之細心—如來藏或阿賴耶。

然而印老此說有大過焉；其一：若六識心自類無間，前為後種，引生後剎那心，如是勢力得名意根者，則應意根即是六識，則不應別立意根。其二：若意識即是意根，則人眠熟悶絕入無心定時，意識斷已，意根隨斷，是誰能思而令意識重現而有六識見聞覺知？已滅六識之「無法」不能起思心所而作主決定令「無法」出生六識見聞覺知故。其三：前六識心既已於前剎那滅，滅已則是無法，無法云何能生下一剎那之六識心？斷無此理；譬如前一滴水落已，不能引生次一滴水，只能開避其位，令次一滴水繼於其位現前，然次一滴水非由前一滴水所生，而由水源所生；前剎那識亦復如是，只能開避其位令空，引導後刹那識繼於其位現行，然後刹那識非由前刹那識生，實由細心（阿賴耶識之見聞覺知行相微細，非是三界之見聞覺知，故名細心）所生。亦如意識貪心所滅已，不能出生瞋心所，唯能開避其位，由意識別生瞋心所；同理，前六識滅已，則成無法，無法不能生法，必由細心出生後六識種，繼於前六識滅位現行，理必如是故。其四：前六識有能熏之用，一切人皆以前六識之熏習學問，故有謀生及語言書寫工作能力，此乃一切人所共認不爭之常識；若有能熏習識，則必有所熏識，方能執持新熏種子；若非別有細心受熏持種，則一切人活至八十歲後，仍將如同初生嬰兒之屎尿不分，無有知識，白痴無異；前六識熏習已隨滅，所熏種亦滅故；後六識於前六識滅已方現，不能繼承前六識之所熏故。其五：若無第七識意根能思、亦無第八識細心持種，則一切二乘無學應無後蘊，則成大過，其過有二；以滅位心爲後種因故，滅位心已滅盡我執故。譬如阿羅漢成無學已，前六識之我執滅盡，則應當時俱入無餘涅槃，前刹那六識必不引生後六識種，則應世間唯有一刹那之阿羅漢，則須跋陀羅成羅漢已，不應尚能稟報世尊欲先入滅，得佛許可而後入無餘涅槃，亦不可能有阿羅漢住世十年乃至七十年；前六識滅已，必不引生後六識種故；是故成阿羅漢已，仍繼續住世而不取滅以俟壽盡，為有意根能思故，為有細心賴耶能依意根之命而續出生後六識種故。次過則應阿羅漢入滅已，無餘涅槃成斷滅空，十八界俱滅，意根已滅故，復無涅槃本際之第八識細心故，則同斷見外道，俱成大過。

由斯正理，懇勸印順法師及密宗應成派中觀師：勿否定阿含所說十八界之意根第七識，亦莫否定阿含所說細心─涅槃之本際、阿賴耶、有分識、窮生死蘊。汝等既知必須建立「不可知之意識細心」為生死輪迴及熏習業種之所依識，然佛於阿含四大部經中，已處處說有細心：涅槃本際、如、眞如、實際、阿賴耶、有分識、窮生死蘊，何勞汝等別立細心於不可知之意識界？所以者何？意識界一切心行皆可知之，非有不可知者；佛說意識界乃生滅法，識蘊所攝故；佛說「名色緣識、識緣名色」二語已說有生死輪迴之細心阿賴耶識故。若人建立「不可知之意識細心及極細心」，而想像其具有能生後剎那心之自性，想像其兼具能熏所熏持種之自性，想像其具有恆不壞滅之自性，亦是自性見人也，云何有資格評論他人他教他法之修證為自性見？無斯理也。

第四目 邪見與外道見

邪見、外道見者，謂常見、斷見、自性見以外之錯誤見解。當今佛教界之宗門邪見，以密宗為最多；外道見謂一神教徒。顯教之宗門邪見者主要有二：一者謂無情亦能成佛，二者謂自心眞如可分割或合併。密宗之宗門邪見主要有五：一者謂宇宙之能量為生命之本源，二者謂有情身中之能量為生命之本源，三者謂意識覺知心或不可知之細意識為生命之本源，四者以明點為生命之本源，五者以男女雙修法之樂觸等至俱樂之證得，以為成就究竟佛道之果地修行。

一神教之邪見，乃因不明生命之實相，不明宇宙成住壞空之因由，妄說世界及一切有情皆由某一造物主所創造；睽其經典所說，粗淺矛盾，修持境界唯在欲界六天以內，不及色界；又說地平非圓，無有其他世界，眼光侷限於當時歐洲有限之土地。彼經說人由造物者所造，將一切阿賴耶之功能性推與造物主，彼耶穌基督與穆罕默德所說諸法，悉不能到第一義諦，皆是人天（欲界）有為福善之法；皆具大瞋，不入初禪。以誤計有情身心是造物主所造故，不承認一切有情皆有前世。若如是，則一切有情之心，應無不滅者，是有生之法故，是本無後有之法故。若是有生之法，縱因行善而蒙主寵召，得生欲界天國，生已歷經一段時劫，仍將壞滅歸空；有生之法必定有滅，唯有滅之時劫久暫差別爾，無有不滅者也。彼等以造物主爲生命之常恒不壞本原，然造物主乃人類妄想虛構而有，非眞有造物主。於彼一神教徒奉祀崇拜祈禱法事等過程中，由欲界天神等示現神蹟，令人誤以爲實有造物主。然彼欲界天神等，實皆自知非是世間及有情之創造者，彼等現見世間及諸有情非自己所創造故。此是一神教之宗通邪見。

顯宗之宗通邪見者，有謂無情亦能成佛。彼等以「有情無情同圓種智」一語之誤會，而主張無情亦能成佛。此過極多，繁不勝舉；且舉大過三端敘之，其理明焉，不必絮絮而言，以免讀者厭煩：

一者，無情若有佛性者，必有種性差別；如佛云：「我常宣說一切衆生皆有佛性」，試問：「山河大地是衆生耶？」若非衆生而言有佛性者，則違佛語；若是衆生，試問：「山河大地於五類種性中，是何類種性？」聲聞種性耶？菩薩種性耶？…無種性耶？

若謂植物是衆生者，其義不然；謂佛所云衆生者，以有阿賴耶及意根意識者方得名爲衆生故，今問：「植物有心耶？」若謂無心，即非衆生。若謂植物能有簡別性，故名衆生，如莖葉向日性、根之向地向暗性、⋯等者；此非衆生，謂植物之彼彼性等皆是物性，非是心性，依衆生如來藏所蘊共業種子而有如是等性，非自身能之，故植物非如有情生命之有覺知等心，非在衆生數中。若強言植物有佛性者，試問：「向日葵是何類種性？是聲聞種性？抑或不定種性耶？」既無種性可言，則不得言是衆生也。

若強謂植物有種性者，依何心所現象而判其種性？不可憑空而言也。又若植物有種性者，其種由何所持？而言其有種性？理不直也。故說植物無有佛性，何況山河大地而言有性？既皆無佛性心性，則不得成佛也。

二者，有情處處受生故名衆生，前世生天死已，轉生人間；今世誤導衆生云「石頭亦有佛性，亦得成佛」，破壞佛法種子成就，故於來世墮畜生道或鬼神道；如是前後三世處處受生，故名衆生。佛以如是衆生而言「一切衆生皆有佛性」，初不曾言「大地國土悉有佛性」，亦未曾言「無情植物皆有佛性」，是故不應主張無情亦能成佛。

若謂草木大地悉是衆生者，試問：「草木大地曾有前世輪迴耶？後世仍將往生輪迴耶？其輪迴之主體亦是第八識眞如耶？」若有第八識眞如，亦應一切悟者悉能現觀其眞如，而現見不能，以草木大地悉無心識故；若無心識，則不應言草木大地悉有佛性；既無心識與佛性，則不可能成佛。

三者，山河大地若有佛性，應有心識；若有心識，則應有覺知性；若有覺知性，則人動土開挖地下室三層四層之深，以建大樓，應山河大地哀嚎不已；應每棟大樓開挖時必生地震，必有覺知及痛苦故，而現見非如是。

若有心識，則應成就熏習事業；若有熏習事業，則應有能熏及所熏，試問：「山河大地草木植物之能熏識何在？其所熏之根本識又何所在？」不可謂山河大地草木植物無熏習性，有佛性者必有覺知故。若無能熏識與所熏識，而無熏習者，則無佛性，則非衆生，云何可言無情亦有佛性？亦得成佛？無斯理也。

其餘衆過極多，恐厭繁文，便不再舉。是故「有情無情同圓種智」一語乃方便說法，非眞實義，不應生執而起臆想。然於地上菩薩之無生法忍道種智觀之，亦言可通；謂山河大地草木植物乃是有情共業種子所變現者，既如是，則圓成一切種智之究竟佛，於其示現成佛之世界，其中所有山河大地與草木，亦有一分是其自心眞如所變相分；則彼世尊成佛時，其眞如所現之一分山河大地草木亦得言同圓種智，此相分亦是彼世尊之自心一分故。然究竟而言，一切種智乃依究竟佛之八識心王而有、而顯、而起用，其自心眞如所變一分山河大地草木相分絕無一切種智，何況顯用？故說「有情無情同圓種智」之說，有其密意，非諸未證道種智者所能知之，凡愚更無論矣！是故不可據以引證無情亦有心性、亦能成佛也。

復次，「有情無情同圓種智」一語，別有正理，余今言之：謂獨一眞如不得言其爲有情也。如無餘涅槃位之第八識眞如，不得謂爲有情；亦如一切位之第八識如來藏自身，不得謂爲有情，皆非五蘊十二處十八界之有情故。所謂有情世間；乃謂五蘊十二處十八界合成者，方得名爲有情。最後身菩薩受生於人間，具足蘊處界故名爲有情；如是最後身菩薩有情，初夜明心後，復於夜後分、天將明時，因睹明星見性成佛，金剛喩定現前，前五識轉生成所作智，第六識轉生上品妙觀察智，第七識轉生上品平等性智，此乃有情一至七識及餘五根所共證得之種智，是增上慧學一切種智故；此時因於金剛喩定之現前，亦令第八識眞如轉生大圓鏡智，此亦是一切種智，合此四智而成一切種智，一切種之智慧圓滿成就故。如是，第八識眞如非是有情，非蘊與界所攝故；此第八識無情於成佛時成就種智，須依前七識之修道而後能成，第八識自身非是能修行者故。如是前七識有情與第八識無情共同成就佛地一切種智，即名「有情無情同圓種智」，不可妄謂山河大地草木水火皆有佛性，皆可成佛也。

復有別解，謂後身菩薩成究竟佛時，即是有情圓成種智；成佛已，隨緣示現應化身於十方世界度化衆生，其化身非有心非無心，如鏡中像故非心，與有情心得相應故亦非無心，如是化身不應名爲有情，如鏡中火不成燒用故，有情得見故。如是一切後身菩薩成究竟佛圓成種智時，其化身無情亦現種智之用，能爲諸地菩薩開示種智，亦名有情無情同圓種智。如是，無情所圓種智，要依八識心王而有，八識心王以如來藏（佛地眞如）爲根本，方得成就；山河大地草木礦石悉無七識心，亦無如來藏識，不能成就種智，以無心故，不可妄想此諸無情亦有佛性、亦可成佛也。

華嚴宗祖師及密宗祖師、天台宗祖，不解無情同圓種智正義，妄謂草木岩石皆有佛性，皆可成佛，貽誤當時後世佛子，非所應當，違佛旨故，悖逆種智眞實義故，尚不能入別教七住，般若總相智未得，何況別相智與道種智？乃竟奢言一切種智，言之過當也！此是顯教宗通邪見之第一大類。

顯教宗通之第二大類邪見者，謂如宣化法師之誤計自心眞如，以未實證故，依情解思惟作如是言：「一萬隻螞蟻的眞如合起來，成爲一個人的眞如；一千個人的眞如合起來，成爲一隻大鯨魚的眞如。」如是說者，其過極多，僅舉大者二端說之，以免厭煩：

一者，審如是，則應一切有情之自心眞如可得分割合併，則有大過。何以故？謂若可合併分割者，則鯨魚死後若因惡業報盡，而生人中，則應同時出生爲一千人；則應人死轉受蟻身時，應同時生爲一萬隻螞蟻，有是理耶？

二者，審如是，則一切人熏習善惡業果，應無果報；或應果報不定，或應善業而來世得惡果，或應惡業而來世得善果；或應死已不能即行受生，須待同業應受鯨魚身者具足一千人已，方能同時受生爲大鯨魚；亦應螞蟻業報盡已應生爲人時，須待同業螞蟻死至一萬隻時方能共同受生爲同一個人身。若爾，理不得成，永無轉生他道受生時故，何以故？謂人死已，至遲七七，必定往生，不待他人故；若欲等候同業應受大鯨魚身之九百九十九人於四十九天內死已同聚而生者，現見無此可能。則衆生之捨身受生狀況，應非如佛說，佛語則應成妄，寧有斯理？

其餘譬如因此而生之因果受報、熏習種子、種子流注、五類種性、八識心王可增可減、永無成佛之時、佛非功德具足、…等無量衆過，罄竹難書也。如斯乃是顯教宗通之第二大類邪見也。

密教之宗門邪見，略舉有五：

一者，有諸密教上師探究生命實相，而不能證解世尊之眞實義，外於自心藏識而向宇宙星團能量討尋，乃是心外求法之外道也。彼諸人等，修練氣功拙火，求益壽延年長生久視，或冀氣功成就神通有爲諸法，乃以氣功法門修練，欲向宇宙星團爆炸能量中吸取能量，以成就未來與宇宙能量合一之目標。如是心外求法外道，於密教中學得此一法門已，便離密教，自立門派，建立學說，廣收學徒，聚歛資財；無知學人爲求久視延年，競相供養修學，以爲未來成就時，可與宇宙能量合一，歸於本源，如是名爲密教之宗門邪見。

二者，如某居士云：「形上學的原始佛法寫作，是依禪師在入『涅槃』，見到自己的本尊原神，從這只有針頭百分之一大小般的靈能本體所處，用『抽象等同的概念』來界定內外的本質性靈體的世界。」

此亦是密教之宗門邪見，妄想自己身中有一生命能量，其體極微，潛於身中來往諸根造諸事業，謂為生命之本源，欲以此一能量而入涅槃，此乃外道見，《成唯識論》中已曾廣破，不意今人仍墮此中。復謂禪師入涅槃中能有所觀——觀見本尊原神，是則復於涅槃而生邪見，謂涅槃中可有能觀與所觀；如是，則涅槃非寂靜也，見分相分俱皆現行故，七識猶未滅除故；如是涅槃乃外道涅槃，非佛教涅槃，不能出三界故；五時三教諸經中，世尊未曾說有如是涅槃故。以上乃密教中，目前極常遇見之宗門邪見第二大類。

三者，有諸密宗法王仁波切，以意識覺知心或不可知之細意識為生命之本源。前者如紅教、白教、花教諸法王仁波切，同以意識覺知心為眞如，自謂已證眞如，墮於常見中；乃至以此「眞如」而貶抑余所證得之「阿賴耶識」為因地修行，謂彼自身所證眞如（實為意識）為果地修行，其心顚倒乃至如是。後者如第一目至第三目中所說應成派中觀師之建立不可知之意識細心極細心等，如印順法師與達賴喇嘛及其門徒是也，此勿重敘。

四者，以觀想所成之明點爲生命之本源—菩提心。此如黃教創始祖師宗喀巴所著《勝集密教王五次第教授善顯炬論》（方廣文化公司一九九五年五月版）中說：紅白明點即是菩提心。令人以明點修行欲成佛道，以觀想明點成功爲證得菩提眞心，荒唐之極，乃竟有衆多愚人信之學之。如彼書中所云：「…總之心中不壞者，有赤白菩提心，因位光明，微細持命等多種，金剛鬘疏中說此名光明風。」又云：「明點之量，續說如芥子許。…白紅明點，表不壞菩提心。」又云：「此說由修心間不壞明點爲依，能起俱生智，拔除無明。」如是邪見，遍佈於密宗四大教派中；昔時覺囊教派亦不能免俗，不得不隨俗而隨緣弘傳；皆因此邪見勢力極大，不能一時改易，只能徐圖漸轉故。

五者，以男女雙修法之淫根樂觸，令雙方皆達到性高潮，運用技巧，令高潮不退及遍身，謂此名爲證得等至—雌雄等至；謂此名爲引生俱生大樂，又名大樂光明，妄謂此法名爲無上瑜伽。密教出家人若能以明點觀想降入海底輪（勇父之私處名爲金剛杵，佛母私處名爲蓮花），於彼處作諸觀想，引生淫樂遍身，即名無上瑜伽成就，亦名成就佛地正遍知覺。如是，不論出家人之觀想引生淫樂遍身，或在家人與配偶眞刀實槍上陣，或上師與異性弟子眞刀實槍上陣（此爲上師與弟子間之秘密），凡能引生淫樂遍身者，俱名已成究竟佛，以此故說密宗之行門爲果地之修行——一世即成究竟佛。

如是邪見之存在於密教四大派中，非陳履安居士之可以遮掩者；不唯密教之經典中存在如是邪見，密教祖師所著密續，及自古至今口耳相傳之無上瑜伽、大樂光明、黑嚕嘎、陳健民所傳之「佛教禪定」⋯等等，以及古今上師喇嘛與異性弟子間不爲人知之單獨共修等，一直留傳至今不絕。宗喀巴雖見密教因此腐敗，起而改革，倡議出家喇嘛不得眞刀實槍與異性弟子合修，改以觀想之法引生淫根之「俱生大樂」，仍然未離如是邪見，而奢言以此可以斷愚證智；無比愚痴。

如宗喀巴所著《勝集密教王五次第教授善顯炬論》卷一中，說此「父續母續」即是般若之修法。又說：《即彼論云：「兩交會等四，集亦說二種（平實註：父續母續二種），由生滿起次，明生起瑜伽，及滿瑜伽母。二根（男女根）住等至（二根同住於性高潮境界），說名爲交集。」此說：視、笑、握手、交會（二根交會）等四續中之第四，兩根交集續中，說瑜伽與瑜伽母二續。》

又說此法即是般若勝義：《⋯如歡喜金剛等母續中，多說大樂，集密中未說。及應安立歡喜金剛爲父續、集密爲母續故。以是應知：由圓滿次第門，說爲方便般若各別續之方便般若者，般若謂勝義大樂智（平實註：此樂謂由淫樂所生之智慧。容於《狂密與眞密》中說，此處不述），方便謂世俗幻身也。》是故宗喀巴主張應修明點，觀想明點於雙修淫行中降入蓮杵而引生大樂，故又引：《燈明論說：如因位男女等至，愛火溶點墮蓮花中（平實註：所觀想明點隨於射精而進入蓮花中），生起諸有次第，當如是修。》密教四大派祖師及今全球法王喇嘛仁波切及在家弟子之已修滿密法者，皆以如此爲已成究竟佛，而生「佛慢」欲降伏他人。謂彼等人於此淫觸中，生解體會空性—空明覺知心之空性…等，如是名爲已證般若中道，已成究竟佛。是名密教之第五大類宗通邪見。此乃一切尚未修滿密法之密宗弟子所不知焉，余今略舉，令知警惕，以免未來失財事小，失身破戒及大妄語之事大，不可不防。

第五目　宗通歧路之結論

如是，本節一至四目所說常見、斷見、自性見、佛門及外道未悟凡夫之種種邪見，乃是現今全球最常見聞之宗通邪見，至於其他比較不常聞見之邪見仍極多，不克一一枚舉（讀者欲知其詳，請閱拙著《生命實相之辨正、眞實如來藏、公案拈提一—四輯》可知，此書不敘）；要皆依於常見之意識覺知心，作諸臆想思惟而生，彼等所說生命實相衆多理論，皆非如佛所說如來藏之可以親證現觀，墮於五陰。由於彼等對五陰十八界之實質未能如實現觀，生諸無量不如理作意，故有種種邪見妄想。

《雜阿含經》中第一二四經，《佛云：「諸比丘！有色若過去若未來若現在，若內若外，若粗若細，若好若醜，若遠若近，彼一切當觀皆是魔；受想行識若過去若未來若現在，若內若外，若粗若細，若好若醜，若遠若近，彼一切當觀皆是魔。羅陀！於意云何？色爲常耶？爲無常耶？」答曰：「無常！世尊！」「若無常者，是苦耶？」答曰：「是苦！世尊！」「若無常、苦者，是變易法；多聞聖弟子寧於中見我不？」答曰：「不也！世尊！」「受想行識亦復如是。是故羅陀！多聞聖弟子於色生厭，於受想行識生厭；厭故不樂，不樂故解脫。解脫知見：我生已盡，梵行已立，所作已作。自知不受後有。」》

是故，一切佛門學人，皆應依別教六住所說，於五陰中建立十八界，於一一界如實現觀，方能親證能取之身心（六根六識）無常無我空，方能親證所取之六塵無常無我空。證空已，莫謂涅槃是斷滅，莫否定佛於四阿含中所說涅槃之本際、如、阿賴耶識、識緣十八界之識。亦莫因爲無法證得「識緣名色之識」，便否定之，而於意識覺知心另行建立「不可知之意識細心」；違佛旨故，違佛歷代相傳之聖教量故，違佛親傳絲縷不絕之宗門修證故。

如《雜阿含經》一三三經：《…爾時世尊告諸比丘：「何所有故？何所起？何所繫著？何所見我？令衆生無明所蓋、愛繫我首、長道驅馳生死輪迴？生死流轉，不去（到）本際？」…佛告比丘：「諦聽善思，當爲汝說。諸比丘！色有故、色事起、色繫著、色見我，令衆生無明所蓋，愛繫其首，長道驅馳生死輪迴，生死流轉；受想行識亦復如是。…是故諸比丘！諸所有色，若過去若未來若現在，若內若外，若粗若細，若好若醜，若遠若近，彼一切非『我』，非異『我』，不相在，是名正慧；受想行識亦復如是。如是，見聞覺識，求得隨憶、隨覺、隨觀：『彼一切非我，非異我，不相在』，是名正慧。…若多聞聖弟子於此六見處（六識所見六入處）觀察非我非我所，如是觀者，於佛所狐疑斷，於法於僧狐疑斷，是名比丘多聞聖弟子，不復堪任作身口意業趣三惡道。正使放逸聖弟子，決定向三菩提，七有天人往來，作苦邊。」》

亦如第一三六經，佛云：「…令彼衆生無明所蓋，愛繫其首，長道驅馳生死輪迴，生死流轉，不知本際？…是故諸比丘！諸所有色，若過去……若近，彼一切非我，非異我，不相在，如是觀者是名正慧；受想行識亦復如是。如是見聞覺識，求得隨憶隨覺隨觀：彼一切非我，非異我，不相在，是名正慧。……」餘如三十至三十三經，五十八經，八十三、八十四、八十五經，一一〇經，一三四至一四一經，一八六經，二六一、二六四、二六八、二九三、二九四、二九六、二九七、三一二…等經，莫不如是說。

由是普勸一切佛門學人，莫信彼應成派中觀師（如達賴喇嘛、印順法師）而否定七八二識；否定第八識者即是否定涅槃本際，否定涅槃本際者即是否定《阿含經》及般若唯識正法，則令三乘佛法成斷滅論，俱成戲論。如佛於四阿含中處處作如是說：「六根六識滅故觸滅，觸滅則受滅，受滅則愛滅，愛滅則取滅，取滅則有滅，有滅則生滅，生滅則老病死憂悲苦惱滅。如是聖弟子自知自作證：我生已盡，所作已辦，……作苦後邊。」六根六識滅已，意識已不存，云何而有意識之細心極細心而不滅者？有智之人何堪信之？

然六根六識滅已，無餘涅槃仍非斷滅，是本際、眞如、阿賴耶識故，無形無色無思量性，亦無見聞覺知故。不可如印老所言：「無有第八識如來藏，十八界緣起性空；十八界死已滅已，則無生滅；滅已，則滅相不滅，故非斷，如是名爲眞如、實際。」如是乃將十八界滅已之「滅相永存之概念」，作爲涅槃之本際、眞如，云何可言非是戲論？此一概念依死前之覺知心而有，覺知心死已滅已，此概念亦告消失無存，成爲無法；斷滅無法而可說爲非斷滅論者，無斯理也。

如是應成中觀師徒輩等，皆爲無明所罩，不起明相，未入四加行之煖位。云何明與無明？謂於六根六識之六觸入處不如實知，名爲無明；若於六根六識之六觸入處如實知，是名爲明；余今爲令一切佛子皆起明相而入煖位，故作是說。

如《雜阿含經》卷九，《尊者摩訶拘絺羅問尊者舍利弗言：「謂無明者，云何爲無明？」尊者舍利弗言：「所謂無知，無知者是爲無明。云何無知？謂眼（根及識）無常，不如實知，是名無知；眼生滅法，不如實知，是名無知。耳鼻舌身意（根及識）亦復如是。如是，尊者摩訶拘絺羅！於此六觸入處，如實不知不見、不無間等，愚闇無明大冥，是名無明。」尊者摩訶拘絺羅又問尊者舍利弗：「所謂明者，云何爲明？」

舍利弗言：「所謂爲知，知者是明。爲何所知？謂眼（根及識）無常，眼無常如實知；眼生滅法，眼生滅法如實知；耳鼻舌身意（根及識）亦復如是。尊者摩訶拘絺羅！於此六觸入處，如實知見明，覺悟慧、無間等，是名爲明。」》

如是斷除十八界我之無明，起明性已，修成無學，得般涅槃，非是斷滅，亦不墮常見；如尊者阿難問云：「六觸入處盡，離欲，滅，息沒已，無有餘耶？」：尊者舍利弗語尊者阿難：「六觸入處盡，離欲，滅，息沒已，有餘耶？此則虛言。無餘耶？此則虛言。有餘無餘耶？此則虛言。非有餘非無餘耶？此則虛言。若言：六觸入處盡，離欲，滅，息沒已，離諸虛僞，得般涅槃，此則佛說。」云何非有餘？六根六識六塵俱滅，尚無思量者，何況有見聞覺知之我？故非有餘，十八界五陰俱滅故，意識細心及極細心乃識陰攝故。云何非無餘？有涅槃本際第八識離見聞覺知、離思量性，不住三界六塵一切法故，故非無餘斷滅。如是而言涅槃非有餘非無餘者，已非涅槃本際，墮意識心行中故。故舍利弗尊者唯言六觸入處盡：得般涅槃，不許阿難尊者言涅槃是有餘、是無餘、是非有餘非無餘。唯除爲不解涅槃者宣說。

若人於五陰十八界如實知見，離無明，起明性；則於三乘佛法不起妄想，則將漸漸進入三乘法義正道，見道可期。若如印順、達賴、宗喀巴、月稱之否定第七識意根、否定第八識涅槃本際者，則墮無明中，於十八界不如實知，不起明性，不入煖位，見道無期，永遠絕緣於三乘正義之外。是故，余於正覺同修會之禪淨班課程講義中，編列五陰十八界專章，其意在此；欲令學人速入煖位，發起明性；而後授以禪法，俾令參禪時速得大乘見道，其故在此。

第六節　宗通首重實踐

宗通首重實踐者，意謂必須親證自心藏識；若人不知自心藏識之體性，不能現前觸證領受自心藏識，不能比對三乘諸經一一符契者，即不可謂為通達大乘宗門者。

如現代禪「副宗長」張志成老師評余云：「俗話說『畫鬼容易畫狗難』，抽象的哲理容易推衍，但具體的生活經驗，由於旁人都容易檢證，反而不容易說了。除非蕭老師減少搬弄佛學名相，就人人生活中所易遭遇的矛盾與困境（如婚姻、事業、子女教育、社會風氣、宗教文化、乃至心理困惑、人格成長、生命意義之省思）多加詳談，那麼才容易在對談中發現彼此需要再加以修正改進的地方，則辯論是有意義的。」（詳張志成於一

九九九・一二・一四覆網友呂居士文）

如是之人，名爲未入大乘宗通者；亦復未入聲聞菩提之見道位，何以故？一者彼以一念不生之覺知心（意識）爲眞如故，二者未破聲聞初果所破我見故，聲聞初果俱知意識覺知心不論起念與否，皆是識陰我所攝故。如是之人要余談論婚姻、事業、子女……等事，謂爲佛法，正墮佛於諸經所斥之王論、女論、資生之論、……種種世俗論中，離道遠矣，而反責吾之不言世論？至於生命之意義，即是三乘佛法之實義，余諸著作所述所論，莫非生命意義之省思，而汝讀之不解，反要於余，豈眞佛法之外尚有生命之意義耶？此非宗通之實踐者。如是之人而任現代禪之副宗長，寧非蔑滅現代禪乎？

如張志成認取一念不生之覺知心爲眞如者，名爲錯悟，墮於意識界故。若意識可一分爲二：起念與不起念；而後取不起念之覺知心意識爲眞如者，則汝起念時眞如即斷滅，改換意識心現行；若不起念時，改由眞如覺知心現行，則應無意識，則應不能分別，眞如是無分別性故；審如是而謂無誤者，汝宗不成，謂汝眞如與意識互有起滅，不共行故；佛說眞如離見聞覺知故，佛說意識必與離見聞覺知之眞如及意根末那並行故，如是之理方名生命意義之省思；余諸書中不離此實相而闡述之，而汝閱之研之都不理解，越讀越「模糊」，翻謂余未曾言生命之意義，顢頇何太甚哉！

汝若謂一念不生之覺知心非是意識、而是眞如者，余且設問如下，汝可隨意答我：造善惡業者，乃是一念不生之覺知心，汝未察覺耶？一切人於造惡業時（譬如搶奪、偷竊，乃至殺手正進行刺殺世間重要人物時，莫不聚精會神、一心不亂、不起妄想）乃是此覺知心，既知作此惡業必致苦果，云何心知肚明而爲業習所牽，繼續行之？是否別有思量之心（意根）作主，故而明知故犯？若別有思量之心爲其所依者，則此一念不生之覺知心即非生命之本源，云何汝以其爲本源？復次，覺知心造惡業已，即知應捨惡業種，而云何不能棄捨惡業種？仍由別識持種？乃至往世諸惡業種竟不能知，竟因此世受報之不得志而怨天尤人，有斯理否？三者，無念覺知心既是眞如，則應一念不生時即可知曉宿命，此心應從昔世來至此世故，試問：汝住於一念不生之「眞如境」中時，還憶宿命否？四者，一念不生之覺知心既是眞如，則應是常恆不滅者，則汝眠熟時、悶絕時、入無心定時，此心云何斷滅不現？五者，此心於五勝義根（頭腦）壞時或被麻醉時，即告斷滅，故知不得離於五根而現行，請問：依他而起之心是眞如乎？時現時滅之法可爲眞如乎？六者，汝若謂：「眞如自具見聞覺知，故一念不生之覺知心即是眞如」，佛說眞如離見聞覺知一節且置不論；若如汝說，則應意識具有六塵之見聞覺知，眞如亦同具如是心性；審如是者，則應離意識覺知性，別有眞如六塵之覺知性，則應眠熟位悶絕位等悉有覺知性，亦應汝於非眠熟悶絕位有二覺知心，是耶？非耶？

如是簡單六問，勞爾張副宗長隨意答余。若不能答余簡單六問，云何評余「他的如來藏思想太過於專斷，唯我獨尊」？爾復評云：「雖然現代禪並不認爲歷史上的禪宗都傾向如來藏思想，同時如來藏的學佛者也不必然如其表面理論存有破綻、修行便一定無法契應甚深般若（如李老師於《橫看成嶺側成峰》一文所說）。但，他的思想完全崇尚如來藏，並且貶斥阿含、中觀，則註定難登大雅之堂。」

試問：如來藏思想是專斷之法耶？莫以自身未能親證，便言余之破邪顯正爲專斷。三乘菩提皆依如來藏而建立，若離如來藏阿賴耶識，尙無汝所主張婚姻事業子女教育⋯等世間法之可言，何況能有三乘菩提？而汝謂余歸納一切法於如來藏爲專斷耶？若三乘菩提非唯依如來藏而顯者，則世尊一二三轉法輪諸經即是戲論，阿含般若方廣諸經皆依藏識說故。如爾所言，莫非禪宗別有眞悟祖師之所悟非是第八識如來藏者耶？若爾，則彼祖師之明心破參，究竟是明得哪個眞實心？是否汝師之明心是悟得如來藏以外之眞實心耶？余也孤陋寡聞，未曾聞有第八識以外之眞實心，至盼賜教。（汝師墮處，余非不知，然無意評論於他；顧念居士弘法不易故，汝莫害伊導致余之評論。）

復次，若未證悟如來藏者，絕無可能契會甚深般若，所以者何？般若乃是自心藏識之空性中道智故，離於如來藏之證悟領納，即無可能與般若之總相智相應故。如余公案拈提諸輯所說般若總相智，爾尚不解，尚不能與我會中初破參者語話，何況余諸著作中所述之別相智及道種智？乃竟責余開示之別相智及道種智爲搬弄佛學名相？審如是者，汝亦何妨如余搬弄一番？爾還有能搬弄之慧否？殊不知余所說者，皆自心中流出，何有搬弄之嫌？汝自不解，於余所證道種智之開示，謂爲搬弄佛學名相。莫道汝不能爾，汝師再饒三十年亦不能爾，唯除後來破參證得如來藏，方能契應般若總相別相智，而後仍須依余著作熏習種智也；種智絕非汝師悟後所能自修成就者故。

三者，余諸書中未曾一語貶斥阿含中觀，若有者，汝試舉看！余所說者，未曾稍離阿含與中觀，《眞實如來藏》一書復依阿含而作，契合中觀，汝云何誣斥於余？余所說者，謂三乘修證有別，謂二乘定性人不知不解大乘第一義諦正義，而未曾貶斥阿含與中觀也。復次，阿含與中觀之正義，莫道汝等師徒，乃至汝師所曾熏受之印順導師，亦未能知能證，汝何能夢見在？而妄謂已知已解阿含與中觀。如是知見，莫謂大雅之堂，十里涼亭亦難入也。君若不信，待余未來有暇時，著作《阿含正義》《中論正義》，便知分曉。今觀汝於三乘佛法正義懵無所知，於余諸書所示茫然不解，不能東施效顰，乃云「畫鬼容易畫狗難」，以此爲遁詞，難逃智者檢點也。如余諸書所畫之「鬼」，若非親見「鬼模鬼樣」而畫出，復度百餘人親見一切人所不能見之「鬼」，而彼等見後同余所見，殊無二致，故信余說，乃於悟後隨余修學種智；彼等將來若著佛法書籍，所畫之鬼必定與余所畫無稍差異，而汝仍將不見彼等所畫之鬼，唯能復以「畫鬼容易畫狗難」之遁詞示人，於了義正法之開示弘傳，仍將無所能爲也。余於此節，針對現代禪副宗長張志成老師之評余，提出辨正，其意無他，欲以此例顯示「大乘宗通首重實踐」之理，學人閱已，輒能解義，勝於平鋪直敘之說理也。

大乘之宗通，必須以親證自心如來藏阿賴耶識爲前提，此是大乘入道初門—眞見道。眞見道者，謂觸證如來藏阿賴耶識，而發起般若慧與涅槃智也，然後依《楞伽經》等修學，方能發起道種智而貫通三乘菩提也。是故，大乘法中，無有不證如來藏識之眞悟祖師也，無有不證藏識而能通達般若中觀之祖師也。由是，菩提達摩大師以

《楞伽經》印證二祖慧可之證悟自心；而《楞伽經》乃依第八識如來藏而說菩薩之證悟，及悟後起修轉進初地八地之理。若人未觸證領受如來藏，而言已入大乘見道位，而言已經證悟、已知已證般若者，斯名大妄語人，非菩薩也。

《大乘入楞伽經》卷二云：「如是藏識行相微細，唯除諸佛及住地菩薩，其餘一切二乘外道定慧之力皆不能知。」是知大乘見道以覓得本有之如來藏為旨歸，覓得後，多方體驗領納其體性，一一以《楞伽經》之五法、三自性、七種性自性、七種第一義、二種無我等法印證通達者，方入初地無生法忍，起道種智，於古今一切大師不疑—現觀一切古今大師墮處故。如是方名大乘見道之通達者，能檢點古今一切大師，能為二乘無學說法，名為相見道位初地聖人。而此初地聖人，須依大乘真見道—覓得如來藏—之根本無分別智為基礎，方能起初地之後得無分別智，非未觸證領受藏識、非未真正明心之人所能至此；故說無有不明心之證悟祖師，無有不證如來藏之大乘初地乃至佛地聖人也。

三乘佛法之所證者，俱是無我法，無一乘非無我法也。大乘諸宗各派之所證者莫非如是，若所修證之無我法，不能與禪宗所最重視之根本經典《楞伽經》相符，則表示所悟有差，不得自謂爲悟也。若所悟能與《楞伽經》主旨相契，方得名爲如實踐履悟境般若，則能漸漸通達三乘菩提，智慧深利，非二乘無學所能臆測，何況無明凡夫及諸外道？今舉《大乘入楞伽經》卷二佛說金言，以供諸方自謂開悟證果之「聖人」自我檢驗：

《大慧！何者是人無我相？謂蘊界處離我我所，無知愛業之所生起，眼等識生，取於色等而生計著。又自心所見身器世間，皆是藏心之所顯現，刹那相續變壞不停如河流，如種子，如燈焰，如迅風，如浮雲。躁動不安如猿猴，樂不淨處如飛蠅，不知厭足如猛火。無始虛僞習氣爲因，諸有趣中流轉不息如汲水輪。種種色身、威儀進止，譬如死屍咒力故行，亦如木人因機運動，若能於此善知其相，是名人無我智。》

如是，大乘行人開悟明心已，若能與此段佛示金言冥顯皆契，無二無別，方是眞悟大乘人無我智，方得自謂眞實證悟，方得現起菩薩根本無分別智（般若總相智），名爲人無我智。此後於蘊處界中現觀藏識之無我相，及蘊處界之無常無我相，方得漸漸發起後得無分別智（般若別相智），由是能實證般若中觀智，於佛法中不墮邊見，住於中觀境。若有大慧，逕由《楞伽經》之佛所遺教，得入初地通達位，發起初地之般若種智，入住初地無生法忍，證得法無我。若無大慧，學佛以來時劫未久，當隨大善知識熏習《楞伽、解深密》經旨，極精進者可於一世而入初地。從此以往，凡有說法，一切外道及佛門錯悟未悟凡夫，乃至二乘無學所不能訶，以具般若道種智而貫通三乘菩提故。

大乘法中錯悟之人，以未親證如來藏故，墮於比量，於二轉法輪般若無分別智未能證得，遂以臆想而生誤解，乃謂般若經所說者是一切法空；如是比量墮於非量，違遠般若眞義，無有般若中觀之證量，所說所著難免證悟者之檢點，而不能置辯。如是之人，云何奢言已知已解般若中觀？去道遠矣！

復次，大乘法中錯悟之人，以未親證如來藏故，因於比量而墮非量，誤解初轉法輪阿含諸經眞義，墮於我見之中，欲以無妄念之覺知心（此乃意識），於捨壽時而入涅槃，自謂已證有餘涅槃成阿羅漢，違遠阿含正義，尚非聲聞初果，何況能成菩薩初果？今時南傳佛法中，若有眞實初果乃至阿羅漢者，彼初果人乃至阿羅漢等，必笑此人爲痴人，必斥此人爲大妄語也，墮於六識界故；如是不名阿含之實踐者，見猶未到故，何況能成聲聞無學果？如是之人，於四阿含中佛之顯意（蘊處界空）尚不能如實踐履，何況四阿含中佛之密意（識緣名色之識）何能如實踐履？而奢言已知已解阿含？初轉法輪二乘法，如是必須眞實踐履；二轉法輪般若中觀，亦復如是必須實際踐履；實際踐履者謂：親證中道心—第八識如來藏—而發起般若之根本無分別智。三轉法輪之法無我智，絕非單依唯識佛學名相之熏習而可證得，必須以二轉法輪所悟自心藏識之根本無分別智爲基礎，方能修證；此是菩薩相見道位之修證，必須雙俱虛妄唯識門及眞實唯識門之實際踐履，方可成就，非唯虛妄唯識門之踐履而可成就，亦非未證如來藏者之所能臆想也。故說大乘宗通首重實踐，若未如實踐履，必因比量臆度而墮非量；以無證量故，不解聖教量，處處誤解，以是緣故說法有差，難免誤導衆生之惡業，乃至如印順法師之破壞三乘正法根本，令墮斷滅及兔無角戲論中。故說大乘之宗通者，必須以親證如來藏爲其證量；若無此證量，皆不名宗通者。

譬如唐時圭峰宗密禪師，頗負盛名，該通禪講，著有《禪源諸詮集、原人論、圓覺經疏、註法界觀》等；裴休相國雖亦重之，一一爲之造序，而僅爲友爲護，終不肯拜之爲師，時黃檗希運禪師初悟已，混跡勞神於大安精舍灑掃殿堂，默默無聞；然裴相國竟於初晤之時，即予迎請歸府，留之供養，並執弟子之禮，拜以爲師。裴休所以致此者，乃因具正知見，洞悉圭峰宗密之墮於意識，於宗門意旨未有如實踐履；初晤之際已知黃蘗希運之於宗門如實踐履，是故毫不猶豫，拜以爲師。佛子亦當以此爲鑑，於大乘之宗通，必以實踐爲首要。

第三章　說通—從宗入教

第一節　宗通有六通

宗通者有六種通，此乃大乘菩薩依後得無分別智之所生起。於七住親證如來藏已，八住位後漸漸生起，至佛地圓滿此六種通。六通謂：眞實義通，得通，不可思議通，意通，離二邊通，說通。略述如下：

眞實義通；眞實義者，謂於二轉法輪般若經藏能眞解義，非於文字表相臆想思惟而知其義，乃因實證般若諸經所說之實相心—第八識如來藏—而於初讀般若經時，即能以其根本無分別智，不由思惟而逕解經中之眞實義，是名眞實義通；此乃別教七住菩薩乃至十迴向位之所證得者。

初地菩薩之眞實義通，乃由七住漸修而來，依七住位般若正觀所得根本無分別智，於四威儀中一一證驗領納藏識之中道體性，現觀其不來不去、不生不滅、不斷不常、不一不異……等中道體性，而起實相中道觀，名爲中觀智，即是般若之後得無分別智。

復依此般若之後得無分別智，依大善知識熏習般若之種智，而後能起初地之眞實義通—初地般若道種智。初地般若道種智，主要乃是依自心藏識而觀蘊處界諸法，證得法無我。如《大乘入楞伽經》卷二，佛如是云：《大慧！云何為法無我智？謂知蘊界處是妄計性。如蘊界處離我我所，唯共積聚愛業繩縛，互為緣起，無能作者；蘊等亦爾，離自共相，虛妄分別種種相現；愚夫分別，非諸聖者。如是觀察一切諸法，離心、意、意識、五法、自性，是名菩薩摩訶薩法無我智。得此智已，知無境界，了諸地相，即入初地，心生歡喜。》此法無我智即是初地之眞實義通。故知證得如來藏者仍非初地，須依所證藏識加學法無我—唯識一切種智，證知蘊處界十八界諸法之無我性，皆因如來藏所收集之愛業種所生，一切境界皆因如來藏與根塵識互為緣起而有；如是現見一切境界皆是自心現量，非有外法而為有情之所觸所受者，因此便能遠離對於自心藏識之執著，便能遠離意與意識對自己之執著，如是方得進入初地。初地菩薩以此修證故，智慧深利，能為二乘無學及一切凡愚說法而不錯謬，是名初地之眞實義通。至於佛地之眞實義通，非吾人所能揣測，故此從略。

次者得通。菩薩於七住位明心不退失者，於其意識轉生下品妙觀察智，意根轉生下品平等性智。此二智乃依觸證及領受自心藏識而生，非未證知自心如來藏識而能生此二智；由此二智故，於般若中道即能契會，起中觀智，通達二轉法輪諸經，得真實義通，故說名得。

菩薩得通—得下品妙觀察智、平等性智；此二智非本來有，因初證如來藏而始生，是故名得。云何菩薩證得自心如來藏而後得此二智？謂菩薩明心已，現前觀察一切有情及自身之如來藏心，於五陰中運行不斷，乃至眠熟、悶絕、正死位、二無心定中，悉能如實觀見，一切錯悟凡夫、二乘定性無學聖人及與外道，悉不能見，故名妙觀察智。

菩薩復依妙觀察智，於自他一切有情蘊處界中，普觀一切有情之自心如來藏皆同一性—離見聞覺知（不與六塵相到故）、離思量性（從不作主故）、能了知衆生心行（爲衆生造一切業故）、無我性（不了知自身故）、非有性（無形無色無十八界故）、非無性（具十八界種、三界六道種、世間出世間種故）、無智性（離見聞覺知故，不入法塵境故）、無無明性（離思量執著性故）、無增減性（不可分割合併故）、不生性（從來不滅故）、涅槃性（法爾如是故，不生不滅故，恆住寂滅境中故）、清淨性（隨七轉識於六塵中運行，而自身不於六塵起任何貪厭取捨故）、不來性（本不生故）、不去性（永不死故）、不異性（六根六塵六識由藏識生故）、不一性（藏識自心非即十八界故，現見其性非一故）、無所得性（離六塵取捨故）、無所失性（本來無所得故）、離四相性（不了知我人衆生壽者故）、離斷常性（體恒不滅故非斷，種有熏習之用故非常）、是出世間性（三十七道品依藏識方能生故）、是一切智性（解脫果依藏識方能證故）、是種智性（蘊含一切種故）、是無作性（不起貪憎及思量性故）、是無住性（不著一切法故）、是菩提性（三乘菩提之根本故）、是輪迴性（體永不滅，貫通三世故）、是圓覺性（世世能生見聞知覺性乃至佛地四智圓明故）、是……。

菩薩如是以妙觀察智漸觀漸廣、漸觀漸深，漸入初地乃至佛地，於一切有情平等作觀，不論轉輪聖王諸天天主、販夫走卒，螻蟻餓鬼乃至地獄有情，悉以日益增上之妙觀察智而作現觀——觀一切有情之自心如來藏皆同一性類，無稍差異。不因福報有無及地位尊卑而有差別，如是現觀故，於思量心（意根）中隨起平等性智。其平等性智之生起，於七住位名爲下品，於八地位名爲中品，於佛地名爲上品。隨其所修證之增上慧學——自心八識心王一切種之智慧深淺而有差別，至佛地圓滿。

此二智慧本無今有，故說爲得；依於宗通而生，故名得通。佛之得通復加二智：金剛喻定現前時，於前五識轉生成所作智，於第八無垢識轉生大圓鏡智；此二智於成佛前本無，於成佛時始得，故名爲得；依於最後身菩薩之宗通而得，故名得通。

三者不可思議通。菩薩以證自心藏識故，現觀自他有情之如來藏，皆是無始而有、法爾具足一切自性、從本以來住清淨境，從本以來不離涅槃；如是現觀故，親證本來自性清淨涅槃。復又現前觀察有餘及無餘涅槃，非本無今有，非因修得非不修得，非常非斷，與一切法非一非異……。此是菩薩七住乃至初地所有不可思議通，由宗通而得生起。

云何不可思議？謂七住菩薩初悟所得之根本無分別智（眞見道位之般若總相智），已非二乘定性無學所能思議，何況凡夫外道而可思議？若得初地道種智者，依於「本來、自性、清淨、涅槃」而爲衆生說法，未證有餘無餘涅槃境界而已具足了知此二涅槃境界；非如二乘定性無學之已證此二涅槃而不知涅槃中境，故說初地菩薩有不可思議通，非二乘定性無學以及一切外道凡夫所能知之。

復次，七住菩薩依於大乘宗通所證本來自性清淨涅槃，而爲二乘定性無學說之，彼諸阿羅漢聞之不解，如盲如聾，何況佛地宗通所證無住處涅槃？而能知解？故名宗通菩薩有不可思議通。

解脫道如是，於佛菩提道亦復如是，依於七住般若根本無分別智而作種種別相之宣說，二乘定性無學皆不能知，聞之茫然，何況錯悟未悟凡夫而能解義？無有是處。七住菩薩、十住十行菩薩等悉皆如是，智慧難量，何況初地無生法忍道種智之深細？更不能測度也；初地以去皆是增上慧學故，增上慧學皆以親證自心如來藏爲根本故，增上慧學皆依自心藏識之一切種而修學故。

二乘定性無學已圓成有餘無餘涅槃，聞七住菩薩解說本來自性清淨涅槃之解脫道時，已不能知解，何況初地菩薩爲彼所說四種涅槃本際境界而能知解？解脫道之涅槃「境界」是其專修親證者，尚且不能如實知解（詳見拙著《邪見與佛法》），何況其所未能修證之般若—佛菩提道？更無論矣！何況佛地四智圓明之一切種智？是故一切二乘定性無學及諸凡夫外道，對於七住以去菩薩由於宗通所生之智慧，不能測量，難可思議，是名不可思議通。

四者意通。凡證悟者，於別別眞悟者所說言教，能通其意，名爲意通；諸餘錯悟未悟之人聞之不解，不名意通。復次，不論顯密諸宗，修何法門，但能悟入宗門，於眞悟祖師之公案密意，亦多能通，乃至全部皆通，隨其所悟深淺差別而有高下差異，是名意通。譬如有人於破初參明心之公案能通，名為意通；有人於重關眼見佛性之公案能通，名為意通；有人於牢關公案能通，名為意通；有人不唯三關俱通，亦能通達初地無生法忍之道種智，名為意通；……乃至佛地通達一切世出世間法，於十方諸佛所說言教，意無不通者，是名意通。

意通層次深淺差別，皆因證悟解悟不悟，及眾生慧力互異，而有無量差別。意通之最具體表象，厥為禪宗眞悟祖師互相之間所作種種弦外之音，舉拂豎拳，心意相通；乃至當面高聲唱答，應酬之間音聲如雷，侍者傍立親耳所聞，都不體解，是名禪師互有意通；旁侍傾耳，都不體解者，咎在無意通故。

如余禪三精進共修期間，往往不用語言文字，便令學人一念相應而通宗門，覓得自心如來藏識；一旦通宗，彼人隨即於余舉手投足所示密意能得通達，於余晚參開示之隱覆密義而說者，亦能通曉，是名意通。其後即能通曉余諸著作所述密意，名為意通。若未通宗者，必無意通；如諸錯悟未悟之人，自命登聖，而竟於余種種著作所述密意茫然不解，如張志成謂余「越說越模糊」，如是之人不得意通，以未通宗故；是故意通必依宗通為基礎，否則即無意通。

五者離二邊通。離二邊者，謂離有無、去來、斷常、增減、生滅、一異、俱不俱、菩提煩惱、生死涅槃、有爲無爲、善惡淨染……等等二邊。離二邊者，乃是般若中道之意。以起般若慧故能入中道，遠離二邊，是名離二邊通。

離二邊通，並非以意識覺知心遮遣有無斷常……等二邊，令不墮於二邊。乃是因於觸證領受自心藏識，通達宗門，能親現觀自心藏識具有中道體性：生死非即涅槃，菩提非即煩惱，有爲非即無爲，善淨非即惡染，有非即無，去非即來，斷非即常，增非即減，生非即滅，蘊非即如，蘊非俱如……。亦親現觀：生死非離涅槃，菩提非離煩惱，有爲非離無爲，善淨非離惡染，有非離無，去非離來，斷非離常，增非離減，生非離滅，蘊非離如，蘊非不俱如……。

凡愚見此諸法因待而有，互相對立；宗通菩薩見此諸法非因待有、非不因待，以菩薩已如實現觀此等諸法皆因自心藏識與其所生蘊等諸法和合而有而住而異而滅故。以親現觀不生之藏識能生蘊等有生滅法故，現觀其非一非異非俱非不俱之現量故，由是離於邊見而得通達諸法，了知自心藏識即是諸法實相，故離二邊，證得離二邊通。

若人不證自心藏識，不解菩提中道涅槃悉依自心立名，妄以意識覺觀分別，遮遣名相以爲中道，欲離二邊者，如是名爲妄想。何以故？此謂意識覺觀之心是生滅法故，意識離諸名相後，仍是意識生滅法故。如人觀察一切法生滅無常故空，而不能知自心意識亦是生滅無常，便起是念：「一切法無常，無常故苦；無常、苦故非本住法。」作是念已，謂自心已離無常苦見，復起是念：「我既已離無常苦，遠離有邊；今住於此見之中，即成空見無見，復墮一邊；今當遣除此一空見無見，不住有無，成中道義。」如是以覺知心不住有見無見，謂爲中道實相。如是之人，名爲凡夫妄想中道，以遮遣有無之情想思惟，自謂已證中道，自謬已離二邊。然實不離有無二邊、不入中道，謂彼以意識覺知心之離有無二邊爲中道故，非如龍樹《中論》之以自心藏識本離斷常有無一異爲中道性故。

自心藏識於無量劫來，因無明業愛有漏種子所牽，輪迴十方三界六道；於輪迴中，現有三界六道二十五有身，變幻不定，世世非必同類。然於生死輪迴之中，恆住中道性中，不墮有無斷常來去增減生滅一異俱不俱…中。如是藏識中道之性，非因修有，本已如是；菩薩證得自心藏識時，能親現觀藏識中道性之本然圓成，非依修得；但若不依眞善知識而修，不證藏識，則不能證知，故說中道實相觀非因修得，非不修得。若人不能跳脫於十八界外，現觀自心藏識之中道性，而以意識覺知心為主體，欲令覺知心不住有無而入中道者，即成妄想。何以故？意識如是自以為不住有無，其實仍是住，住於「離有無之概念」故，不離意識有故，不離意識自身生滅斷常故，意識覺知心非本來如是故，亦不能永遠如是故，非如藏識之本來如是及永遠如是故。如是之人自謂能得離二邊通，其實仍墮二邊，故說唯有眞實通宗—證得自心藏識者，方能證得離二邊通。

六者說通。說通者，謂通宗之人隨其前述五通之深淺廣狹差別，能隨分為人宣說種種法義，不墮我見、邊見、邪見、見取見、戒禁取見中，是名說通。

說通亦有層次淺深差別—依於菩薩所證般若慧之深淺而有差別。然諸眞悟菩薩所說者，法同一味，無二無三；所說雖有深淺廣狹之別，法味無異，皆依所證自心藏識為本而宣說故，是名宗通者之說通也。

菩薩說通者，有唯能說般若空性者，有能兼說聲聞菩提者，有能兼說二乘菩提者；有唯能說般若總相智者，有能兼說般若別相智者，有能兼說種智及十地道者，有能兼說解脫道之四種圓寂者，乃至有能具足宣說十地成佛之道而鉅細靡遺者，是故說通菩薩境界非一，不可一概而論。

然而說通之證得，要依前說眞實義通等五而起，不具如是五通者不能證得。如是五通則須依於宗通而得，宗通則依大乘菩薩之親證自心如來藏而得；所以者何？此謂佛法第一義諦宗旨，悉依自心如來藏之親證領受而建立故；佛法四種解脫道宗旨，悉依自心藏識所住解脫「境界」差別而建立故；由是故說：三乘菩提悉以自心藏識爲根本，證得如來藏者方得名爲宗通之菩薩。

第二節　三乘菩提之異同

《菩薩優婆塞戒經》卷一《善生言：「世尊！如佛所說菩薩二種：一者在家，二者出家；菩提三種：一者聲聞菩提，二者緣覺菩提，三者諸佛菩提。……」佛言：「善男子！菩提有三種：一者從聞而得，二者從思惟得，三者從修而得。聲聞之人從聞得故不名爲佛，辟支佛人從思惟已，少分覺故名辟支佛；如來無師，不依聞思，從修而得，覺悟一切，是故名佛。善男子！了知法性，故名爲佛。法性二種：一者總相，二者別相。聲聞之人總相知故，不名爲佛；辟支佛人同知總相，不從聞故，名辟支佛，不名爲佛；如來世尊總相別相一切覺了，不依聞思，無師獨悟，從修而得故名爲佛。善男子！如來世尊緣智具足，聲聞緣覺雖知四諦，緣智不具，以是義故不得名佛；如來世尊緣智具足，故得名佛。善男子！如恒河水三獸俱渡—兔馬香象；兔不至底，浮水而過；馬或至底，或不至底；象則盡底。恒河水者即是十二因緣河也，聲聞渡時猶如彼兔，緣覺渡時猶如彼馬，如來渡時猶如香象，是故如來得名爲佛。聲聞緣覺雖斷煩惱，不斷習氣，如來能拔一切煩惱習氣根原，故名爲佛。‥善男子！如來世尊能於一念破壞二障：一者智障，二者解脫障，是故名佛。如來具足智因智果，是故名佛。善男子！如來出言無二無謬，亦無虛妄，智慧無礙樂說亦爾，具足因智時智相智；無有覆藏，不須守護，無能說過。悉知一切衆生煩惱起結因緣、滅結因緣，世間八法所不能污，有大憐愍救拔苦惱，具足十力、四無所畏、大悲三念，身心二力悉皆滿足。‥是故如來獨得名佛，非二乘人名爲佛也。‥善男子！聲聞緣覺雖有菩提，都無是事，是故（如來）名佛。善男子！菩薩有二種：一者在家，二者出家；出家菩薩分別如是三種菩提，是不爲難；在家分別，是乃爲難。何以故？在家之人、多惡因緣所纏繞故。》

佛門之內，說菩提者，意謂覺悟。然悟之內涵各有不同，故分三乘；是故《金剛經》云：「一切賢聖皆以無為法而有差別。」覺悟聲聞菩提者，即成聲聞乘人；覺悟緣覺菩提者，即成緣覺乘人；覺悟佛菩提者，即成賢聖菩薩乃至究竟佛。然而此中異同，錯綜複雜，絕非三言兩語便可釐清，何況今時未得三乘見道之一的大師居士及學人們，焉能知之？今日因《宗通與說通》一書緣故，正應於此以最簡潔扼要之方式給與宣示，正是時候。何故謂正是時候？且先引昭慧法師之語，用作引子：

《我甚至遇到過一些敏銳度較高的大乘修行人，勤懇地告訴我：他們念佛，已可清晰地於定中見佛；他們參話頭，已可見到一些風光；他們修密法，已有一些覺受，但也修出了問題。但下一步該怎麼走下去？問題該如何解決？他們就不知道了！從這些困頓來看，導師會貶斥禪、密、淨土，也不是沒有道理的。》（二〇〇〇年六月弘誓通訊雙月刊四五期頁四、五）

關於這些「敏銳度較高的大乘修行人」，他們所遭遇之瓶頸與盲點，也正是當前（百年以來）一切佛法修行人之瓶頸與盲點，目前未見有南北傳顯密大師能點出瓶頸與盲點何在？瓶頸謂修行之行門不能突破，不能突破則停滯不前；不能突破之原因，端在有盲點。盲點者，謂於三乘菩提缺乏正知正見，不曉三乘菩提之異同—共道與不共道。由是之故，窮盡一生精力用功修行，而無進展，遂生小根劣想，不敢進求見道，何況大乘賢聖自覺聖智境界，焉敢想望？只能怨嘆自己慧根淺浮，福德未具，業障深重。今為佛法行人拓寬瓶頸，摧滅盲點，略說三乘菩提異同之梗要，建立正知見；後復於第七章中，宣說禪宗、淨土宗、密宗在佛法中之地位，行者閱已，即可了然於心，唯除不信吾語者：

初者聲聞菩提。聲聞菩提之要義，乃在依聲聞法而斷除惡見，修除我執而出三界輪迴，故名聲聞；菩提意謂覺悟一切有情無我，因如是悟故名菩提。

佛出人間時，常見外道極為盛行；乃至今日佛門內外，遍於南北傳佛法諸顯密法師居士，莫不墮於常見法中。佛為摧破諸種常見外道，建立十八界十二處五蘊六入之法，一一分析，令諸學人聞已，依佛言聲證解，而斷我見乃至我執，成阿羅漢，此即聲聞菩提。分述如下：

聞：聞謂聞佛（或聖弟子）之音聲說法，詳述或略述五蘊十二處六入十八界之意涵，故斷我見我執，成須陀洹乃至阿羅漢；鈍根者尚須聞熏四聖諦八正道十二因緣之正理，然後付諸於思惟及修行，而證聲聞菩提。

思：思謂鈍根者聞佛或聖弟子說法已，不能如實解義；或疑蓋重者、性障重者，須於聞後靜處思惟，分析辨正；如是理解及確認佛說蘊處界空，而斷我見乃至我執，證聲聞菩提。

修：性障（五蓋）極重者，不唯聞法，不唯聞已思惟，尚須於歷緣對境中，藉聞思所得慧作諸觀行，以斷我執，證聲聞菩提。復學禪定，揉伏其心，以增益斷除我執之功德，亦名為修。慧解脫阿羅漢覺悟聲聞菩提後，以不能隨時取證無餘涅槃故，成時解脫—欲取無餘涅槃，必須等待捨壽時至；若欲轉成俱解脫（兼俱慧解脫及定解脫）者，則於覺證聲聞菩提後，加修四禪八定，於修學四禪八定而一一證入時，同時修八背捨，至非想非非想定時，即可證得滅受想定，成為俱解脫大阿羅漢，如是亦名為修。

證：慧強蓋輕者，但須聞佛或聖弟子略說蘊處界空，立時可成慧解脫阿羅漢，不由思惟；聞說法音聲而證解脫果，故名聲聞菩提。已修成四禪八定者，其三界有愛已經完全降伏，唯因不斷我見故不證解脫，此人但須聞佛或聖弟子略說蘊處界空，不由思惟，立時即成定解脫阿羅漢，名為俱解脫大阿羅漢。慧劣蓋輕者，不但須聞佛之略說蘊處界空，尚須聖弟子爲其詳細分析四聖諦、十二因緣、八正道而後獨一靜處思惟，經歷時日月年，一一通達之後，成慧解脫阿羅漢。

慧勝而五蓋重者，於聞法後即證聲聞菩提，我見隨斷；但因性障習重故，我執不斷，唯成聲聞初果；須於覺證後歷緣對境修除我執，熏習增長清淨無漏法種，貪瞋漸薄，而後漸次斷除五下分結、五上分結，成慧解脫阿羅漢；證四果已，加修四禪八定及八背捨，即成俱解脫大阿羅漢。如上略說聲聞菩提之覺證，要須先聞善知識之音聲說法，而後悟入蘊處界空相，證得聲聞菩提。

次者緣覺菩提。緣覺出於無佛之世，由因無佛出現人間，不聞二乘菩提音聲，依自觀察思惟，親證蘊處界空，故成辟支佛；以非因於聲聞而入，故不名爲聲聞菩提，名爲緣覺菩提，緣於世間一切法而覺悟故。

緣覺菩提之覺證，非唯純依十二因緣而悟，有人偶見黃葉離枝飄零而落，便悟世界無常，因此成辟支佛者；有人偶見他人老已病死，便悟色身無常及覺知心我無常，便成辟支佛；有人偶見自身眠已、偶見他人悶絕，便知五陰無常，成辟支佛；有人於證得禪定後，因於無常觀而成辟支佛，或起因緣觀而成辟支佛；有人於具足四禪八定後，如是觀行而成辟支佛；有人於具足四禪八定及五神通後，如是觀行而成辟支佛；有人…。如是眾生根器種種差別，是故，無佛之世，辟支佛出，由諸別別觀行而成緣覺，所證緣覺菩提亦有淺深差別，故說緣覺亦有十品，而非品品皆有神通。

緣覺菩提之證得，或有因思而證，或有因修觀行而證者，要皆不依聞聽法音而入，是故異於聲聞菩提。雖其所思所觀不異聲聞菩提之蘊處界空、無常、苦、無我、緣起性空、九因緣乃至十二因緣，然偏於因緣觀者多；復次，彼人不由他教，自思自觀而自覺證，其慧大多深利於聲聞行者（此是一般而言，然非絕對）；亦因其觀行多分與十二因緣相應，故慧深利於一般聲聞無學。

三者佛菩提。佛菩提亦名大乘菩提，或名大菩提。以之能成佛，故名佛菩提；成佛時劫久遠，自度度他故，所度眾生甚多，故名大乘菩提；至高無上，究竟無比，不共二乘定性無學，故名大菩提；所證函蓋二乘菩提，故名大菩提。

二乘定性無學所證菩提，云何不能令其成佛？唯能成就阿羅漢果、辟支佛果？此謂二乘菩提所覺悟之智慧，唯能成就出離三界分段生死之解脫果，不能成佛，是故不名佛菩提。

二乘定性無學捨壽時，必入無餘涅槃，十八界俱滅，窮未來際不復受生；唯於捨壽前隨緣度衆，所度衆生亦唯能證二乘菩提，捨壽亦入滅度，不能盡未來際度化衆生成佛，所度衆生出三界者數亦有量，故說二乘菩提不名大乘菩提。大乘菩薩若得證悟，不論證悟後已否證得有餘涅槃，悟後皆必依於大悲之心，發起世世受生不入無餘涅槃之大願，世世自度，亦復如是教人轉度有情；如是乃至成佛時，度衆無量，故名大乘菩提。一切菩薩成佛後，應身示有滅度而入無餘涅槃，然其三十二相莊嚴報身永不入滅，恆爲十方諸地菩薩宣說種智，盡未來際而無窮盡，所度衆生其數無量，故名大乘菩提。

佛菩提具一切智及一切種智，至高無上，故名爲大。一切智有十智：世俗智，法智，類智，苦諦智，苦集諦智，苦滅諦智，苦滅道諦智，知他心智，盡智，無生智。

一切種智謂八識心王一切種子界之智慧，由觸證如來藏之基礎上，循序修學，歷經三賢位之般若總相智別相智，及初地起所修般若別相智之種智—八識心王一切種之智慧—唯識百法明門，千萬……法明門；一切種之智慧修證圓滿，則斷變易生死而成佛道—佛地眞如唯帶舊種，成佛後不受熏習，是名一切種智。初地乃至等覺菩薩之一切種智未圓滿故，名爲道種智；道種智位菩薩唯有下品中品妙觀察智平等性智，佛地一切種智具足上品妙觀察智平等性智及大圓鏡智成所作智，究竟圓滿。

一切智之十智乃是解脫果，三乘無學通有；通教三乘有學無學依此建立果位，顯示解脫果修證之位次，故名通教。是故大乘菩薩依此通教解脫果之修證，亦分四果四向，非唯別教五十二位次。一切智之十智具足，乃二乘菩提之極果，無過於阿羅漢與辟支佛之解脫境；三乘無學之無餘涅槃皆同一境，無過其上故。此謂二乘菩提乃解脫果，三乘修證俱通此果。

一切種智乃是佛菩提果—大菩提果；唯大乘別教有，不共二乘定性行人。大乘除依通教解脫果顯示修證位次，復依佛菩提果之修證，別於通教之外建立五十二階位之六種菩薩性—十信凡夫性、十住習種性、十行性種性、十迴向道種性、十地聖種性、等覺性、妙覺性。如是菩薩位次，乃依佛菩提果（增上慧學）之修證而建立，如是佛菩提之修證不共二乘，故名別教。

二乘慧解脫阿羅漢之解脫果通初地菩薩，俱解脫大阿羅漢之解脫果通六地滿心菩薩，然若迴心大乘修佛菩提，其大菩提果之修證位次，最高唯階六住位，依其布施等六度行之修與未修而有差異。須至破初參明心，證得「識緣名色」之識（阿賴耶），確認不疑，而後方名「般若正觀現在前」，成七住不退心，與中道實相相應，入住中觀境。復學五法三自性…等，勇發十無盡願，方入初地得道種智，住於無生法忍；地地漸修方至佛地。如是佛菩提果之修證，以如來藏所生般若智爲依據，二乘定性人若不迴心大乘證如來藏，不能發起般若中道慧，則不能與佛菩提相應，不起十住位之般若總相智，不起十行位十迴向位之般若別相智，不起十地等覺位之般若種智，不能圓成佛地般若一切種智，一切不得。此法不通二乘，故名別教。

然解脫果有四：本來自性清淨涅槃，有餘涅槃，無餘涅槃，無住處涅槃。二乘無學唯證中二，不證餘二涅槃；菩薩初地容得前三，六地必證前三，七住位必證前一，唯佛具證四種涅槃。一切凡夫異生有情及二乘無學，俱住本來自性清淨涅槃之中，而不覺不證，此非未證藏識之人所能臆想揣測，唯有證藏識者乃能知之。地後菩薩能證無餘涅槃而起受生願，永不取證，故亦可說菩薩皆不證無餘涅槃。

二乘定性不迴心無學聖人，捨壽則必永住無餘涅槃，永不受生。諸佛滅盡三界分段生死無明已，復斷盡藏識一切煩惱障之習氣種子，斷盡所知障之一切隨眠，第八識中種子變易流注已滅，永不變易，名為斷變易生死；如是已證有餘涅槃無餘涅槃而不住無餘涅槃境中，復已斷盡分段生死及變易生死，依無盡願度化有情永無休止，不入涅槃不住生死，名為無住處涅槃，唯佛證得，此解脫果亦非二乘所證。

如是，解脫果之四種圓寂，第一第四唯在大乘佛菩提智之所證得，中二通於三乘；如是異同，學人應知。

如是，大乘之宗通（七住至佛地之果證）唯大乘有，是般若實相智故，定性二乘人不了自心藏識之自共相故，由是故說二乘定性人皆無自宗通。

聲聞菩提之蘊處界空相，今諸南傳佛法大禪師亦多誤解，每令人安住於意識之覺知覺醒境界中，未能跳脫於十八界我，常墮我見，尚不能令人聞其所說法音而證初果，何況四果之覺證？乃至台灣佛法之導師—印順法師，尚且否定第七識—不承認意根是心；又別立不可知之意識細心，以為因果之主體識，同諸南傳佛法大禪師等，俱墮十八界法中，於蘊處界空相尚不能如實證解，焉能令人聞聲而證聲聞菩提？何況能知佛說三乘菩提之本懷及與異同？是故今時宣說蘊處界空之大小善知識雖多，俱皆不能令人聞聲而證聲聞菩提。蘊處界空相，於此不說；非本書所欲宣說之主要內容故，余諸書中已曾多少略說故，本會諸親教師皆於禪淨班課程中專章細述故。至於印順法師之「貶斥禪密淨土」三宗，其義有正有訛，於後漸當述之，此處暫置不論；此謂印老於禪密淨土三宗未如實知，亦不曾稍解成佛之道故，唯依臆想而揣測故。

如上宣說三乘菩提之異同，令諸學人聞已思惟已，即知大乘佛道次第梗概，知已當思如何下手？如何突破？如何轉進？修學大乘佛法之盲點既除，則知應當速求破參見道。覓得如來藏已，成大乘眞見道人，則遇瓶頸—無法修入初地乃至成佛；則當依此宗通之見地轉進，是故次應爲諸已見大乘道者宣說悟後起修之道：

第三節　爲戒慧直往菩薩說悟後起修之道

前來已說佛菩提兼含二乘菩提；二乘菩提所證有餘涅槃及無餘涅槃，乃是斷除見惑與思惑，唯得涅槃總相智，不得涅槃別相智。二種涅槃「境界」於拙著《楞伽經詳解》第二輯中已有詳述，本書所說宗通偏重大乘所修佛菩提之增上慧學—初地無生法忍道種智乃至佛地無生法忍一切種智，故二乘菩提之蘊處界空相現觀，此處從略。

大乘佛菩提之增上慧學，則須由大乘眞見道入手—破參明心，證得如來藏而發起般若中道智，方能漸修而進初地，正式修學增上慧學，是故一切大乘行者當急之務乃是親證自心藏識，無有不證藏識而能契會般若中觀者故；不能契會般若中觀，則不能熏修初地無生法忍道種智故。

然菩薩證悟已，雖得般若中道智之現觀，唯入別教七住，尚未得階初地，其故有四：一者未發起聖性，是故需入十行位中，行種種行，修除凡夫異生性，藉以發起聖性，令思惑永伏不現，以成就聖性故名性種性；二者未發起修道性，是故需入十迴向位，藉種種迴向行而發起十地修道性，成就道種性；三者未具足入地所需之增上慧學—八識心王之五法、三自性、七種第一義、七種性自性、二種無我法，故需依大善知識熏修《楞伽經、解深密經》，令見地通達，而由大乘眞見道位入相見道位，證得初地無生法忍道種智；四者未發廣大心，是故當依《華嚴經十地品—即十地經》，於佛前以懇切心，勇發十無盡願。證悟佛子以此四緣之具足故，成初地聖人；不論出家在家，以具此四法故，名爲生如來家，成眞佛子，能眞實紹繼如來家業令不斷絕故。

如上所述，意謂別教菩薩證得如來藏（破參明心）已，唯是大乘無生忍之入無我智，不得法無我智，是故不入初地，唯階別教七住位，名爲眞見道位之習種性菩薩；

尙須消除異生性，習氣仍重故；尙須熏習修道性，尙須熏習增上慧學，故名習種性菩薩。若人能得證悟明心，方能依序而入初地；若未明心親證如來藏，而謂人能入已入七住者，無有是處，別教之法以如來藏爲根本故；所修增上慧學，乃是如來藏所蘊之一切種故。若人眞悟如來藏已，依余所述如是四法而修，一生即階初地，超第一無量數劫；地後之修道，隨後當說。如是，大乘末法菩薩修道之盲點與瓶頸，已經摧破及拓寬—盲點之摧破者，謂拙著《禪—悟前與悟後、正法眼藏、公案拈提、邪見與佛法…》等諸作已指示大乘般若證悟之道；瓶頸之拓寬者，謂拙著《楞伽經詳解、宗通與說通…》已陳述悟後修入初地八地之道，已敘解脫果及佛菩提果進修之道。若人能如實知解拙著涵義，則諸學法所生之問題即可迎刃而解，能離邪見故。

第四節　三乘無學應迴向第一義諦

三乘無學謂：聲聞阿羅漢，緣覺辟支佛，大乘通教阿羅漢與辟支佛，大乘別教初地滿心或六地滿心菩薩。第一義諦謂：般若之總相智，別相智，種智。二乘無學如前所述，茲不重敘。今釋大乘通教之菩薩阿羅漢與菩薩辟支佛。

通教之菩薩阿羅漢者，謂有學人是菩薩根性，有慈愍心，不樂一己趣寂取滅，不樂無餘涅槃；然未具足受學第一義諦之因緣，所遇之師皆是傳授二乘法者。此菩薩所遇若是二乘法中之眞正見道者，乃至所遇是聲聞阿羅漢，則受學四聖諦十二因緣等，因聞二乘眞實正法而斷我見；我見斷已，復因思惟及諸觀察，以現觀蘊處界空故斷我執，成菩薩阿羅漢。成四果已，因慈愍心及菩薩根性故，不樂取證無餘涅槃，恒依有餘涅槃而住，捨壽時更起受生願，不入涅槃，不畏隔陰之迷而入母胎，重新受生爲人；生已示如凡夫有痴有過，重新受法，復成菩薩阿羅漢而度有情，如是世世自度度他，此即通教之菩薩阿羅漢。

通教之菩薩辟支佛者，謂有一類菩薩，有慈愍心，不樂一己趣寂取滅，不樂無餘涅槃，然未具足受學第一義諦因緣，未曾熏習故；彼於無佛、無阿羅漢住世之時，因於種種緣，自行覺悟四諦九因緣十二因緣等，成辟支佛。然以悲心及菩薩根性故，捨壽不取涅槃，發受生願，不畏隔陰之迷而受生人間，生已示如凡夫有諸五欲；後復自觀四諦十二因緣等法，復成菩薩辟支佛而度有情，如是世世自度度他，此即通教之菩薩辟支佛。

通教之大乘無學，解脫果同於別教之六地心（俱解脫）或初地心（慧解脫），然皆不入別教菩薩位次；別教以般若中道觀慧而定位次故，別教中道觀慧以證如來藏爲修證之因故，通教菩薩無學聖人皆未證得如來藏故。若有通教無學菩薩開示般若中道義者，或將以一切法空闡示般若中道，違佛般若眞旨。復次，通教菩薩之最高修證果位爲斷分段生死之解脫果，位在阿羅漢位及辟支佛位，若不觸證藏識起中道智，永遠不入別教，永不能成佛，是故智者大師判別教初地菩薩爲通教之佛果。

第一義諦智慧有三：一者般若總相智，謂禪宗眞悟者之開悟明心——觸證領受自心藏識，能親現觀，即是種智中所說大乘眞見道之根本無分別智；二者般若別相智，謂證悟者於悟後，依般若總相智，多方領受及體驗藏識之中道性，因而發起種種別相智如《大般若經》所說者，因之而起中觀智，即是種智中所說大乘相見道後得無分別智；三者般若種智，謂依別相智而熏修八識心王之一切種智，未圓滿具足前名爲道種智，圓滿具足者名爲佛地一切種智。如是三智名爲第一義諦之智慧，函蓋三乘一切佛法。而第一義諦智慧以自心藏識（第八識如來藏）爲根本，若不觸證第八識，皆唯能於外門修菩薩行，不能入第一義諦而生般若慧，永劫不能成佛，是故二乘定性無學及大乘通教無學菩薩，皆應迴心轉入大乘別教修學般若。欲修般若，必須親證第八識如來藏，當以禪宗參禪之法而修。一旦悟入，即可循序而進，一世便超第一無量數劫，歡喜無盡；唯除性障深重、慧根淺薄、心量不廣不雄，及不遇大善知識致不能熏習種智者。

前述所說通教菩薩乃是依戒慧直往之慧解脫者，然通教之無學位菩薩中，亦有依戒定直往之有學菩薩及無學菩薩，乃至有具足四禪八定滅盡定及五神通者，然因係依通教法門修證，同於二乘俱脫無學，不證第八識如來藏，縱有神足通，終不能入別教初地，下至七住亦不能得，何況未來能成佛道？同於大聲聞一切智之十智故，其慧不與大乘般若相應故；是故奉勸一切通教菩薩，應修般若波羅蜜—速求開悟明心而起般若智。

第五節　爲已悟菩薩說應修一切種智

前來已說別教菩薩悟得第八識眞如之後，應修一切種智，證得道種智而入初地無生法忍位，名眞佛子。一切種智者，謂第八識如來藏所蘊藏之一切種子，了知此心所藏一切種子之智慧，即名一切種智。修學一切種智而未圓滿者，如初地至等覺菩薩，名爲道種智。

種子又名爲界，又名爲功能差別。如來藏所藏一切種子，具有三種能變，變現五陰世間：

初能變者，謂阿賴耶識自身含藏異熟果種，令有情依於業力受生六道。於六道及中陰界之一切時中，恆無間斷地流注自身之等流種（此乃悟後熏習唯識者方能知之）。復以不可知執受，持諸有漏法種及無漏法種；以有漏法種故，於母身中藉母身及母血爲緣，變生五扶塵根五勝義根；復與共業有情之第八識共業種，依此有漏法種變生共住之器世間。復依如是能變性，變現五遍行心所有法。由如是能變之性，令異熟果、等流果、士用果、增上果、離繫果得能成就。由能變此五果故，令有情修學無漏法，成就三乘有學無學之無漏有爲法—二乘無學有學之頭陀行及菩薩世世不斷之可愛異熟果。此第一能變之性，多分唯證悟者乃能知之，少分爲未證悟者熏習唯識所能知之。此第一能變之性，甚深微妙，廣博無邊，難以盡述；舉要言之，此如來藏具有轉捨阿賴耶性成異熟識，復轉捨異熟性成佛地無垢識眞如之能變性，是三乘無漏法之所依識，故爲大乘別教之根本修證主體。亦是一切染淨因果之主體，是一切有情生命之主體，亦是宇宙萬有之主體，若無此初能變識之第一能變性，則無宇宙一切法行。若無此阿賴耶識之初能變性，則三乘一切法門之修證，乃至世間一切有漏有爲法之修證，悉皆無義，俱不能成就故。此初能變性廣說不盡，此處從略。

次能變者，謂阿賴耶依於無明業愛種故，變生意根，流注意根種子令不斷滅；無量劫來法爾如是，無有始際；至無餘涅槃位起方斷流注—意根方滅。此即如來藏之第二種能變—變生意根末那識。無始劫來意根現行無有斷時，依如來藏而運轉，復內執阿賴耶識爲我，恆時思量（審查定奪），無有一剎那暫息。以有此意根之思量作主性故，令如來藏恆時流注四煩惱種與意根相應：我見我痴我慢我愛。意根之五遍行心所有法及少分別境慧，亦隨意根之現行而恆現不斷；執我等故有三界身，令見聞覺知斷已復現，導致諸有情流轉生死，受諸苦樂。

然諸佛子修三乘法，若離此識則無所能爲，謂一切有情於三界六道中之一切運爲，剎那剎那不離此識；若無此末那識，一切無所能爲，尚不能存命（必致阿賴耶捨身故），何況飲食便利乃至修行？

三乘無學修道之過程，皆在藉緣轉變染污意根爲清淨意根，令我執根源之意根斷除我執而成無學，捨壽時意根願意斷滅自我，離一切相分見分，不再現行，名入無餘涅槃；或轉入七地八地，漸次乃至佛地，意根不滅而無我執，乃至一切無明習氣俱滅，皆是藉緣修除意根之我執與無明習氣，是故意根與一切修行人息息相關，四聖六凡俱皆不能剎那離於意根（唯除捨壽入無餘涅槃）。意根即是唯識種智所說末那，緣謂有根身及六識見聞覺知性。

四聖六凡皆因意根有善惡淨染之能變性，故凡夫異生外道修行者乃至佛法四聖之世出世間法熏習有其力用，功不唐捐。意根具此能變性故，行人依佛正法修行，得成佛道。而此意根由自心如來藏生，由整體言，亦屬如來藏性—如來藏生此意根而主導如來藏之種種行，唯除如來藏之自性心行。此依別教證悟聖者說，不依通教證悟之菩薩說；通教菩薩依二乘菩提覺悟十八界空相，而未能證得空性如來藏，不能證解如是正理故。由斯正理，說意根是如來藏之第二種能變性—變生四聖六凡。

末能變者，謂藏識變生有根身已，依六根復能變生六識：眼耳鼻舌身意識。以生此六識故，衆生依於五遍行心法遂有見性、聞性、嗅性、嚐性、觸性、知覺性；具此六性，能了諸境，於六塵境能作了別，此六識性俱了現量境；意識更能了知比量境，以能了知比量境故，遂有「欲、勝解、念、定、慧」等心所有法運行；以有如是別境心法故，意識（覺知心）便通善性、惡性、無記性，五識隨之通此三性；如是，六根本煩惱相應，二十隨煩惱相應，四不定法相應，善十一心法相應，如是展轉而有二十四種心不相應行法，復能顯示六無爲法、八無爲法等，四種圓寂因此能顯，能令有情證之。三乘菩提因此第三能變性，而能令諸學人修證，不墮斷滅空，不墮一切法空邪見。

三乘菩提之修證，無一能離如是三種能變識；若離此三種能變識之一，尚不能有三界六道有情，何況能有三乘菩提之修證？別教證悟菩薩觸證領受藏識之中道性已，必須由藏識之中道性返觀自己—處處作主之意根及見聞覺知之六識。返觀已，即知十八界俱由藏識變生；變生十八界已，復展轉變生三界一切法。十八界法雖有生滅，然能變十八界之藏識體恆不滅，是故見性乃至知覺性夜夜斷已，次晨復能現起；是故此世死亡永斷已，來世復能現起，以藏識體恆常住不滅故。由斯正理，《楞嚴經》說：十八界法無常敗壞，又說不變不壞；說十八界法非外道所說自然性，亦非否定藏識者所說之因緣性，乃是如來藏性也。別教菩薩如是現前觀察，故能證得初地無生法忍，起道種智；故說一切證悟藏識之菩薩，皆應修學一切種智，能證初地法無我故；以此現觀，能漸漸了知七眞如故。

第六節　爲初入地菩薩說修道及大乘光明三昧

前已宣示大乘見道之義—明心觸證如來藏；並已宣示進入見道通達位（初地）之四要件：熏習一切種智而成就道種智，永伏（斷）三界惑令不現行如阿羅漢而成就性種性，以弘法護教救護衆生種種事行迴向佛道而成就道種性，於佛前勇發十無盡願。如是成就初地無生法忍已，當求證得大乘光明三昧（亦名大乘照明三昧），能令吾人速超第二無量數劫故。超過第二無量數劫者，則能成就七地滿心功德。

然諸見道菩薩欲入初地之最大障礙，端在道種智之修證困難；道種智之修證困難，由於二因：一者福德不具故不遇大善知識，二者自身未離建立見與誹謗見。値遇大善知識所應修集福德有二：一爲護持了義正法，二爲修行伏除性障（五蓋）。初悟菩薩未完全遠離建立見及誹謗見之主因有二：一爲悟後未隨大善知識熏習三轉法輪諸唯識經典，一為不捨名師崇拜習氣。福德之修集，要在行者自作，不需末學多言。於此謹述建立見與誹謗見：建立見者，謂修行者以無智故，將非有之法建立為實有法；誹謗見者，謂修行者以無智故，將實有法誹謗為無。分述如下：

建立見者，多屬外道論，現今佛門正值末法，故亦多有墮此見中者。先舉外道建立見：有諸外道，以大自在天（如一神教之耶和華、阿拉）、梵天（如婆羅門教之天主）、四大極微、時節、方所、冥性、自然、因緣…等法為有情生命之本源，然此諸法實非有情生命之本源，乃是依於人之妄想臆測而虛妄建立；一切人乃至大自在天梵天自身，皆不能實際證明彼等諸法即是生命之本源，彼等諸法乃是人為之建立，非實有法，故名建立見。

佛門之建立見者，謂有密宗應成派中觀思想邪見，於佛阿含經中所說第七識意根第八識阿賴耶外，另行建立意識之細心恆常不壞（如印順法師），或另行建立意識之極細心恆常不壞（如達賴喇嘛），以之為有情生命之本源主體，此即是建立見；此謂意識之細心或極細心，無過於非想非非想定中之極細意識，過此則是斷滅—無有意識存在。彼等應成中觀邪見建立非有之「不可知意識細心極細心為生命之本源」，即是佛所斥責之建立見，謂彼所說「生命本源之意識細心」不能證實爲生命之本源法，唯能證實其爲生滅易斷之法，名爲非有法之建立見。

誹謗見者，多屬佛門未悟或錯悟凡夫，而自認已經證解三乘法義者，密宗應成派中觀邪見爲代表。如印順法師及達賴喇嘛，不知不解四阿含中佛說阿賴耶、涅槃本際、如、實際、法性、名色緣識等正義，否定第七識第八識，以自身未能親證第八識故，否定有第八識，不承認第八識爲有情生命之本源，主張有情唯依無明及因緣而有，否定佛所說執藏無明種之第八識，即是誹謗見者，密宗祖師月稱與寂天二大「菩薩」是此代表人物，藏密之宗喀巴繼承之，代表作即是密宗所奉行之《入中論、入中論善顯密意疏、菩提道次第廣論、辨了不了義善說藏論》等；如是誹謗見者，尚不能證解阿含聲聞初果之現觀境，誤會十八界法，何況能證能解中觀而成菩薩？無斯理也。此謂十八界法乃聲聞法之基本知見，然月稱、寂天、宗喀巴、印順、達賴悉皆錯解，何況能證聲聞初果？而般若中觀乃是大乘別教之法，非是大乘通教之法；別教則以第八識如來藏爲般若中觀之所依，依之能修道種智一切種智而成佛道，不共通教，不共二乘，故名爲別；如是正理皆非月稱、寂天、宗喀巴、印順、達賴之所知也。

十八界謂六根六塵六識，六識是心；六根之眼耳鼻舌身五根爲有色根，第六根爲意根，意根是無色根，是心，是意識現起之所依根，故名意根；既有意根一識，復有眼等六識，已知十八界中必有七識，云何月稱、寂天、宗喀巴、印順、達賴等人否定第七識爲無有？誣爲部派佛教發展後之「人爲建立」法？

印順法師不信大乘唯識經典，篤信阿含，今舉《雜阿含經》爲證：《如是我聞：一時佛住毘舍離、彌猴池側重閣講堂。時有異比丘往詣佛所，稽首佛足，退坐一面，白佛言：「世尊！何因何緣眼識生？何因何緣耳鼻舌身意識生？」佛告比丘：「眼因緣色，眼識生；所以者何？若眼識生，一切眼色因緣故。耳聲因緣，鼻香因緣，舌味因緣，身觸因緣，意法因緣意識生。所以者何？**諸所有意識，彼一切皆意法因緣生故**。是名比丘眼識因緣生，乃至意識因緣生。」時彼比丘聞佛所說，歡喜隨喜作禮而去。》（摘自大正藏雜阿含第二三八經。二二一等八經亦如是說）

眼根因緣色塵故眼識生，乃至意根因緣法塵故意識生，是故總有十八界，此乃一切學人所共認者。復次意根是心，非有色根，此亦三乘有學無學及諸未悟凡夫之共識；既意根是心，則是第七識，意根心外別有眼等六識故，云何月稱、宗喀巴、印順、達賴、傳道諸人否認第七識？不承認有意根耶？或誤執意根爲有色根耶？

復次，佛說十八界法即是五陰世間，是無常敗壞及念念變易之法，入無餘界時十八界俱滅；十八界滅已，寧非斷滅空？非也！謂佛曾說涅槃實際非斷滅，有本際不壞，是故不許比丘說涅槃後是無；然涅槃本際非十八界有、非三界有，故亦不許比丘說涅槃後是有。諸大阿羅漢皆如是奉持佛語，今者四阿含俱在，不容否定。

既然名色十八界滅已，方能「成就」無餘涅槃，而涅槃非是斷滅空，試問：「涅槃本際是有色法耶？是能別六塵之六識有耶？是能思量作主之意根有耶？」十八界既滅，則六識與意根俱滅，故知涅槃本際絕非意識意根也，云何可建立意識細心爲不滅之法以貫通三世？云何於佛已開示之第八識「假名我」不肯信受？此「假名我」即是涅槃之實際，即是未入涅槃前之「取陰俱識」，即是「名色緣識」之識，即是「五種種子」，假名爲「我」，非十八界我故。

《雜阿含經》中，佛告諸比丘：「有五種種子，何等爲五？謂根種子、莖種子、節種子、自落種子、實種子。…比丘！彼五種子者，譬取陰俱識。」五種功能差別，能執持五陰，名爲五種種子；此五種功能差別（執取五陰）者，即是「取陰俱識」。取陰俱識者，謂能執取五陰，與五陰同時同處之識也。五陰謂名色，名之識陰總有七識，今復別有「取陰俱識」，寧非有第八識？乃竟月稱、印順、宗喀巴、達賴、傳道等人俱是「菩薩」而不知此？

復次，《阿含經》中處處說有眞實我，佛說此**我**與六根六塵六識「非即、非異、不相在」。如《雜阿含經》第三三經中，佛說色受想行識五陰十八界無常苦空無我已，復說五陰十八界與**我**之關係：「彼（三世粗細色陰）一切非**我**、不異**我**、不相在，如是觀察；受想行識亦復如是。」**我**者即是涅槃之本際，非是入涅槃後由五陰轉變而成，乃是未入涅槃前之「取陰俱識」，即是初入母胎緣於受精卵名色之識—識緣名色之識；亦即是一切有情於世間生活中，恆不間斷之「名色緣識」之識—無量劫來常住不壞，四阿含中說之爲**我**。既然名中識蘊包涵七識（受精卵位之名唯有第七識意根，尚無六識及受想行蘊），則可知「名色緣識」之識即是第八識，云何可以否定之？若否定之，即墮「斷誹謗」見中，故說印順、達賴、月稱、宗喀巴、寂天及密宗黃教一切學人悉墮「斷誹謗」見中，尚不能證得聲聞初果，何況不共二乘及通教之別教果證？

學人若欲修學佛菩提，而不僅修學通教解脫果者，必須遠離「常建立、斷誹謗」

二見，方能信受別教菩薩之教示；信受已，依之修學，方能觸證藏識；觸證藏識已，漸漸發起般若中道智；因般若故，進修法無我，究竟遠離建立見與誹謗見，住於眞如之如如境界，方入初歡喜地，超過第一無量數劫。是故《楞伽經》中佛說：「大慧！正智者，彼名相（受想行識相）不可得，猶如過客；諸識不生，不斷不常，不墮一切外道聲聞緣覺之地。復次大慧！菩薩摩訶薩以此正智不立名相，非不立名相，捨離二見──建立及誹謗，知名相不生，是名如如。大慧！菩薩摩訶薩住如如者，得無所有境界故，得菩薩歡喜地。得菩薩歡喜地已，永離一切外道惡趣，正住出世間趣，法相成熟，分別幻等一切法，自覺法趣相，離諸妄想見性異相。」

如是別教初地「境界」，以觸證第八識如來藏之眞見道而漸修漸至，非初悟時即成初地地也。然別教七住菩薩有久學新學之分：久學者因於胎昧，故於往世之初地二地修證頓然若忘，此世若得重新值遇佛法，復能自參自悟，現入七住，依聖教量之開示而復漸至初地等，更超前世之修證。新學菩薩則不然，往往於悟後不能即時遠離建立見與誹謗見，難以進修漸至初地，咎在往世增上慧學之修證時劫尚近，慧力未足，般若之見地不能通達，易受諸方大名聲之錯悟法師居士名氣所迷，不能辨邪檢異，反爲錯悟之大師所轉，一朝棄捨見地，不認眞善知識助其證悟之眞心，返取意識覺知心爲眞心，不肯棄捨，返墮我見之中，退失別教七住位菩提。是故學人欲修佛菩提道者，必須捨離名聲與表相崇拜，純依正理及佛經聖言量而揀擇之，方免悟後復被大名聲之惡知識所轉，退回凡夫地中。

佛子依此知見，應於悟證藏識後，親隨眞善知識參研三轉法輪諸唯識經典及證悟祖師之唯識論典，諸如：《楞伽經，如來藏經，無上依經，大乘同性經，解深密經，楞嚴經，金剛三昧經，大智度論，大乘起信論，成唯識論，瑜伽師地論，顯揚聖教論……》等。

若是別教之久學菩薩，悟後自讀自證，漸入諸地，無所障礙。若是通教菩薩或二乘轉入別教不久，時劫尚近者，應親近眞善知識修學。如是二種悟後修行，皆能分證一切種智，皆名宗通，仍未究竟，尚未具足圓滿故。

別教菩薩如是修行入初地已，即能勇於承擔如來家業，不論身現在家出家或人身天人相，皆能辨邪檢異，非通教無學菩薩所能置喙，更非一般錯悟未悟之大師所能置一詞。此菩薩不忘十無盡願，不忘初迴向位之「救護一切衆生離衆生相」，故能起大悲心，救諸學人遠離眾生相諸邪道邪見，回歸正見正道，如是延續佛之正法命脈，方得名為生如來家，成初地聖人。

入初地已，復當進求大乘光明三昧（亦名大乘照明三昧）。然此三昧非可強求而得，要須具足初地功德，而後得佛神力加持，方能得入。入此定時，十方諸佛為現一切身面言說，所見諸佛無量無數，身相光相莊嚴殊麗，同一法音開示宣流，令此初入大乘光明三昧之初地菩薩得大智慧。出於三昧已，即能照了三乘佛法之理教行果：於諸經典所詮之理，善知其義；於度眾應說之種種教法，善能宣說；於自他修道應為之種種諸行，悉解其法；於三乘菩提所證果報，悉能了知；如是名為初地菩薩具得大乘光明三昧功德。菩薩由得此三昧力故，善知十地修行之道，復由初地中所修施波羅蜜多滿足故，福慧雙具，速能進修而入七地滿心。上上根者乃至超劫精進，於一世中完成第二無量數劫之修道，一切凡愚所不能思議。

凡於今世方始入於歡喜地者，皆當如是求證大乘光明三昧。唯須殷勤護教護法，慈憫眾生，勤修種智，修集福德，具足入此三昧應具之條件後，方能蒙佛恩加，入此三昧，親承佛恩。

若人往昔世中，已曾蒙恩入此三昧，獲此功德，轉生後世已，以胎昧故頓失如是功德者，此世自參自悟已，不須重新再入此三昧；其往世所入此定功德，必將於此世悟後自度化他之功德中，漸次現起，是故此節開示乃爲今世初始入地之菩薩說，此三昧能助初地菩薩速入七地心故。

第七節　漸入諸地─由初地至十地

別教菩薩悟後，歷經習種性、性種性、道種性之修行，永伏思惑，離異生性，發起聖性而入初地。入初地已，心大歡喜，不久當求初地滿心。欲滿初地，當修三事：一者修學百法明門，此是別教增上慧學，不共通教菩薩及與二乘；百法明門一一驗證領納通達，則通虛妄唯識門及眞實唯識門。二者初入地時永伏之思惑應予斷除，成慧解脫，證有餘依涅槃後起惑潤生；復依十無盡願而發受生願，世世不取無餘涅槃，以此作爲未來佛地取證無住處涅槃之因，亦以之得入二地修持增上戒學，此名留惑潤生─以故意力起無色界惑，潤未來世生。三者廣修法施，初地菩薩修檀波羅蜜多，以法施爲主，財施無畏施爲輔（未入地者以財施爲主），其般若慧足以爲人天師故，具道種智故，已成就初地無生法忍故。菩薩具足如是三事故，得一現觀—六塵影像唯自心藏識所現，自心七識所觸六塵唯內相分，不觸外六塵，證知一切染淨果及所愛厭境界，皆如鏡中映像，皆唯自心藏識明鏡所現，非有外法可得，名為成就鏡像觀（如是現量境界不得形之於語文，故不詳述）。菩薩成就如是體驗「猶如鏡像」之現前觀行已，不久即成滿地心，轉入二地。

二地入心菩薩欲滿二地心者，當修三事：一者二地應修之增上慧學，依初地滿心所圓證之百法明門，進修千法明門，斷除所知障中更微細隨眠，修證二地無生法忍，證得二地道種智。二者嚴持菩薩戒法，修除邪行障；初地心位已經永斷惡趣雜染愚，未來世中永不感生惡趣業果，而仍有所知障中俱生一分異熟隨眠，雖不引生分段生死種，而能引生世世可愛異熟果及增上果，亦能引生誤犯（非故犯）之三業異熟果（限於篇幅，此處不述），障礙二地極淨戒行，令不滿足二地行果，是故應除邪行障，了知一切律儀戒，於二地中永斷，令永不起。修除邪行障者，謂修除二種愚痴：一者所知障中所生一分微細誤犯愚，二者煩惱障習氣中所生一分誤犯三業，於業未究竟了知故。三者隨分修集法施功德。二地菩薩如是修學三事已，得一現觀—見分七識猶如光影。譬如明鏡中像，若無光影，像則不現；七識心中所觸藏識鏡像亦復如是，七識若不現行，見聞覺知心中則不受鏡像；復次，意根若不現行，藏識即不執取五根，則無意識，若無意識，則無六入，是故鏡中映像皆由光影所成－自心藏識所現六塵映像，皆由意根意識光影所成，猶如光影（其中觸證之現量境，不得形之於語文，故不詳述）。菩薩由修此三事圓滿，不久即得成就猶如光影之現觀，成二地滿心，轉入三地。

三地入心菩薩欲滿三地心者，當修三事：一者依二地增上慧學進修萬法明門－三地所修四禪八定、四無量心、五神通等，皆須一一藉二地增上慧學加以現前觀察；並將二地千法明門深入細觀，成就三地無生法忍道種智；如是觀行，須俟禪定等修證完成而後觀行之。二者修證四禪八定、四無量心、五神通，藉以發起三種靜慮：安住靜慮、引發靜慮、辦事靜慮。安住靜慮謂無厭倦任持，住於一心等至定境；引發靜慮謂事相成滿任持，引發六通及三昧樂意生身；辦事靜慮謂成辦利樂有情之事業，以五神通及漏盡通利樂有情。三者隨緣修集法施功德。菩薩於此三事中修忍，不因引發靜慮及道種智之功德而生慢心。

三地菩薩以修集如是三事功德圓滿故，破除闇鈍障，成就谷響觀，斷除欲貪習氣愚及圓滿聞持陀羅尼愚，成滿地心。云何谷響觀？謂菩薩修集如上三事功德已，闇鈍障已除，現觀自他一切善知識為眾生說法時，法音之宣流，猶如谷響，雖有所說，皆如戲論，非眞實義；唯藉言說相，開示眾生而令悟入，非為戲論諍勝而說諸法。如是谷響觀成就者，其闇鈍障已除，永斷欲貪習氣所生愚痴，亦斷圓滿聞持陀羅尼愚—已具四禪八定及六通故。如是菩薩修三事故，成滿地心，轉入四地。

四地入心菩薩欲滿四地心者，當住於四地修學二事：一者依於三地增上慧學，進修四地無生法忍，起四地道種智；此地增上慧學所應修者，謂依三地谷響觀，重觀非安立諦三品心及安立諦十六品心。重觀非安立諦三品心，謂內遣有情假、內遣諸法假、遍遣一切有情諸法假；重觀安立諦十六品心，謂重觀苦聖諦有四心：苦法智忍心、苦法智心、苦類智忍心、苦類智心；如是重觀已，復觀集諦四品心、滅諦道諦亦各四品心，一一重觀已，成就四地無生法忍增上慧學。二者隨緣修集法施功德，示現化身，於他方世界度諸有情。

四地住心菩薩修如是二事圓滿時，即得成就「猶如水月」現觀，以此緣故，微細煩惱不復現行，除二種愚痴，隨順因緣而度有情，不樂取證無餘涅槃。

猶如水月者，謂四地住心菩薩，依別教無生法忍慧，現觀四聖諦十六品心，非如通教菩薩及二乘無學純依「蘊處界空」觀四聖諦，以是緣故能除通教菩薩及二乘無學之法愛，能現觀四聖諦十六品心法皆依自心藏識而起滅故，故除所知障中一分法愛愚痴。亦依無生法忍慧，現觀三地滿心所得意生身及四地中爲諸有情所變化身於諸世界示教利喜，彼諸化身非有心非無心，如水中月、映現諸方；以此現觀故，能除等至境界貪愛，能常入等持境界現起辦事靜慮，利樂有情。

微細煩惱障者，謂所知障中一分意識相應法愛法慢，及等至境界之寂靜耽愛。此二種愚痴，依四地無生法忍慧及水月現觀成就而除，微細煩惱已滅，成四地滿心，轉入五地心。

五地入地心菩薩欲滿足五地功德者，當修三事：一者依四地滿足之無生法忍慧，不再作觀行，現觀一切法皆自心藏識所現，生死即涅槃，煩惱即菩提，非二亦非一，不應如彼定性二乘無學之厭離生死而取涅槃，當求佛地無住處涅槃，能廣益自他故；由是現觀，斷除下乘般涅槃愛。二者隨緣施與諸方世界有情無畏及與正法。三者於觀行中及法施無畏施中，觀察所施一切法皆是自心藏識變化所成；觀察有情所受一切法施，利樂充滿，然彼所受法施而現之般若慧，亦是彼自心藏識之變化所成；復觀察自身爲利樂有情故，於諸世界示現化身，其實亦是自心藏識變化所成。菩薩如是現觀，即得通達七眞如，證得無差別眞如——生死涅槃實無差別。以是現觀故，不起一向欲背生死而趣涅槃之作意，繼續邁向成佛之道，成五地滿心，轉入六地心。

菩薩六地之入地心，欲滿足六地功德者，當修二事：一者當依無生法忍慧，現觀一切有漏法中，十二因緣一一有支之現行流轉，形成行陰；以觀此故，了知皆唯自心藏識所現，似有非有，能斷一切有漏雜染諸行。二者依無生法忍慧，於變現意生身或化身至他方此土度化有緣衆生時，現觀如是諸行雖是無漏法，而不離有爲諸相；此諸無漏有爲法雖屬淨相，而多有相，住無相觀時少；乃現前觀察此諸無漏有爲行相亦皆自心藏識所現，似有非有；如是現觀故，能斷淨相執著，名爲「已斷粗相現行障」，此障能障佛地菩提果故。

菩薩如是現觀一切相一切行，皆是自心所現，似有非有，心得寂靜，自然證得滅盡定，非如定性二乘及通教菩薩等俱脫者之起意修證滅盡定而後證之。菩薩以似有非有之現觀故，成滿六地心，轉入七地。

七地入地心菩薩，欲滿足七地功德，當修二事：一者依無生法忍慧，重觀一切有漏無漏諸有為行中，十二因緣之一一有支中，流轉門之種種生滅細相，及還滅門中之種種生滅細相；以見六地所觀仍未具足細觀，相對於此地而言，所觀仍粗糙故。復次當觀六地心中，尚起作意加行純求無相觀；以勤求無相觀故，墮於有求作意，則不能滿足七地極寂靜之功德，故修觀行，於一一有支還滅之細相及滅相，起遠離加行作意故無所著；由是之故，七地滿心菩薩心地寂靜、極寂靜，念念之中皆可隨入滅盡定。

如是菩薩心寂滅故，往往欲取涅槃，中輟修學佛菩提道，故於即將入滅度前，佛予攝受，授與「引發如來無量妙智三昧」，由斯轉入八地。

八地入地心菩薩欲成滿八地功德者，須令無相觀於一切時任運現起—所成就無相觀不需加行，得於一切時任運現起；以此功德，於相於土任意變現，若起作意欲變，隨意變現，不需如七地之尚須加行；以此緣故，於變現相土之一切修道，對此菩薩俱無功用，已得任運自在變現故。

八地菩薩由此緣故斷三種愚痴；一者於無相觀之微細愚痴已斷，此謂七地之純無相觀雖恒相續，要由意識之加行方能如是相續不斷，然八地中不需加行，任運相續，故於無相觀之微細愚痴已經斷除。二者斷除作與所作功用之微細愚痴，由是功德任運變現種種相、種種土；此謂別教七地雖能變現相土，要由加行然後乃現，八地但由心起作意，任運而現，不須加行。三者斷除於相自在愚痴，此由斷除前二愚痴，故斷此愚；斷此愚故，證得「如實覺知諸法相意生身」，於相於土自在變現。此八地菩薩一切意識相應之細煩惱障永不現行，意識相應一切相土所知障亦悉永滅，無有隨眠，成滿地心。此菩薩猶有意根相應之細所知障在，故須轉入九地修道。

菩薩入九地心已，當須除斷八地中意根相應細所知障現行，謂八地菩薩寂滅安樂，自知不久成佛，樂修己利，於利樂有情諸事不欲勤行，障礙九地應修之四無礙。今入九地，當爲成滿九地心故，起利樂有情之意樂，修習四無礙，除斷意根相應之一分細所知障。

九地菩薩爲利樂有情故，當修四事：一者法無礙，亦名總持無礙、陀羅尼無礙；此謂於一法中能總持一切法，於一一法中皆能總持聲聞法、緣覺法、大乘通教法、大乘別教法，是名法無礙。二者義無礙，謂於總持無量法中，一一皆具無礙解，於一一義中，皆各能開示一切義，是名義無礙。三者詞無礙，謂於總持法之一切義，能藉種種言音開顯實義，展轉解釋，於表義名言無所障礙，乃至揚眉謦欬屈伸俯仰，悉皆能令衆生解意，是名詞無礙。四者樂說無礙，謂辯才自在也；此菩薩當修七辯：迅辯、應辯、捷辯、無疏謬辯、無斷無盡辯、演說豐義味辯、一切世間最勝妙辯，如是辯才自在，復加法義詞無礙及勤行利樂之意樂，成就樂說無礙。此四無礙須依諸佛修學方得成滿。

九地菩薩以成就此四無礙故，意根俱生一分細所知障隨之斷除，永不現行，隨即證得「種類生無作行意生身」，無量化身種類變化無所限制，隨意自在，故名大力菩薩；一切外道人天，不能障礙此菩薩利樂有情。此菩薩如是功德成就，滿足九地心，轉入十地。

十地有障，謂因所知障中一分俱生障礙，令十地入地心菩薩於諸法尚未完全自在，令大法智雲不現起，亦令大法智雲所含藏功德不現，復令大法智雲所能現起事業不現。是故十地必須修斷此一分所知障愚痴，令大法智雲及所含藏、所現起事業得能現行。

此一分所知障愚痴有二種無明：一者悟入微細秘密無明及其隨眠，由此無明及隨眠故，障礙大法智雲令不現行，亦由此無明及隨眠故，令大法智雲所含藏功德不能現行。二者大神通無明及其隨眠。此二無明及其隨眠斷除，即成滿地心，十方諸佛各皆伸手而放寶光，遙灌此菩薩頂，成授職菩薩，入等覺地，紹補佛位。

大法智雲之「大」者謂眞如，是一切法之根本故，生一切法故；大法智雲者謂十地滿心菩薩緣於眞如之智，如雲廣博，現起無盡。大法智雲所含藏者，謂具足一切總持門及三昧門。大法智雲所起事業者，謂十地大神通境（詳拙著《楞伽經詳解》第四輯），此大法智雲及所含藏與所起事業，於十地滿心，諸佛灌頂時悉皆成就。

等覺菩薩欲成妙覺如來者，當修三事：一者圓成等覺地無生法忍，二者修集極廣大福德，三者頓斷極微細俱生煩惱障。等覺地無生法忍謂圓滿一切種智，此謂等覺菩薩入地心尚有一切所知境中之極微細執著無明，由此所知境中極微細執著無明，令一切種智不能圓滿，故須斷除；此須於一切所知境中緣境觀察而除斷之，百劫完成。二者菩薩將證無上正等正覺，而福德未足，三十二相八十隨好猶未究竟圓滿、究竟殊勝，當以百劫修諸相好—無一時非捨身時，無一處非捨命處—如是百劫修集福德，爲佛教、爲衆生，作一切施，於外財內財皆無吝惜。如是百劫於一切所知境中，斷除所知障中極微細執著愚痴，及修集福德滿足已，成最後身菩薩，住兜率天觀察世間時節因緣；衆生法緣若熟時，即降神母胎，人間受生，長大出家，示現修行，最後一夜頓斷久遠劫來故意所留一分極微細煩惱障，及頓斷最後一分極微細所知障，金剛喻定現前，究竟成佛，「住於」無住處涅槃，四種圓寂成滿，利益有情永無盡期，是名大慈大悲大雄大力無上正等正覺——十號具足之人天導師。

如是成佛之道已經略述，要皆依於唯識二門而得成辦，謂眞實唯識門與虛妄唯識門，由斯二門方能成就大圓鏡智、平等性智、妙觀察智、成所作智；合此四智，具足世出世間一切智，名爲一切種智。扼要言之：成佛之道須依唯識五位漸次而進，乃至究竟地。

初則資糧位，一劫乃至萬劫修行十信，成信不退。

次則加行位，外門修六度萬行，至六住位修般若加行；在此加行位中，彼悟入唯識性故悟入三性，此即禪宗之破參明心，即般若總相智，大乘別教眞見道位也；入極喜地，及入唯識相與唯識行之所需功德，即此見道也。《瑜伽論》云：「已入於地，得見道已，入於唯識。」即此眞見道也。此謂不證如來藏者，不名大乘別教眞見道；

不得此眞見道者，不入別教通達位。通達位即初地入地心，正修佛道之始也。爲求證藏識而熏修蘊處界空相現觀，及熏修「親證藏識空性之知見」，即是四加行也。

三則勝解行位，謂學人初證自心藏識，入大乘別教眞見道位已，得般若總相智，名爲七住眞見道，得根本無分別智；依此根本智，於唯識性及唯識相而作觀行，熏習種智，生起後得無分別智，皆屬般若別相智，通達此者，即入初地，名通達位。七住眞見道位起，能於三乘諸經漸起勝解及勝行，非唯臆測及無本而行，故名勝解行位。

四者修道位。於修道位中，始自初地，末至等覺，修何等道？謂入因果分、修差別分及三學分，是此十一位中修道，即是唯識行也。

五者究竟位，謂具足果地智及果地斷，究竟無餘，故名究竟位，即是唯識果也。此謂：若人不依別教唯識五位，修學眞實唯識虛妄唯識二門滿足者，不能成就究竟佛道；此二門則以眞實唯識門之如來藏心爲根本。

《瑜伽師地論》菩薩地說有十三住，依此進修得成佛道，略舉如左：

一、種性住：由性仁賢，逼遣方便令於善轉；非由思擇有所制約。住此住中，任持一切佛法種子，然性不起，上煩惱纏，造無間業或斷善根。十信位也。

二、勝解行住：從初發心，乃至未得清淨意樂所有一切諸菩薩行也。初發心住至第六住，由加行故，於眞善知識所述藏識正義及妄識正義已得勝解，不得勝行。七住菩薩證藏識已，成眞見道，不唯勝解，亦起勝行，普於一切菩薩住及如來住發起意樂，然未得淨，爲令清淨而修正行。此是從初發心住至十迴向滿心位，初阿僧祇劫也，《瑜伽論》說「清淨意樂菩薩住」是初地攝故。

三、極歡喜住：亦名淨勝意樂住，初地所攝；少分爲眞見道功德所致，多分爲相見道所得唯識相與唯識性之功德所致，已通達五法三自性七種第一義：：等。次阿僧祇劫之始也。

四、增上戒住：即第二地修增上戒學。

五、增上心住：即第三地修增上心學—四禪八定、四無量心、五神通。

六、覺分增上相應慧住：即第四地修四諦增上慧學。

七、諸諦相應增上慧住：即第五地修無二觀增上慧學。

八、緣起流轉止息相應增上慧住：即第六地依十二因緣修增上慧學。

九、無相有功用住：即第七地依十二因緣修流轉還滅細相增上慧學。次阿僧祇劫修滿。

十、無相無功用住：即第八地修除相土加行微細無明之增上慧學。

十一、無礙住：即第九地修四無礙增上慧學。

十二、最上成滿菩薩住：即第十地修增上慧學—修除「悟入微細祕密無明、大神通無明」。

第十、十一、十二住，名第三阿僧祇劫。第一祇劫滿，方超勝解行位，次第證入初地；此謂恒常勇猛精進，非懈怠住者。第二祇劫方超有功用無相住，次第證得第八地；此謂菩薩得清淨增上意樂，決定勇猛精進故，超第七地。過此而往，是第三祇劫修道，於己皆是無功用行，於他皆是有功用行，解脫道已究竟行滿故，續於所知障修除一切上煩惱，任運滿足第三祇劫修行，入十地滿心位。

十三、如來住：百劫修相好，及修除所知境中極微細執著無明。至最後身，降神母胎，示現凡夫肉胎而成佛道。

若人具慧，遠離邪見惡友，廣修福德，上上精進修者，得轉大劫爲中劫，乃至轉一小災劫爲年月日時，是名超劫精進；如《解深密經》所載：《觀自在菩薩復白佛言：「世尊！經幾不可數劫，能斷如是粗重？」佛告觀自在菩薩曰：「善男子！經於三大不可數劫或無量劫，所謂年、月、半月、晝、夜、一時、半時、須臾、瞬息、剎那量劫，不可數故。」》雖後發心，先成佛道。盼我佛門學人勿妄自菲薄。

第四章　弘法與護法—從宗出教

第一節　教授學人立正知見

吾人既已證得自心藏識，於唯識二門之唯識性，已得勝解及與勝行，不論已得通達入地，抑未通達入地，若稟性調柔無私無我，智慧通利口才辯給，當起悲心憐憫衆生，於正法中發大誓願，救度衆生同入正道；則應善觀緣之熟與未熟，若緣已熟，則出而弘法，演教利生，令了義正法久住，人天獲安。此乃通宗而具緣者所應爲之事，不應圖一己安逸，迴避此責。

時際末法，宗門了義正法之弘傳幾不復見；雖然各處道場乃至附佛法外道等，悉各自言證悟，出世弘揚佛法，然觀附佛法外道等，悉以有境界法、有爲法（如氣功、拙火、神通、羽化飛昇、欲界天之甘露……）等法作爲佛法，吸收佛教之信仰者，同入外道法中。

佛教內之法師，亦多各立山頭，弘揚禪宗頓悟法門；睽其所傳頓悟法門，則多墮於常見法中，以意識及意識變相境界之證得作爲證悟，未入大乘別教之眞見道位。諸大居士之自謂證悟者亦復如是，不離常見境界。

復有印順法師受密宗應成派中觀邪見影響，廣著諸書，推崇阿含而否定三轉法輪諸唯識經，否定第七識意根及第八識阿賴耶，謂無此第八識如來藏，妄謂如來藏同於外道神我。彼等名爲弘揚阿含，實則破壞阿含正義，否定阿含所說之意根界故，否定阿含所說涅槃本際故，必令阿含法義墮於無因論及斷滅論故。

復有密宗以外道法，處處摻雜於佛法中，復以妄想自創名相，冠於佛說三乘聖境之上，謂爲能令人一世修成究竟佛之祕密行門，內涵之荒誕不經，可謂匪夷所思，而竟有諸學人信受不疑，鼎力護持奉行。復有種種附佛法外道（譬如雲慈正覺會之喜饒根登……等人），吸收佛教法師入其會中，外現佛教表相，假藉佛法佛教名義，遂行其吸取佛教資源及求名求勢之目的，處處混淆佛法；種種亂相，難以盡述。

佛教若欲撥亂返正，於今之計，唯有廣令諸方學人建立正知正見；若能建立諸方學人之正知正見，則諸學人即能知曉正邪異趣所在，即能排除外道法於佛門之外，佛教即可免除外道法之滲透，回歸三乘正義。然撥亂返正之行，非一般人所能爲之，不具慧眼法眼故；是故，有慧眼法眼者，若具辯才因緣，當以勝解而造勝行，出爲人師，教授學人建立正知正見，爲諸學人未來悟道而作因緣，切莫畏首畏尾而自退縮，三寶宏恩極廣大故，既已證悟當思報恩，起而弘法護法。

第二節　教作功夫準備見性

學人欲求明心—入大乘別教眞見道位，必須心細，如來藏行相微細，非諸粗心大意之人所能明證故。爲諸學人見道明心故，當先令彼勤修基本定力，時時住於一心不亂淨念相繼之境，而不妨礙世間諸行；具此功夫者，設使一生無有悟緣，不能見道，亦得因此功夫得大受用。

若求證《大般涅槃經》佛說眼見佛性境界，必須具有看話頭之功夫；若無此定力，必不能眼見。已眼見佛性者，若心放逸，不能保持定力，則必於失去定力時，失其眼見佛性境界；須俟回復定力時，方能再見。

欲見佛性之定力，層次不須極高，但能看住話之前頭常不忘失，即已具足定力，是故不須初禪二禪以上定力，唯須動中鍛鍊所得之未到地定定力即可。

修此定力，依拙著《無相念佛》法門而入，最爲迅速；證得無相念佛定力已，擇機轉為看話頭，繼續鍛鍊後，能令覺知心於世間諸行中同時安住於妄想之前頭（話頭），則已具足見性之功夫。無相念佛及看話頭功夫，詳見拙著《無相念佛、禪—悟前與悟後》之敘述，此處從略。

眼見佛性之法，與境界相應，受用更大，其解脫正受功德遠過於破參明心，是故當修當證。復次，見性之法若得先證，未來於九地滿心欲入十地心時，即得無礙，速得轉入十地，是故當證。復次，後身菩薩初夜明心時，大圓鏡智及上品妙觀察智平等性智起已，猶待夜後分之目睹明星眼見佛性後，方起成所作智，是故當求眼見佛性之法。若於明心入七住後，復於第十住眼見佛性者，後後世中欲求見性者，俱得相應而無障礙，是故應證。由斯四緣，一切已經眼見佛性之善知識攝受衆生時，當教學人修學見性應具之功夫，以備緣熟時得見佛性。

第三節　剋期取證—精進共修

善知識通宗已，起大悲心，入廛垂手，接引衆生；然諸有情根性互異、智愚有差，若非利根久學菩薩，欲憑善知識之正見開示而得悟入者，殆無可能，是故應當擇期聚集共住，精進共修。

於此精進共修期間，或示入處，或施機鋒，或開示正義，或予引導，或予印證，或予鍛鍊逼拶鉗錘針扎，婆心苦切種種施爲，要令緣熟者於一念間與般若相應，頓入別教眞見道位。由此一念相應，隨即通達二轉法輪般若經典，此即精進共修之主旨所在—剋期取證。

緣未熟者，則不強令悟入，僅以共修見道之事相，令起其信，堅其道心，勵志眞參，以俟未來；切記不可明言，亦不可於緣未熟前強令悟入，以免體驗不足而不信受，乃至造下謗法及謗賢聖大罪，別教菩提難證亦難信故。

平常之共修開示講經，唯可依眞如體性及經中佛旨平舖直敘，不應指示入處、給予引導、施予機鋒以及印證。此謂有諸世智聰明者，以猜測之密意，利用平常共修機會，不斷試探；若碰巧猜中，便被印證爲悟；然因體驗之不足，被印證已，隨即生輕賤想，不思深入體驗領受，則不能起中道般若慧，遂致謗法及謗賢聖。

尚有種種異行異心者，於已悟之同修間夤緣附會，刺探般若密義；探得已，隨即將來請求印證。若善知識聞其所說符契佛旨，便予印證者，斯人雖名爲悟，實際非悟，不能起根本無分別智故；嗣後亦多謗法。因見如是相故，余多年來皆嚴持正覺同修會親教師守則，唯於精進共修期間，方示入處、給予引導、施諸機鋒及與印證。

復次，精進共修期間，對於已證眞如者，可以當面指示學人體驗眞如之方向與方法，令其於細微處一一證驗，領受眞如之體性；並令其證驗眞如與七轉識間之運作與互相間之聯繫，一一領受八識心王之同異。如是證驗領納已，不唯不退於般若中道慧，亦能爲未來修學種智而作因緣；不唯不謗正法、不謗賢聖，未來修學增上慧學時，亦將進展神速，不可限量。由於精進共修共住期間，有如是良善因緣，故當每年擇期舉行，能出生佛法雄獅故，能令了義正法傳承不斷故。

第四節　汰除因緣不具者

如前所述，學人根性及學法以來時劫久近，及與所集福德、除障、加行、智愚……等等，悉皆不同；有尚在初信位者，有在五信十信者，有在初住乃至六住者，亦有往世曾悟而爲胎昧所障，今世頓忘前世之見地者；差別萬端，種性互異。是故舉辦精進共修者，必須如佛觀察各人因緣之具與未具，汰除因緣不具者，以俟未來緣熟時再行錄取。

因緣不具者，大約有五：一者信力未足，謂是人熏習佛法以來，時劫尚近，於十信位之菩薩六度萬行，尚未圓成；於三寶所，信未具足，未能遠離外道知見，未能遠離外道皈依，是名信力未足。

二者定力未充，謂是人心浮如海浪，攀緣如猿猴，不定如意馬，性燥如猛火，昏沉如冬蛇，不能四時住心一境、離諸攀緣、專心向道，是名定力未充足。

三者慧力未足，謂是人熏習佛法以來，一向喜樂人天有爲福報，於大乘菩提心不喜樂，若聞般若不能解義；於眞假善知識所宣示般若義理，不能判別，無所適從，是故墮於大名聲及崇拜出家相等表相中，無力純就般若義理而作檢校，是名慧力未足。

四者福德不具，此復有二：初爲未修集福德資糧，次爲性障深重。未修集福德資糧者，謂是人行菩薩道以來，由未見道故，於外門修六度萬行，而偏重般若與禪定，於布施持戒忍辱三度未曾用心修集，導致求悟時之種種障礙，乃至匪夷所思之障礙一再出現，即說是人欠缺福德莊嚴，無福親炙眞善知識之共住共修法益，無福領受衆多眞悟者之護持共修。性障深重者謂五蓋深重，五蓋者謂五種障礙修證佛道之法：貪欲、瞋恚、睡眠、掉悔、疑。由此五法障礙，令學人不能得證大乘別教菩提，即名福德資糧未具足。

五者慢心深重，謂此人心恒起慢，唯於大名聲之法師生信，若見善知識現在家相，便輕賤之。如是之人，若值出家善知識，隨之修學，得其法已，隨即起慢，復於其所親近之出家善知識所再起慢心，自謂所學等彼善知識，漸不受教。如是隨彼衆善知識學已，一一起慢，俱輕賤之；唯對尚未受學之大名聲善知識（不論已悟未悟）生於恭敬，以未知彼善知識法故。如斯人者，縱遇大善知識，得入眞見道位，亦必淺學即止，私謂：彼大善知識亦不過如是。猶如愚人撿取二三兩黃金即謂已足，於彼金山不知不見；斯人亦復如是，少得善知識法，便謂全得，轉復生慢而輕賤之。如是類人，自余出道弘法十年以來，屢見不鮮，不一而足；亦已逆見未來之必將繼續值遇如此類人。是名慢心深重者。

一切眞善知識於精進共修期間，不應令如是五種因緣不具者參與精進共修；但具其一，即不可取，何況具五？此乃依大乘菩薩種性及不定種性者言，若是聲聞緣覺種性人，不具菩薩性者，絕不可取。

如是之人，若聞苦空無常無我，十二因緣，緣起性空，心則生喜；若聞如來藏、眞如佛性、八識心王，一切種智，則無喜心，乃至生惱而否定之。此乃二乘種性之徵象，眞善知識宜審觀根器，不可一視同仁。

二乘性人（此謂尚未得入二乘見道乃至無學位者），若入大乘學禪及般若者，多因好奇，欲曉大乘證悟般若者之境界，非因仰信解信，非因好樂大乘菩薩道而來修習。斯人不樂甚深無生法忍，不樂世世受生自度度他，唯好禪定寂靜及欲證涅槃，是故若得證悟已，必即遠颺，離師而去，不思回報三寶深恩，乃至謗師謗法。如是之人，余常遇之，其數非寡，一切眞善知識弘傳大乘法時，於精進共修期間，不應令彼諸人在選，悉應摒除之，以免彼之未來謗法。

第五節　當授一切種智—無生法忍

一切大善知識，對於已入大乘眞見道位者，悉應聚集一堂，定期傳授一切種智—大乘法無我智。

此謂大乘眞見道者唯是禪宗之破初參，證悟自他有情之如來藏阿賴耶識，此名大乘人無我智；雖已得入通教初果乃至二果，唯階別教七住，尚須熏習大乘法無我智，方入初地；是故，善知識若欲令諸徒衆入初地者，當授一切種智—大乘法無我智。

云何大乘人無我智及法無我智？如《大乘入楞伽經》佛云：「復次大慧！菩薩摩訶薩當善觀察二無我相：何者爲二？所謂人無我相，法無我相。大慧！何者是人無我相？謂蘊處界離我我所，無知愛業之所生，起眼等識生，取於色等而生計著。又自心所見、身器世間，皆是藏心之所顯現；刹那相續，變壞不停，如河流、如種子、如燈焰、如迅風、如浮雲；躁動不安如猿猴，樂不淨處如飛蠅，不知厭足如猛火；無始虛僞習氣因，諸有趣中流轉不息如汲水輪。種種色身威儀進止，譬如死屍，咒力故行；亦如木人因機運動；若能於此善知其相，是名人無我智。大慧！云何爲法無我智？謂知蘊處界是妄計性，如蘊界處離我我所，唯共積聚愛業繩縛互爲緣起，無能作者；蘊等亦爾，離自共相，虛妄分別種種相現—愚夫分別、非諸聖者。如是觀察一切諸法，離心、意、意識、五法、自性，是名菩薩摩訶薩法無我智；得此智已，知無境界，了諸地相，即入初地。」

佛意乃謂：大乘學人證悟人無我智已，成菩薩摩訶薩，善知人無我相智，而猶不知法無我相智，以是因緣不入初地。大乘人無我相智者，謂先於四加行位中，依蘊處界而觀無我無常空，觀蘊處界乃依無明、渴愛、業種而生；又觀自心所見六塵及色身器世間等，皆是藏識之所顯現，雖然相續似有，而刹那變壞不停，世世如是輪轉生死；復觀六道有情種種色身威儀進止，譬如死屍因咒故行；亦如木人因機運動；菩薩若能善知如是諸相，即是證得人無我智。此即我正覺同修會大衆所修蘊處界空觀等加行後，復於禪三悟入之內涵。完全無異，一一印證佛語；得入通教初果乃至二果，即成別教七住菩薩。

然此人無我智有共二乘及通教，亦有不共者；共者謂禪三前之蘊處界空加行，不共者謂禪三中之證悟藏識。雖然慧妙不共二乘通教，然猶未曾眼見佛性而入十住，亦未得階初地，未證大乘法無我智故。

大乘法無我智者，謂依大乘人無我智（依親證藏識而起），進修《楞伽經》佛說八識心王之五法、三自性、七種性自性、七種第一義及二種無我法，並通達十地相之智證斷修，如是方得通達大乘無我法之見地，入於初地。如是人者，是眞佛子，名爲生如來家，不論在家出家；皆能紹隆佛種、續佛慧命故。眞善知識既自入地，通達佛旨，當攝座下已悟大乘人無我智諸大衆等，令入初地，是故應聚諸已悟者，定期傳授一切種智—《楞伽經、解深密經》所宣法無我智，令得通達，提升彼等宗通之層次。

第六節　身教重於言教

眞善知識未入地者，或初悟者尙有貪瞋習氣，特須注意自身三行，不應因己習氣深重而故示證悟，令人生疑不信，乃至謗法，斷人慧命。如是之人於通宗而入七住已，貪瞋習性仍重，不易改變者，皆是此生初悟；修習佛道以來時劫尙近，難離習種性位，此人不宜爲人師表；當以修除貪瞋習氣，熏習聖性爲主修。此人應入十行位中，修十行法，於護教護法及熏習種智過程中，啓發聖性，而後方可爲人師表，成爲弘揚了義法之法師。

佛法中爲人師者，當離二乘人想，亦不以勝義僧自居；雖知自身是大乘勝義僧，而以菩薩四攝法度衆弘法。二乘人常於自身起僧寶想，乃至無學位而不能免之。大乘勝義僧則離如是二乘人想，雖知自身眞爲僧寶，而不作僧寶想。是故諸大阿羅漢皆不頂禮維摩詰等覺大士，維摩詰大士卻一一尋覓諸大聲聞，爲施無上大法；並於施法前，先頂禮一一聲聞羅漢（詳見玄奘菩薩譯《說無垢稱經》），而後布施大乘正法。

大乘法中之別教宗通者，亦當如是，不以僧寶自居，恒行四攝法；不唯財施、無畏施，亦兼法施；以如是三施利益衆生，而不求報；身自入諸衆中，與一切衆生同事，不分貴賤智愚；恆常愛語，不粗口惡言（唯除精進共修之種種機鋒示現）。身口意善，身語調柔，智慧增上乃至戒定增上；如是師範，攝諸有學及與凡夫，名爲身教，余所奉行。

復次，爲人師者，於座下弟子之退轉而謗於己者，不應恐人謗法故予覆藏。如有弟子索求不遂，退轉於法，便謗於師；有人因此生疑：「是人於師座下學法，既已得悟，因何性障深重？不能頓除？是必彼法所謂證悟非屬眞實。」如是疑者，不曉大乘道之內涵，故有此疑。因此緣故，遂有悲心重者唯恐如是之人退轉，不信正法；勸師覆藏此事，不欲彼疑心者聞之。然此非善知識之所應爲，何以故？謂彼疑心者之見道緣未具足故，於大乘道尚無所曉故。宜令其退去，重新熏習，俟緣熟已，重入此法，則必永不退失。是故爲人師者，於僧團中之一切事務人事，不須覆藏，悉令公開化、透明化，可免種種欲蓋彌彰之一切後遺症也，此亦身教之一種，余所奉行焉。

爲人師者訓導徒衆消除性障，斷諸煩惱，上上增進，若自不除性障、不斷煩惱，而言能令徒衆消除性障斷除煩惱者，無有是處。何況自稱證悟入地之人，貪人錢財，染指他人眷屬美色，無有是處。如是行爲，必定破壞了義正法之弘傳，無益自他，何能紹隆佛種？續佛慧命？是故，欲爲人師及已爲人師者，必須時時注意：身教重於言教。

《護國尊者所問經》中載云：《爾時世尊告尊者護國言：「有四種法，於菩薩而爲縛法：一者輕慢他人，二者於世間事方便趣求，三者散亂用心如行險難，四者於其眷屬一心貪著；如是四法爲菩薩縛。」》

若人自無證量，而輕慢他人，不服眞善知識勸誨，妄評眞善知識，此名菩薩縛；若有證量而未捨慢習，非爲破邪顯正救護衆生，乃欲與別別眞善知識較量高下者，亦是菩薩縛。

若人悟後未捨貪習（新學菩薩初悟者），假藉正法之證量，而於錢財起貪，廣受供養；或藉機貪他美色，墮邪淫行，俱名菩薩縛，於世間事方便趣求故。

若人不能一心不亂，常常正念在前；於一切時皆散亂用心，攀緣五塵者，斯人必於五塵起貪，造作種種能違後世菩薩清淨異熟果之業；是人於一切三行中多散亂用心，如行險難，名爲菩薩縛。

若人廣有名聲，致有多人追隨，眷屬達數萬數十萬，而心生貪著，唯恐減損眷屬人數者，是人即墮菩薩縛，不入菩薩賢聖中。

若有菩薩犯此四縛，縱然終日諄諄善誨，眷屬亦將不隨其教，彼之身教違於言教故。則彼勸喻徒衆消除性障、利益衆生等語，悉成無義，衆皆見其身語相違故。

善知識持法弘法度化衆生時，必須忍辱負重，高瞻遠矚，凡事著眼於佛教之前途，不得因一己之好惡，而輕率造下不利佛法弘傳之任何事行與法行。《須賴經》云：「或於一身不有遠慮，後受大罪，智者所畏。」是故一切法師居士於持法弘法之身口意行，特須在意；若無遠慮，不忍自身邪見被破，忿而造諸謗法及謗賢聖之業，後世受多劫尤重純苦異熟果報，悔之已晚，是故智者愼始愼獨，多有遠慮。

以正眞之道持法弘法者，若處順境，亦當恪遵佛語，檢點自身，莫生憍慢。謹將末學奉行多年之佛語，供養一切善人：《佛告須賴：「菩薩在貴，不以憍慢，現若卑賤；能使衆生不貪富貴、亦無恨貧，是爲淨德。其在豪貴，能率餘人興布施意；在智現愚，能使愚人疾解智慧，是爲淨德。」》已入七住通宗菩薩欲入地者，當如是行。

第七節　護持了義正法—摧邪顯正

已通宗之佛子，當護持了義正法，莫令邪知邪見破壞了義正法。護法之義唯一，護法之行有二。

護法義者，謂護持了義正法。正法有表相與實質之別，實質正法復有了義與不了義之別。

云何名爲表相之正法？如諸佛寺道場精舍，有正受三壇大戒之比丘比丘尼住持者，悉名表相之正法；身披如來衣，即具僧寶資格故。復有木彫石刻佛像，黃卷木軸之經典，則已具備住持三寶之法，故名表相正法，一切佛門學人皆應隨緣供養。

云何名爲實質之正法？若人於三乘菩提，或一種、或二種，乃至三種俱有修證，斯人則具實質之正法。若此人起悲憫心，出世弘法，利益衆生，則其弘法利衆之處，即名實質正法道場。

云何名爲不了義之實質正法？若人所證三乘菩提，唯能與一念無明之正斷相應，而不能與無始無明之正斷相應，雖是實質之正法，然非了義。正斷一念無明煩惱障者，唯能分斷或全斷分段生死煩惱，唯得三乘所共之解脫果，不得佛菩提果；譬如二乘菩提之修證，及大乘菩提中之通教菩薩修證，唯得解脫果，不破不斷無始無明惑，不能成佛故。

云何名爲了義之實質正法？如大乘中別教菩薩，依般若經修持，證得自心如來藏，與萬法實相相應，故起般若智，住於中觀境。如是智慧證量，不與通教菩薩共，不與定性二乘無學共，名爲了義正法。此菩薩若不得少爲足，續依三轉法輪諸唯識經典，進修一切種智，乃至起諸地無生法忍而證道種智者，亦名了義正法，能入諸地乃至成佛故，已眞實證解諸法之實相故。

如上所舉實質之正法，不論其爲了義抑不了義，一切佛門學人悉應護持；護持此三乘菩提法之弘傳道場，方名護持正法。若現世無了義之實質正法，則應護持不了義之實質正法；若現世雙具了義與不了義之實質正法，則應偏重了義之實質正法；而兼護持不了義之實質正法。何以故？此謂不了義之實質正法（二乘菩提及通教菩提），唯能令人證得解脫果，而不能令人證得佛菩提果故。

若如密宗達賴、創古等人之應成派中觀，及印順法師之應成派中觀，尚不得名爲表相之正法，云何而可護持之？謂彼等諸人否定第七第八識已，令佛所說意根成爲施設建立法，則佛說十八界成爲妄說，唯餘十七界；則四阿含中佛說涅槃之本際（阿賴耶識），亦成施設建立之假名，涅槃成斷滅空。是，則三乘菩提俱成斷滅見之戲論；非，則達賴、創古、印順等人之應成派中觀名爲邪見，尚非表相之正法，是破法者故。若欲護持如是等人，不如護持一生持唸彌陀之不識字老比丘尼，彼老比丘尼是表相正法故，彼達賴印順等人是破正法者故。

一切欲護持佛教正法者，悉應於正法之實質與表相、了義與不了義、正法與破法等，先有如實正觀，而後可行。否則不免將破法認作護法，將護法認作破法，顚倒而行，成就破法共業而猶以爲是護持正法。

若人已得親證三乘菩提之一，俱是眞善知識，若復具有思辨能力及言語辯才者，應當憫諸衆生，出世弘法，非爲名聞利養。若如當代南傳佛法諸大師等，不應來台弘法；未證二乘菩提故，俱墮十八界之意識界故。若如古時月稱、宗喀巴，今之印順、達賴、創古等人，不應出世弘法；俱墮意識界故，否定三乘菩提正義故。

若人欲出世弘法，矗正法大纛，建立大道場（非謂寺院房地之大），應先求證三乘菩提之一乃至皆證，一一對驗二乘或三乘經典而無違者，確認眞實，然後方可出而建立大道場。若爲虛名而廣募資財，建設規模宏偉之寺院道場，而弘常見斷見外道法者，則已失其表相正法之本質，成破法者。佛於《如來藏經》云：「身未證法而在高座，必墮地獄；身不知法而教人者，必墮地獄。」諸表相正法道場之住持法師，若屬錯悟未悟而故示爲悟，乃至以錯悟之身而爲人印證爲悟者，允宜三思佛此開示。

若如宗喀巴、達賴之否定三轉法輪諸唯識經爲不了義者，名爲破壞正法；謂三轉法輪諸唯識經所說法乃是究竟了義法故，函蓋三乘佛法故，是證悟般若中道智之佛子所應進修成佛之道故。若如印順法師宗徒之否定三轉法輪諸唯識經，謂爲佛滅後之弟子所造者，名爲破壞了義正法；諸弟子慧遠不及佛，所造經典云何能超勝於佛？而現見三轉法輪諸唯識經義勝妙，遠超初轉二轉法輪經典，爲一切古今證悟般若者所崇敬拜讀，據以進修成佛之道。豈眞三轉法輪諸經非佛所說耶？而印順法師宗徒竟否定之，謂爲佛滅後諸弟子所造者。

如是眞相，應如實披露，令今世後代學人知之，以免漸被引入歧途。如印老考證佛教史，謂大乘經乃佛滅後數百年方出於人間，故唯識學之七心說及八心說，乃是後來佛教部派發展而漸漸建立之思想，乃是妄說，乃是建立，非眞有七心八心。然四阿含中，佛處處說十八界，則六識界已有六心，意根亦心，爲意識之所依根，已有七心。佛復處處說：阿羅漢入滅盡定，外道入無想定，意識滅已，定中仍有不離身識，令身不爛壞，則知必有第七心，此二定中無意識心，故名無心定故。佛復處處開示：阿羅漢入無餘涅槃已，有本際不滅；入涅槃已，十八界俱滅，則七心俱滅，滅已唯餘本際不滅；若有本際，則有第八心，故不許比丘妄言如來滅後是無，有本際心不滅故；亦不許比丘妄言如來滅後是有，「十八界有」俱滅故，本際非三界有故。

如是，唯識學之眞實唯識門（第八識涅槃本際），及虛妄唯識門（識陰之前六識及意根），佛已具於四阿含中說已，印老何得誣謂七識八識是漸漸發展而有之思想？尚不能解阿含基本佛理十八界法正義，亦不能證解涅槃正義，而妄謂三轉法輪諸經非佛所說，有何可信？佛世諸阿羅漢悉皆不生如是邪見。

復次，佛入滅後，三乘聖人漸少，去聖日遙，眞證三乘菩提者漸減；諸方學人以不曉正義故，遂生邪見，乃有否定七識八識之言論出現；然世世皆有發願再來人間者，彼諸人等見世間學人有此邪見，乃出世弘法，證實有七識八識。然而後人如印順法師者，見有如是現象，便謂七識說及八識說，皆後人漸漸發展而有。

譬如今時余舉阿含爲證，已證七識八識本有；然若不舉阿含爲證，純依實際正理證明有七識八識，余所著諸書若亦皆不舉阿含爲證；後人不知，考證結論必謂七識八識是佛教發展至台灣而後有。如是考證結論，可信受乎？

是故一切眞善知識弘傳了義正法時，必須摧破邪說，方能顯示正義，正法邪法勢難兩立故。如余初出道時，於一切法師居士皆予讚歎，乃至如月溪法師之流亦予讚歎，絕不指說他人法義之短。然余所說迥異諸方錯悟大師，余讚歎之，彼反破斥余法；如法禪法師（前之自在居士），余未嘗片言隻字評論於彼，彼竟派人滲透我會，影響我會早期劉建安等三位老師退轉（註），轉信彼所弘傳月溪法師之邪見，致有拙著《正法眼藏—護法集》之出版，可知正法邪法必難兩立；我不破他，他必破我。故說一切眞善知識弘傳大乘了義正法時，必須同時破斥邪見，予以摧伏；不應如余出道早期之心存鄉愿，欲與諸方邪見之師和平共存。玄奘菩薩亦有此感慨，故云：「若不破邪，無以顯正。」乃至遍履當時印度各大城，召開法義辨正無遮大會；是故破邪顯正與弘傳正法密不可分，不應唯欲弘傳正法而不破邪顯正，勢不可得故。

（註：彼三師者，於自心藏識未有深入體驗，乃由余明告眞如密意，彼等由未親自體驗故，於余所說藏識之本來無生，不能安忍，乃轉信自在居士所弘傳之月溪邪法，返認余令遠離之意識心，回墮常見外道法中。余以見此明說之過，故於《護法集》中公開懺悔，亦於諸書中公開懺悔，後時絕不復作明說密意之業。今於此處，亦作懺悔，後不故犯。）

復次，一切證悟般若之菩薩，欲離唯識性位、入唯識行位（初至十地）者，必須勤修初迴向位之加行。初迴向位之身口意行，主要爲救護一切衆生迴向正道；欲救護衆生迴向正道者，當急之務即是破邪顯正。若不破邪，未悟之衆生云何能知何者是邪道？破邪已，正道自顯，衆生即知取捨抉擇，免入邪道。菩薩具足如是功德，即可轉入第二迴向位，次第而至十迴向位滿足，具足道種性而入初地，開始十地之唯識行；由此緣故，一切證悟般若菩薩，應該親自或協助善知識破邪顯正，救護一切衆生遠離邪見，趨入正道。若欲顧慮私誼，而不破斥邪說，坐令熟識之師繼續誤導衆生者，名爲無慈無悲，乃是將佛法作人情者。

復次，破邪顯正是說通之清淨相，一切菩薩欲求入初地者，皆應修此清淨相。有四事是說通之清淨相：一者爲增長三寶故說，二者能斷自他煩惱故說，三者爲分別邪正故說，四者爲聽者得最勝故說。佛說此四事是說通之清淨相。破邪顯正事，能摧伏外道及附佛法外道，增長三寶，是故應爲；破邪顯正事，能令衆生證解意識見聞覺知心是無常敗壞之我見，由是尋求三乘見道而斷我見，我見斷故能勤斷我執，則能斷自他無明煩惱，是故應爲；破邪顯正事，乃爲衆生分別邪正故說，能令衆生遠離邪見，是故應爲；破邪顯正事，乃爲令諸衆生得最勝法故說，能令趣入大乘別教甚深法義故，是故應爲。若人具足破邪顯正之法者，即能具此四種清淨相，即名說通之清淨相，斯人不久必入初地。

由斯正理，說一切通宗者，既已通達經教，亦通講說，則應從宗出教、弘傳正法，破邪顯正救護衆生。

第五章　簡異辨邪——三界唯心萬法唯識

第一節　宗說二通不離八識心王所生一切法

「三界唯心，萬法唯識」，乃是佛門學人所常見聞之語。如是之語，已指陳生命之實相，顯示萬法之本質；然諸學人往往錯會，乃至如印順法師竟否定唯心思想，誣爲同於外道神我。譬如印老於《以佛法研究佛法》頁三三九云：《如釋尊在阿含經中，以及極多的大乘經中，並未說到阿賴耶識，難道就不能安立生死輪迴嗎？只要眞正理解緣起性空的眞義，無常無我而能成立生死與涅槃，何必再說如來藏與阿賴耶識？只因衆生根鈍，所以爲說如來藏或阿賴耶識法門，使其確立生死輪迴與涅槃還滅的信念，能在佛法中前進，這是極好的妙方便了。》

然而，北傳四阿含中，處處說到阿賴耶識，只是不用阿賴耶名，非未說第八識，此容未來著作《阿含正義》時再敘；「極多的大乘經中」，亦處處說到阿賴耶識，有時說阿賴耶，有時說阿陀那，有時說「心意識」之心，有時說眞如，有時說如來藏，有時說藏識，有時說爲心，有時說自性清淨心，有時說異熟心，有時說眞相識，有時說不生之性，有時說成佛之性，有時說種子識，有時假名爲「我」，有時說名爲界，有時說所知依，有時說無垢識，有時說密嚴土，有時說法身；般若諸經更以種種別相智，宣說阿賴耶識之中道實相，《大般若經》六百卷，在在處處莫非宣示阿賴耶中道性，印順法師不解，妄謂「極多的大乘經中並未說到阿賴耶識。」

例如《解深密經》佛云：「阿陀那識甚深細，一切種子如瀑流；我於凡愚不開演，恐彼分別執為我。」，不意印順法師聞說如來藏阿賴耶已，便執阿賴耶為外道神我，極力排斥，正墮佛所預斥我見之中。

亦如《大乘阿毘達磨論》中說：「無始時來界，一切法等依，由此有諸趣，及涅槃證得。」又云：「由攝藏諸法，一切種子識，故名阿賴耶，勝者我開示。」

三如《如來功德莊嚴經》說：「如來無垢識，是淨無漏界，解脫一切障，圓鏡智相應。」

四如《楞伽經》云：「凡夫無智慧，藏識如巨海，業相猶波浪，依彼譬類通。」又云：「心名採集業，意名廣採集，諸識識所識，現等境說五。」又云：「譬如海水變，種種波浪轉；七識亦如是，心俱和合生。謂彼藏識處，種種諸識轉。」又云：「甚深如來藏，而與七識俱；二種攝受生，智者則遠離。」又云：「五法三自性，及與八種識，二種無有我，悉攝摩訶衍。」

五如《如來藏經》佛云：「我見衆生煩惱流轉，生死無量，如來妙藏在其身內儼然清淨如我無異。」

六如《大般涅槃經》佛云：「衆生『我』者不得如是從身而出，住在異處。」

七如《佛說不增不減經》佛云：「舍利弗！甚深義者即是第一義諦，第一義諦者即是衆生界，衆生界者即是如來藏，如來藏者即是法身。」

八如《密嚴經》云：「佛說如來藏，以爲阿賴耶；惡慧不能知：藏即賴耶識。」

九如《占察善惡業報經》云：「如來法身自性不空，有眞實體，具足無量清淨功業，從無始世來自然圓滿，非修非作，乃至一切衆生身中亦皆具足。」

十如《薩遮尼乾子所說經》云：「王言：大師！如此法身，當依何法作如是觀？答言：大王！當依一切衆生煩惱身觀，當依……何以故？此身即是如來藏故。」如是極多大乘經中說阿賴耶識，非未曾說。

乃至密宗經典《楞嚴經》云：「復次阿難！云何五陰本如來藏妙眞如性？……云何六入（見性聞性乃至知覺性）本如來藏妙眞如性？……云何十二處本如來藏妙眞如性？

……云何十八界本如來藏妙眞如性？……則意與法及意界三，本非因緣，非自然性（皆如來藏妙眞如性）。」又云：「陀那微細識，習氣成暴流；眞非眞恐迷，我常不開演。…此阿毘達磨，十方薄伽梵，一路涅槃門。」一再宣示十八界乃由如來藏假藉諸種因緣而生，與如來藏非一非異；非離如來藏而由因緣或自然生。

如是，「極多的大乘經中」，處處說有阿賴耶識，不勝枚舉，非如印老所說之「並未說到」。

如印老所云，不須七八識而能安立生死輪迴者，則有情生死輪迴係由何而生？莫非由虛空生耶？若由虛空生者，應汝修淨行，來世不得淨行報，汝來世仍將由虛空再生無明故；亦應彼造惡行，來世不得惡行報，彼來世受生之無明由虛空生故，非由其藏識所藏惡業種而生故，則將因緣錯亂，無因無果。

如印老所云：「只要眞正理解緣起性空的眞義，無常無我而能成立生死與涅槃，何必再說如來藏與阿賴耶識？」試問：「緣起性空的眞義是無常無我，死已無我，阿誰持業及無明種往生後世受報？」若無持業及無明種之阿賴耶往生後世入胎，即成斷滅，爾印老是斷滅論者耶？爾不許有七八二識故，入胎時意識永滅故。

若言意識細心能持種入胎去至後世者，不合佛旨，佛說意識不至後世故，不能入胎故；意識依意根而有故，不能持種故；意識最細心乃非非想定中意識，仍不能去至後世故。如是，外於阿賴耶識而說緣起性空者，必同外道斷滅論所主張之一切法空，無有前世後世，何能成立生死輪迴之道理？則涅槃即成斷滅。

是故印老之著作立論邪謬，並非「以佛法研究佛法」，實是以應成中觀邪見主見研究佛法，見始非分（知見一開始就錯了），如何能研究出眞正之佛法？奉勸印老及隨學者，速捨研究思惟分析，效法禪宗祖師戮力參究—尋覓自心阿賴耶識。一旦親證，便能證解四阿含之大乘密意，亦能眞解二乘法之意旨；若不如是，續執應成中觀邪見，至無量劫後，仍無可能證解大乘別教密義，亦將繼續誤解二乘通教之緣起性空眞義，墮於斷見外道之一切法空邪見中。

三界中之一切有漏法，以及一切無漏有爲法，皆因八識心王而有；乃至無漏無爲法，亦因八識心王而顯。若離八識心王，無有一切法可得，故說萬法唯識。十方三世一切有漏無漏法，既皆因八識心王而有而顯，八識心王復依第八識及無明而現於三界，無明業種及上煩惱隨眠復由各自第八識所持而藉緣變現色身及世界山河，故說三界唯心—唯依第八識心而有，依第八識心而變現，以第八識爲根本。

爲令今世後世學人建立正見，故舉《百法明門論》偈，略明「三界唯心萬法唯識」之意；若能明此者，修學三乘佛法，皆不墮於我見邊見，偈曰：

一切最勝故，與此相應故，
二所現影故，三位差別故，
四所顯示故。如是次第。

論曰：一切最勝故；云何故作是說？謂八識心王乃三界一切法之根本；若無八識心王，則無十方三世之三界萬法。例如：無色界天境界，必須有意識安住其境，方有無色界天境界現前，方有無色界有情；然意識於此四天已極微細，名爲意識細心，乃至非非想天意識名爲極細心，要皆不離第七識意根。若離第七識意根，意識不得現起，意識要依意根觸無色界天境界法塵、而後能起故，以意根爲根故。意根非自在心，不能持無色界天業種（異熟種），要依第八識阿賴耶方能現行運作故（此理詳見拙著《眞實如來藏》此略不述），是故無色界天不能離於六七八識而有；要依六七八識之現行運爲，方能有無色界天有情及境界故。

次如：色界四禪天境界，必須有第八識所變現之色界天身，而後六七八識於等至位中安住，方有色界四禪天等至境界。必須有第八識所變現之色界天身，而後八七六識及眼識耳識身識共於等持位中現行運爲，方有色界天人之法會及一切身口意行。若無眼耳身意末那阿賴耶等六識，則不能具足色界天一切境界。

三如：欲界天及人間有情，以人間爲例，必須有阿賴耶及意根末那入胎，執持受精卵（此即十因緣所說之識緣名色：識謂阿賴耶，名謂意根，色謂受精卵），藉母血供給之四大，漸漸變現五色根（含五勝義根頭腦）。隨於五色根之漸漸圓滿，故令意根能觸法塵，生起意識；意識起已，則令前五識或俱起、或漸起，具足八識。若不具足八識心王，則不能具足領受人間六塵，名爲殘障者。

如是，若無八識心王，則不能成立五趣有情（阿修羅遍處於五道有情），傍生及餓鬼道有情莫不如是，故說眼等八識乃三界萬法之王，三界萬法以八識心故展轉而起，故名八識爲心王，故名「一切最勝故」。

有漏法如是，無漏法亦如是。如四聖法界之佛界，最後身菩薩成佛於人間時，其身口意行已皆純是無漏，而是有爲法；此無漏有爲法，亦須八識具足現行運爲，方能於人間托鉢飲食、嚐味嗅香乃至說法，故說八識心王「一切最勝」。

次如無學菩薩與俱脫阿羅漢入滅盡定，前六識俱滅，離見聞覺知，猶如眠熟悶絕而無息脈，狀若死亡，然阿含中佛說「滅盡定中有不離身識，身不爛壞，識不離身」，即是七八二識，仍不能離八識心王之二識。

有漏法之無想定亦如是，凡夫位之佛弟子入四禪中，不解三乘菩提故不斷身見，而斷意識心我見，恐墮斷滅故不捨色界天身，以斷滅「覺知心我」爲涅槃，遂於四禪位中滅除覺知心我，定中息脈俱斷，以爲無餘涅槃，實是無想定。人間證得無想定之外道亦如是，以此爲「入涅槃」，然實所入爲無想定：定中無息無脈，無見聞覺知，狀若人死。佛說此位中仍有七八二識，故說無想定中有不離身識，識不離身，故身不爛壞。然此非涅槃，三月五月後仍將因忽生一念，欲覺知色身壞抑不壞，而復起意識等六，又墮人間六塵境界。

綜合上述三界一切「身、覺」境界，皆不得離於八識心王而有；若離八識心王，尚不能有六根，何況有命根？何況有萬法？故說八識心王乃一切法之最勝者，一切法之所依故。

與此相應故；此謂五十一種「心所有法」，與此八識心王相應，故立此五十一法。

五十一法為：遍行法五（觸、作意、受、想、思），別境法五（欲、勝解、念、定、慧），善法十一（信、慚、愧、無貪、無瞋、無痴、精進、輕安、不放逸、行捨、不害），根本煩惱六（貪、瞋、痴、慢、疑、惡見），隨煩惱二十（忿、恨、惱、覆、誑、諂、憍、害、嫉、慳、無慚、無愧、不信、懈怠、放逸、失念、不正知、散亂、昏沉、掉舉），不定法四（悔、眠、尋、伺）。

如是五十一法中，遍行五法者，遍行於三界六道，遍行於四聖六凡，遍行於八識心王之一一識，遍行於一切時而未曾間斷，遍行於一切善法染法無記法中，故名遍行法。唯有出世定（滅盡定）中滅意根之受想二法，餘一切定中俱有七八二識具足五遍行法。（五遍行之受為剎那剎那之境界受，非為受陰之苦樂憂喜捨受；五遍行之想為境界受之剎那剎那了知，非想陰之連續知覺及思惟了別。）此五法乃是八識心王之體性，由八識心王生，非離八識心王容有此五法單獨現行運為，故云五遍行法與此（八識心王）相應。

別境五法不與阿賴耶識相應，故不名遍行，不遍八識故。不遍一切時現行運為，故不名遍行；眠熟、悶絕、二無心定、正死位等五位中，斷而不現故。此別境五法，遍三界九地（欲界地、初禪地乃至非想非非想處地），與前七識或多分或少分或全部相應，故說與此（七識心王）相應。此別境五法乃是七識心之體性，七識心生已，必具此五法之多少分，非離七識心王而有別境五法，故說別境五法與此（七識心王）相應故。

善十一法，唯遍行三界九地，不遍行於三性，不遍行於一切時，不遍行於八識（唯除究竟佛地），故非遍行法。阿賴耶識離見聞覺知故，離別境五法故，不與此十一法相應。第七識意根不與欲勝解念定相應故，雖觸法塵而與慧心法相應，然慧極劣故，不與善十一心法相應。前五識爲無記性，依意識而通善惡，時善時惡，非一切時與善十一法相應。唯意識與此善十一法相應，然非一切時相應；雖遍三界九地，要須三乘有學之證定者方得有於欲界，於諸凡夫不能遍也。然此善十一法，須依意識，與意識所俱五識乃至一識方有，而非離於心王得有善十一法現行，故名與此心王相應。

根本煩惱、隨煩惱、不定四，悉亦如是，依於八識心王而有，或多或少或全相應，要非離於八識心王而有，故說與此八識心王相應。恐文長厭煩，不一一詳敘；讀者思惟即知，此處從略。

二所現影故；此謂色法十一：眼、耳、鼻、舌、身、色、聲、香、味、觸、法處所攝色。此十一種色法，乃八識心王及其相應之五十一心法共生而顯示之影像；幻有幻滅，故名爲影。

眼等五色根，各有扶塵根及勝義根；扶塵根即是可見可對之五色根：眼如葡萄、耳如荷葉、鼻如懸膽、舌如半月、身如肉桶；五勝義根則不可見而可對，能以意識覺知其性用之存在，聚集於頭部，即是大腦。此五根由阿賴耶識藉意根無明及父母四大爲緣而變生，爲阿賴耶之所緣境，阿賴耶依之緣外五塵，變現內相分五塵，爲意根所觸（五塵上之法塵），爲欲覺知故，乃令意識及眼等五識現行，此六識現行已，便有色等六塵相出現於有情心中；乃至法處所攝色（例如觀想所見色及意識所見無表色…等）亦得現起，具足十一種色法。

如是十一種色法，要依八識心王及五十一心法和合運作方得現起；若離此二，即無十一種色法可以現前。而此十一色法，於三界中現前，非可謂無，然無實有不壞自性，念念變易，終歸壞滅；如影似有，而無實質，故名「八識心王及五十一心法之所現影」，若離此二，尚無一法可得，何況十一？故云萬法唯識。

三位差別故；此謂「心不相應行」法，有二十四法：得、命根、衆同分、異生性、無想定、滅盡定、無想報、名身、句身、文身、生、住、老、無常、流轉、定異、相應、勢速、次第、方、時、數、和合性、不和合性。此二十四種「心不相應行」法，乃因八識心王、五十一心法、十一種色法之分位假立，而有二十四種心不相應行法。

譬如「得」，乃依七八二識，及所變生之色身，說名爲得；實無「得」法，乃因心與色二位法而有；變生以來，乃至未壞之前，假名爲「得」。「得」法非與八識心王相應，唯五色根與八識心王相應，故名心不相應行法。

譬如命根，乃依業因（往世有支）及無明種，所起第八識上異熟果種執持色身七識不斷，令色心不壞，假立命根一法；乃依第八識自身及其流注之異熟果種一位建立之法；亦如異生性，乃依第八識相續執持之凡夫異生種子現行而建立。此等「法」不與前七識心相應，唯是假名建立，故名心不相應行法。

譬如衆同分，以人同分而言，乃由一位建立之命根，及二位建立之得，合八識心王、五十一心法、色十一法等三位，而有人同分；天同分及傍生同分等亦復如是。而此衆同分五種（趣），悉不與七識心相應，故名心不相應行法。

心不相應行法，依於心王、心法、色法上，分爲一位顯現，或二位三位合顯，故總名三位差別法。此二十四法悉墮行陰，若無行陰即無此二十四法，故名行法。

四所顯示故者；此謂無爲法略有六種（虛空無爲、擇滅無爲、非擇滅無爲、不動無爲、想受滅無爲、眞如無爲），悉依四法之所顯示。四法謂前述之八識心王、五十一心相應法、色十一法、心不相應行二十四法，由如是四類法和合，方顯六種無爲法，缺一不可。

譬如虛空無爲，此謂本來自性清淨涅槃，即是一切有情之自心藏識所顯體性—雙具有性空性。本來已有，非從他因他緣生，非自然生；具有能展轉出生三界萬法之有性，亦具猶如虛空之空性，名爲自性；隨業及無明種輪轉生死無量劫來，於七轉識貪厭萬法之際，藏識不貪不厭三界萬法故名清淨；於無量劫之生死輪轉中，世世之十八界現有生死，而藏識自心始終住於如性：不生不死、不斷不常、不增不減、不來不去、不一不異……故名涅槃。此自心藏識之「本來、自性、清淨、涅槃」，即名虛空無爲，性如虛空，恒住無爲性中。

而此虛空無爲，若離八識心王之和合運爲，則不能顯示—譬如入無餘涅槃位，尚不能現見第八識，何況能見其無爲性？（此唯別教證悟菩薩所知，不共通教菩薩及二乘無學；

此中密意不得明言，佛不許故。）

此虛空無爲，若離五十一心相應法，亦不能顯；以人間而言，要須八識以五十一心相應法，或多或少現行運作之中，方能顯示。若離五十一心法，則不能顯示—譬如三乘無學入滅盡定，尚無能知者，何況有虛空無爲？唯能顯示想受滅無爲。

然想受滅無爲，須依七八二識現行及五十一心法之五遍行、及與色法五根及法處所攝色、再加心不相應行法之「得、命根、衆同分、滅盡定、住」等，方能顯示。

此虛空無爲，若離色法之五根五塵及法處所攝色，亦不能顯示；離此十一法，一切禪宗祖師悉不能悟入自心，以無色陰行陰故，無有入處。

此虛空無爲，若離二十四心不相應行法，亦不能顯示；身且不得，命根不存，無有人同分，無有名句文身，無有生住老流轉無常，無有相應勢速……等，云何能顯虛空無爲？一切證悟者，皆多分少分知悉此理，無有不知者（唯除未悟錯悟者）。由具此不相應行法之多分少分故，學人得於其中覓得所顯虛空無爲。

然虛空無爲由心不相應行法等四位所顯，故名四所顯示；心不相應行法由色等三位所顯，故名三位差別；色法由心及心所有法等二位所現，故名二所現影；心所有法由八識心王所有，是八識心王之性，故名與此相應；由八識心王及展轉所生諸法，方能顯示虛空無爲等五位百法，故名一切最勝。五位百法之生起，有如是展轉因果關係，故說「如是次第」。

五位百法如是次第展轉生已，世間出世間法生焉顯焉，佛菩提道及三乘解脫道，悉攝其中。然此百法一一法中，各有三三昧，唯初地菩薩滿心者所知，不許明言。由斯五位百法之次第，歸結於八識心王；若無八識心王，萬法悉不能生，譬如七轉識滅已—入無餘涅槃位中；即是《般若心經》所述之「是諸法空相，……無眼耳鼻舌身意……無眼界乃至無意識界，無無明亦無無明盡……無智亦無得……」。何以故？謂七轉識若滅，尚無覺知者，何況有智有得？何況有「無明盡」？萬法俱泯故，阿賴耶識亦不復受生，不再出現於三界。而想受滅無爲，虛空無爲，非擇滅無爲…等，俱依八識心王等四位九十四法方得顯示，若離此四位法，即如《心經》所言，尚無一法可得，何況有六無爲？是故世出世間萬法，皆唯八識心王所生，故說萬法唯識。然若歸結八識心王，則唯一心—阿賴耶識；七轉識皆由阿賴耶現行，七轉識種皆由阿賴耶心所持故，三界境界皆由阿賴耶相分所顯示故，故說三界唯心—唯阿賴耶識之所現故。

佛菩提道及三乘解脫道，俱依八識心王而顯而修而證；唯一佛乘既函蓋三乘解脫道及佛菩提道，當知應依親證八識心王一一自性而入、而圓成之，故云宗通與說通不離八識心王所生一切法；而此一切法歸結於八識心王後，復須歸結於八識之根本—第八識阿賴耶；如是，云何學人可效達賴宗喀巴月稱印順等人之否定意根與阿賴耶？而主張無第八識如來藏？而妄謂如來藏爲假施設之名相？愚不可及！

乃至如現代禪副宗長張志成之邪見—妄謂離如來藏有甚深般若可證。斯名錯悟凡夫邪見，何以故？此謂甚深般若乃依如來藏之中道性而建立，如依刀有利；若離如來藏而謂有甚深般若可修可證者，則如愚人主張離刀有利，不免智者之所哂焉。

離如來藏而謂般若者，唯是法相之概念，非是佛法修證之本質，故名戲論。是故大乘唯識諸經所說般若之種智，甚深極甚深，微妙極微妙，通教菩薩及二乘無學尚未能證，唯能知解，何況凡夫外道而能知之。不知不證之人，何得以私心揣度而妄評之？故說月稱、宗喀巴、土觀、達賴、創古、印順、張志成等人爲邪見，妄謂外於藏識有佛法可證故。

世尊於《楞伽經》中亦作是說：「如如與空際，涅槃及法界，種種意生身，我說爲心量。」意謂眞如自住境界與空性之實際，四種涅槃「境界」及一切法界，以及大乘別教菩薩所證三種意生身，其實皆是自心藏識之現量—依藏識而施設建立種種法相。

由斯故說：般若中觀及般若種智，要由親證八識心王一一心，並現前領受八識心王一一心之自性同異，現前觀見七轉識由阿賴耶展轉而生，與阿賴耶非一非異，方能現起般若中道智，住於中觀境，名爲別教宗通者；此人能隨分爲人宣說般若中觀，名爲說通。復進修十行十迴向位，內門修六度萬行而起勝解與勝行，通達三轉法輪唯識經已，方起般若之種智，名爲宗通；是人能隨分爲人宣說般若種智如龍樹菩薩，名爲說通。非未證悟藏識之人臆想思惟可證般若中道智也，何況躐等而證般若種智？無有是處。

第二節 輪迴與解脫之三種緣起

別教大乘法門之宗通，不離如來藏阿賴耶識；依如來藏而有三種緣起法建立，攝盡輪迴與解脫之現象，攝盡一切世出世間法。三種緣起法謂：業感緣起，賴耶緣起，眞如緣起。前二爲輪迴之緣起，後一爲解脫與佛菩提之緣起。

有情衆生輪迴生死，有二種緣起，初爲業感緣起。此謂衆生因無始無明所障，不解生命萬有之實相，成所知障，障佛菩提，故造誹謗大乘法、誹謗大乘勝義僧等惡業；身壞命終已，感此業種果報，墮三惡道，多劫多世難與佛菩提相應，此乃因修行而墮邪見所感業種而有生死輪迴，名爲業感緣起。誹謗二乘正法及二乘有學無學者，亦復如是感業淪墮三惡道，亦名業感緣起。

佛門凡夫及諸外道，則於修行知見產生種種邪見，錯以欲界定、未到地定、初禪乃至四禪定境認爲涅槃境；亦有將四禪中之無想定境誤認爲涅槃境。如是諸人因於邪見而作大妄語，各各自謂已證涅槃，已成阿羅漢；身壞命終已，皆墮三惡道，四阿含中屢有陳述，茲略不舉。此乃以定法爲二乘菩提，錯會二乘涅槃，亦是業感緣起而墮輪迴。

復有大乘別教修行者，知見偏邪，妄想滅除心中妄念語言影像後之覺知心爲眞如，欲轉此識陰之我爲眞如；修至一念不生，心中語言影像不起，即名爲悟；謂如是境界名爲悟境，自謂證悟成聖，大妄語業成就；身壞命終，則因此一業感緣起而墮三惡道。密宗四大派古今祖師法王仁波切等，俱墮此中，尚不能保住人身，而妄言轉世再來人間。

乃至如自在居士錯悟之人自謂已悟，妄言一悟即至佛地，悟後不必修道；復因與余法異故，滲透本會，破壞正法，妄謂余法爲非，導致拙著《護法集》之出版；此名破壞正法及謗大乘勝義僧，屬於無間地獄罪，迄今未見其公開懺悔求免；後雖出家，名爲法禪，仍將難免業感緣起所引後世無間異熟果報；業種未懺悔消滅故。

至於世俗凡夫之貪求欺詐殺人越貨，乃至邪教之集體自殺取死人財，種種劣行，悉皆不離業感緣起，造如是惡行，成就如是惡業種故；身壞命終時，一世之業相俱皆現行故。行善求生欲界天堂天國天界者，修定求生色界無色界天者，亦悉不離業感緣起；已具善業種故，身壞命終必生天界。

二乘菩提有學聖人亦未離業感緣起；如初果人斷我見，尚須七返人間天上，方離三界，滅除業感緣起。二果薄貪瞋痴，尚須生天後捨壽再來人間，方成無學，滅業感緣起。三果阿那含仍須上生五不還天，於彼捨壽時，方入涅槃，滅業感緣起。是故二乘有學俱未離業感緣起，尚餘感應生死之業種未滅盡故。

大乘有學菩薩，同前所述不離業感緣起。初地滿心以上，能斷盡思惑而不斷──能取慧解脫果而不取；三地滿心以上，能取俱解脫果而不取，俱名留惑潤生──故意留一分思惑以潤未來受生，則是因受生願之善業種，感未來世生，亦得假名業感緣起。然非眞正業感緣起，已非眞正感生六道之業種故，已能斷盡故，已具足出三界之淨業種故。如是菩薩，現有業感緣起，如同衆生之輪迴生死，而本質迥異，不應等同視之。

賴耶緣起者，謂諸有情，及諸聲聞有學聖人、通教有學菩薩，乃至別教六地滿心俱解脫以下菩薩之留惑潤生，未斷盡一念無明四住地煩惱者，皆未離賴耶緣起。

此謂一切凡夫有情，造諸感未來世生之一切業行已，業種成就，必感未來世生死。然所造業種，必須集存於阿賴耶識中，方能於身壞命終時現行，感生後世；何以故？有情死後十八界唯餘意根不滅，而意根末那非能持業種者故（詳拙著《眞實如來藏》），必須由阿賴耶識執持一切業種，往生來世而受業報，此名賴耶緣起。

若無阿賴耶識執持業種，則成斷滅，意根非是能自在者故，須依賴耶而有故──入無餘際時意根亦滅故；是故必有賴耶無分別性心，隨緣任持一切善惡業種，令三界因果不亂不失。

若無賴耶持種，則業感緣起必不能實現，無持種心故，則一切人應唯一世—無去來生，死已斷滅。必有各人自心賴耶持種，方能由往昔無量世來至今世，方能往生至未來無量世，而因緣果報不錯不失，名爲賴耶緣起，阿賴耶識是緣起法之根源故。

不可云業種由虛空所持，虛空是無法故，乃由物之邊際，施設物外無阻障處名爲虛空；唯是名相，非有體法，不能持種；唯有各人自心賴耶，有眞實不壞體性，方能持諸善惡業種，感果不失不亂。

若謂虛空能持業種，復有大過；必將感生感果錯亂故：某甲所造善業種，或由某乙某丙所感而報，或由某丁某戊而報；亦將某乙所造惡業種，或由甲丙感報，或由丁戊感報，因緣錯亂。若謂虛空可如銀行保管箱之區隔保存業種而不亂者，亦有大過：一者虛空是無法故，唯名言施設故；二者即無賴耶故，則涅槃成斷滅故；三者既有賴耶爲輪迴主體，則不須由虛空持種，賴耶自能持故。

以有各人自心賴耶，任持自己所造一切善惡淨業種，是故因緣不亂；是故一切造惡行善及修淨行，功不唐捐，後必有果。由此故說，業種緣起依於賴耶緣起而得實現；若如印順、達賴、創古等人，否定賴耶緣起，單說業感緣起者，即成戲論，有大過故，其業感緣起不能成立故，進退失據故，即成邪說邪見；則二乘菩提之蘊處界緣起性空，及四諦八正十二因緣修道諸法俱成戲論，則無餘涅槃成斷滅法，是故三乘有學無學俱皆信受賴耶緣起，唯有未入見道凡夫之受邪見誤導者，方起邪見，否定賴耶緣起。如是諸人，口中雖責他人爲大乘惡取空者，其實自身正墮惡取空之邪見中；如是諸人不知般若系諸經所說者是自心賴耶之中道空性，妄謂般若思想爲一切法空，妄謂無餘涅槃中無有本際第八識，自墮惡取空中，反誣親證藏識之賢聖爲外道神我見及自性見。

由斯正理，說業感緣起及賴耶緣起，乃是一切有情於三界受生之緣起法；唯除大乘無學以上菩薩，彼等依眞如緣起而受生乃至成佛故。

眞如緣起者，謂眞如乃由阿賴耶識轉變而成，名爲眞如緣起。由眞如緣起正理，成就三乘解脫果及大乘別教佛菩提果。略述如下：

一切有情身中，各有唯我獨尊之第八識阿賴耶，亦名異熟識、菴摩羅識、因地眞如、如來藏，是一切有情生命之根源，由此第八識展轉而生而顯宇宙萬法，亦由共業有情第八識所蘊共業之種子現行而有外世間之世界山河大地成住壞空，令諸有情內世間五陰得以受報及造業，故說如來藏亦是宇宙萬有之本體，宇宙萬有從之而生故。

如前所述，一切外道、佛門凡夫、二乘定性有學無學、一切通教菩薩，俱未證得第八識。然佛門學人於四阿含時期，已曾聞佛說有第八識，是涅槃實際，不墮斷滅見，修學解脫道；依四聖諦修證蘊處界緣起觀及無常無我觀，斷盡十八界愛，於十八界無所執（覺知心及思量心之自我執著已斷盡），自知已得不受後有，成就有餘涅槃。如是修行者，已成就解脫道，其第八識阿賴耶中所集藏之分段生死輪迴愛種，及一念無明四住地惑（見一處住地，欲界愛，色界愛，有愛；即是見惑思惑）已經斷盡；斷盡分段生死種故，捨阿賴耶名，唯留異熟識名，亦名菴摩羅識，是名阿羅漢。此解脫道之修證，非唯二乘有，大乘通教菩薩亦如是修、如是斷、如是證；別教初地六地菩薩亦如是修斷證，而慧有別；是故解脫果通三乘。如是解脫果之修證，名為二乘菩提，亦名通教菩提；即是眞如緣起之第一階段—轉阿賴耶成異熟識，是修學佛菩提者必經之過程。

二乘無學若不迴心大乘別教法門修學，不能成就佛菩提，永不能成佛；大乘通教菩薩，成無學果已，若不轉修別教法門，亦不能成就佛菩提，永不能成佛。是故三乘無學之解脫果修證圓滿者，其俱解脫境界雖同於六地之證得滅盡定，而增上慧學猶不及七住菩薩；七住已明心證眞，能親領受及體驗如來藏之本來性、自性性、清淨性、涅槃性；然通教菩薩及二乘無學尚須迴入別教初住位，始修六波羅蜜，至第六住修學般若波羅蜜，直至明心證眞已，方入七住，然猶不如初地增上慧學之縝密微妙也。

如是，三乘無學依別教法門，修證如來藏之人無我智，轉修《楞伽經、解深密經》之法無我智，漸入初地；依藏識修學增上慧學（諸地無生法忍）、增上戒學、增上心學，次第漸至如來地；於最後身菩薩位，降生人間，成究竟佛時，其第八識中一切無始無明過恒河沙數上煩惱（即塵沙惑）已斷盡，所含一切種皆純無漏法（煩惱障現行已於無學位斷盡故，所知障隨眠及煩惱障微細種今已斷盡故），從此以後，第八識所含一切法種皆不受新熏，已究竟圓滿故，永不再有變易故，名爲斷盡變易生死，法無我智圓滿究竟，四智圓明，具足四種圓寂，究竟成佛。此時第八識方名眞如，捨異熟識名及菴摩羅識名，稱爲無垢識，名爲究竟解脫者。

由解脫道與佛菩提道之修證過程，轉易第八識含藏之內容，分段圓成佛地眞如，如是過程名爲眞如緣起。由凡夫地之阿賴耶識（因地眞如），轉成究竟果地之眞如，必須依於初期之業感緣起及賴耶緣起而修別教法門，亦必須依於後期之賴耶緣起而修別教法門，方能圓成佛菩提道，非如彼諸未悟錯悟之人所言：「初證悟時之所證者即是佛地眞如，是故一悟即至佛地，悟了就是究竟佛，悟後不必再修道。」

是故，爲未悟人，啓其童蒙，必須說此眞如緣起法門。然對已悟之人而言，則非緣起、非非緣起；何以故？此謂眞悟之人悉皆現見眞如第八識體恆常存，本來已在，非因修有，非因修顯；本已自顯，唯因無明覆障不能證得，非於凡夫外道境界隱而不顯，一切證悟者悉皆能見未悟者之因地眞如分明顯現故，故說非由緣起，本自已在故。然亦現見別教七住菩薩（非由通教及二乘無學迴心者），雖已證得藏識，而未斷盡分段生死之煩惱障種，未斷盡變易生死之所知障隨眠，故其所證如來藏種尚有變易，要由別教一切種智無生法忍之修道，方能斷盡變易生死，成就究竟果地眞如功德——與二十一心法相應，故說果地眞如非非緣起。證知如是理者，方名眞知眞如緣起正理。

由斯正理，說一切古今妄評《大乘起信論》眞如緣起門爲虛妄者，皆是凡夫妄想臆度，不入見道位。若有佛子通達如是業感緣起、賴耶緣起、眞如緣起者，斯人必能通達唯一佛乘之法，函蓋三乘菩提，名爲眞善知識，善能獅子吼，善能摧邪顯正，是人間一切修行者所應皈依隨學者，能令人如實修學成佛之道故。

若人欲曉了如是輪迴與解脫之三種緣起者，必須先求第一步之宗通——七住明心證眞，領納如來藏自性，一一體證之。而後按部就班修學，漸可通達。故說佛菩提之宗通，不離第八識如來藏；若人主張：「不證如來藏亦能通達般若中道。」如是之人名爲外道凡夫，不解佛法。

第三節　二乘菩提與如來藏

時際末法，乃因人根陋劣故，外境攀緣多故，多於法相枝末起諸攀緣故，福德淺薄故，性障深重故，故名末法。然末法期，非無了義正法之綿延賡續，然有緣證得者少，多不信受奉持故。

今時北傳南傳佛法大師，悉皆教授四諦八正無常無我之法，亦多教授十二因緣之緣起性空諸法；芸芸學人競相供養護持，夤緣朋比，而竟未見有一已斷五上分結者。今諸南傳佛法諸大禪師，應邀來至寶島傳授四念處觀、內觀禪等，皆墮禪定修法之中，教人時時警覺清醒，莫使眠夢，莫令中斷，以覺醒性爲不壞之本際，悉墮我見之中，覺醒性正是意識之用故。如是大師諸人，尚未能入二乘菩提之見道初果位，遑論四果無學位？

南傳佛法諸大師如是，北傳佛法大乘比丘亦如是；口中好言無常苦空無我，好言四聖諦八正道所說無我見，睽其修證，仍墮我見；乃竟指責大乘眞無我見之別教如來藏法爲外道神我，印順法師是其代表。謂其以意識細心爲涅槃本際、爲生死輪迴之主體故，然意識心不論如何細，終究非是涅槃實際，非是生死輪迴之主體，依意根觸法塵爲緣而後能現行故。此理具載於四阿含中，豈未知之耶？

探究南北傳諸大師之不證二乘見道緣故，咎在二端：一者不解基本佛法之十八界法，二者不解涅槃之本際。前者令諸南北傳大師不得二乘菩提之見道，後者令諸南北傳大師於二乘菩提生諸邪見，誤導衆生。

十八界謂六根六塵六識，衆所知之。然諸大師不解意根，多謂大腦即是意根，便生種種邪見。云何大腦非是意根？謂佛開示意根能去至後世故，故大腦非是意根。舉經爲證：

雜阿含卷十四（大正藏三六〇經）：《…爾時世尊告諸比丘：「若思量，若妄想者，則有使攀緣識住。有攀緣識住故，入於名色。入名色故，有未來世生老病死憂悲惱苦，如是純大苦聚集。…」》白話翻譯如左：

「如果有思量性（作主審斷性）不滅，如果有虛妄想不滅的話，則有結使攀緣之第八識存在。因爲這個具有結使攀緣之第八識存在的緣故，所以進入母胎名色之中。進入母胎名色之中的緣故，便有未來世之生老病死憂悲惱苦…等。」

云何「有攀緣識住」之識，余說之爲第八識？謂佛說此識入胎，住於名色中故，甫入胎時之受精卵及意根即是名色故。甫入胎時，既由此識入於名色中，而此時之「名」尚無前六識，故「名」唯是意根，「色」謂受精卵尚未分裂時之單細胞也。「名」攝在心，非是有色根，故意根是心；前世死時之六識俱滅，不能去至來世，當知「識」所入住之「名色之名」，唯是意根；意根是心，非有色根故。「名」既是第七識意根，則能持「名」者必是第八識，前六識尚未有故。若謂此際意根之「名」爲是大腦，則背事實；若謂甫入胎時唯色無名，則背四阿含佛說，佛說此際名色俱有故；故說意根是心，非是大腦，大腦不能去至來世故。

如是，《阿含經》中佛語正眞，已證實有第七識意根及第八識——持名色之識，則已具足八識，不須印順法師及達賴黃教師徒，於十八界外另行建立意識細心，以之作為前後世生死輪迴因果之聯繫者；亦不須彼等外於佛說，另行建立意識細心為涅槃之本際；佛說意識依意根有故，非是本來自有之心故；佛說意識若在，即不能入無餘涅槃故；佛說意識之最細者無過於非非想定中意識，此心若不永滅，則不能令意根與第八識捨壽入胎故。是故達賴等黃教師徒及印老師徒，建立意識細心為涅槃實際、為前後世生死之聯繫者，名為妄說。如此妄說形成之因，端在天竺月稱寂天等人不解阿含十八界法，別創應成派中觀邪見，達賴印順等人受其邪見學說蠱惑，故極力否定七八二識，別別建立意識細心而廣弘之，不唯違教，復兼悖理，一無可取。

復次，彼諸南北傳大師，不知不解不證涅槃，於涅槃生諸臆度，墮於情解，便以情解臆度而弘傳常見外道之涅槃，悉墮《楞嚴經》所說之外道五現涅槃邪見，誤導衆生。悉皆欲以意識心入涅槃故：如中台山以見聞覺知心為涅槃心，如印順法師以意識細心為涅槃本際，如達賴創古等人以意識極細心為涅槃本際。

當知佛說涅槃者，謂阿羅漢斷盡我執，捨壽時，令自我滅失—五蘊十二處十八界俱滅—名為涅槃。此謂六識及意根俱滅，第八識不入母胎，不生於天界，故不再有來世我現行，名為無餘涅槃。今諸南北傳大師（包括現今傳聞之南洋阿羅漢），不解佛意，悉以意識之覺知心性欲入涅槃，墮於外道五現涅槃邪見。若如印順達賴所言「有不可知之意識細心」，此乃虛妄建立之邪見，如兔角法。謂意識一旦現行，皆必可以自己覺知，不論細至何種程度；意識具有證自證分故。

如佛於四阿含中，處處說阿羅漢入無餘涅槃時，名色俱捨。色謂色身，名謂意根及六識與其所引受想行蘊。如是，意識捨已，尚有何種細心存而不滅？若有意識細心不滅，則不可謂意識已滅，則佛應云尚有意識細心不滅，則亦應云尚有意根不滅，佛於阿含諸經中說「意根與法塵爲緣生意識故」，則應無餘涅槃位尚有三界：意、法、意識。審如是者，阿含諸經佛語成妄，應須改寫；若不如是，則印順達賴主張有「不可知之意識細心」，則成妄語，乃是虛妄想所建立之兔角法。

由斯阿含諸經理教，說二乘菩提不得離於七八識而單獨成立；由基本之十八界法及涅槃本際，即知二乘菩提俱以如來藏爲根本而建立故；二乘無學證得十八界空，捨壽時滅盡名色十八界成無餘涅槃時，非空亦非有故。非空者謂有第八識離見聞覺知獨存，非是斷滅故；非有者謂「三界有、十八界有、名色有」已滅盡故；如是涅槃成中道義。非如印順所言：「蘊處界滅已，滅相不滅，故名眞如。」此名邪見斷見。滅相是空無，不可謂非斷滅故；知滅相者是意識心，不可謂非「常見有」故。是故一切人不得外於第八識如來藏而言二乘緣起性空之法，佛於四阿含中，已處處說第八識故；印順達賴等人讀之不解佛意，妄謂佛未曾說，如是諸人尚不能入二乘見道位，遑論大乘別教果證？於此余作斯言：「二乘菩提不外如來藏，依如來藏而顯。」至於二乘菩提與如來藏之深密關係，容於未來著作《阿含正義》時，另行一一舉證闡述、令衆週知；此處限於篇幅，唯述原則，暫不一一舉證。

第四節　大乘佛法之精髓以如來藏爲根本—唯一佛乘

大乘佛教深奧微妙，非諸凡愚所知，何況外道無智，云何能知？此謂大乘佛法之精髓，以如來藏法門爲根本故，如來藏法難知難解難證難修故，非修非不修故。

大乘佛法云何深奧？謂般若中道甚深難解，外道修行者尚不能聞般若中道之名，何況能修？佛門學人縱聞般若中道之名，若不遇眞善知識指授，欲知解之尚不可得，多遭假名善知識誤導，何況能知能證？（唯除菩薩乘願再來者）此名佛門凡夫不知不證般若中道。云何名爲愚人不知不證般若中道？此謂二乘有學無學及大乘通教菩薩，雖聞般若中道名，而不樂修之，或畏其深奧難解；雖不否定排斥，而以二乘菩提之修證爲已足，是故不能窺知般若中道之堂奧，雖非凡夫，即因此故名爲愚人。

二十年來，台灣寶地多有自謂證悟之人，出世弘法欲度衆生；乃至廣造諸書，汗牛充棟，難以計數，今之大陸亦然；如是假名善知識，有土生土長者，亦有外來者，遍於南北傳大小乘法及顯密二宗。云何謂彼等爲假名善知識？以彼諸大知識不唯未證般若中道，乃至未證二乘菩提聲聞初果，未斷我見故。

譬如現代禪副宗長張志成先生，以一念不生清明寂照之覺知心爲眞如，墮於十八界之意識界，我見未斷，尙未能入聲聞初果，何況能知別教七住位之般若中道？而妄言不證如來藏者亦能契應甚深般若（詳見張志成於一九九九年十二月十四日覆網友呂居士文），名爲凡夫邪見。何以故？謂般若中道智，乃依如來藏之中道實相而言，所說不來不去、不生不滅、不增不減、不一不異、不垢不淨、不斷不常、不住不變、非修非不修……等中道之理，悉屬敘述如來藏體性，不可外於如來藏而以緣起性空爲中道也。

譬如依水說有濕性及冰之硬冷性……等，愚人聞之不解，望文生義，便道水外別有濕性及冰之硬冷性……等；佛門愚夫亦復如是，不知世尊依於如來藏而說二乘蘊處界緣起性空及涅槃證得，不知世尊依於如來藏而說大乘般若空；復因未曾如實證得如來藏，遂起邪見，依於臆想而妄謂如來藏外別有般若中道可修可證，如彼痴人妄謂水外別有濕性等，印順法師及現代禪副宗長張志成先生即此類人。

復有善知識爲遮蓋自身之錯悟，對衆云：「法門有很多種，但得一門深入，皆可得悟；非必修證如來藏者方名爲悟。」如是之人，若不名凡，則必是愚。何故平實作如是語？此謂如是之人或墮凡夫境，或墮二乘菩提通教菩提，不知二轉三轉法輪之別教菩薩——唯一佛乘妙義。

初轉法輪四阿含中，世尊依如來藏（識緣名色之識）而說蘊處界空，世間無常，緣起故空；雖不墮斷見，而偏顯蘊處界空及二種涅槃之證得；由此初轉法輪故，破盡一切常見外道。如是二乘菩提，名爲解脫道，以現觀蘊處界空之慧（非因定生之慧）而出三界輪迴生死苦；此解脫道，大乘通教別教菩薩亦必須修。通教菩薩以無緣修證如來藏法故，不入般若中道觀，唯以二乘菩提之解脫道爲專修專證之法，而因悲願不取無餘涅槃，法通二乘而不入涅槃，故名通教菩薩。

破諸常見外道已，彼諸斷見外道便謂佛說蘊處界空，同彼斷見，妄謂其法不異世尊；復有二乘凡夫不知四阿含中佛說第八識密意，妄謂入涅槃後同於斷滅，振振有詞而語人曰：「佛說十八界俱滅名爲涅槃故。」如是種種妄見，具見於四阿含中，非俟佛滅而後有之（容俟《阿含正義》書中敘之），佛與舍利弗尊者俱曾就此而作開示，具載於《阿含經》中。後世學人不知阿含正義，猶作空有之諍，俱墮戲論之中。

聲聞初果及通教初果菩薩，現觀蘊處界空已，斷除我見，證得一分解脫果，從此不認意識覺知心爲不壞心，亦不認意根思量心爲不壞心。然於進修解脫果，欲斷意根思量心之我執時，不免思惟：「我捨壽時，此覺知心及思量心滅已而成涅槃；此無餘涅槃位中，十八界俱皆斷滅，豈非斷見？」由此生疑，問於大阿羅漢或世尊，便蒙開示涅槃之本際—識緣名色之識；謂無餘涅槃位中有此本際（第八識）寂靜安住，而非斷滅空。聲聞初果人，以聞如是開示故，安心修斷意根之我執，乃成阿羅漢；雖未證得如來藏，已成慧解脫之無學聖人。如是，聲聞初果未斷此疑前，乃至未證得第八識前，俱名爲愚而不名凡，已預入二乘聖流故；乃至二乘無學不迴心者，以及迴心大乘別教而未實證如來藏者，雖是無學聖人，亦名爲愚，懵於般若中道慧故。

大乘法中一切未親證如來藏者，俱名爲愚；二乘無學迴入大乘而未親證如來藏者，俱在此數；如是之人必不能於般若中道起諸勝解及勝行故。若如印順法師於大乘法中不斷我見（執意識細心為不壞心故），又復否定涅槃本際，則名為凡，亦兼愚痴；不證二乘初果菩提故，復未親證如來藏，而於般若起邪見故。譬如印順法師所著《以佛法研究佛法》頁三三八、三三九中，《如來藏之研究》一文所述：

《佛陀因這類眾生雖然信解無我無常，而對無常無我的真義還有隔礙，所以不得不將不變常的如來藏，說為相續常的阿賴耶識了。而這阿賴耶識，一般人還是容易認為是「我」的。如『解深密經』說：「阿陀那識甚深細，一切種子如瀑流；我於凡愚不開演，恐彼分別執為我。」一般人聽到阿賴耶、阿陀那，即以為是從前生延到後生的生命主體，與常我相似。其實佛說的阿賴耶識，是指「即本性空的生死延續中所表現的統一性」；隨順眾生以心為我的見解，說此為識。此識即是本性空寂的，空性即是如來藏，也就稱此如來藏為阿賴耶。唯識學者的這種生滅相續論，中觀學者是不能贊同的。如造業，是剎那滅的，業滅過去，並非沒有，而是存在的。如從過去到現在，從現在到未來，業是存在的，有用的；不過這種存在，只是過去有，非現在有；因為有此業存在，才能感受生死苦果。法性空中無礙，過去雖然過去，或者很久了，仍然可起用，不必要相續才能成立因果，所以中觀者不必立阿

賴耶識。》

張志成先生主張：「不必證得如來藏，亦可契會甚深般若。」應係受此印順法師邪見間接誤導所致，然印順法師此一段文，有種種過，非諸凡夫所知。

如來藏並非「不變、常」，亦非「有變、無常」，印老不應擅以己意妄解佛法（如來藏之非斷非常、非變易非不變易，請詳拙著《眞實如來藏》敘述，此處從略）。如來藏識有種種假名，三乘經中種種異名而說此識；如來藏名乃是假名，所說即是四阿含中世尊處處闡釋「識緣名色」之識，非可謂無阿賴耶識。非如印老此文將無常無我解釋爲「相續的阿賴耶識」。

印老所引《解深密經》偈，說阿陀那識甚深細，極難得證故，是故印老不能證之，乃否定之；又說此識一切種子如瀑流，印老不知不證此識一切種子，是故否定三轉法輪種智經典；世尊於凡夫及二乘愚人前，不開演此法，印順法師墮凡夫見中，是故佛雖開演於經中，印老不能知解；不解之人，於如來藏法往往以爲即是常見外道所說之「我」，印順法師亦復如是，主張如來藏說同於外道神我。

印順法師知見邪謬，不如常見外道，咎在受彼密宗應成派中觀邪見蠱惑，起步之時已背向正道，是故行之愈久，離佛法愈遠，遂以邪見為佛法焉。何故印老知見不如常見外道？此謂一切常見外道，皆知人之在世，身異、命異、生時福報受果亦異、智愚異、善根異……；既有種種差別，必有三世因果致此種種異象。推而知之：必有常不壞法，為因果業種之所依心，故有衆生之種種別異，非同一性，否則必墮無因論。然印順法師身為佛門大德，竟否定此貫通三世之「因果業種所依心」，自墮常見外道所遠離之無因論中。

印順法師云：「如造業，是刹那滅的；業滅過去，並非沒有，而是存在的。」試問：既是刹那滅，滅已存在何處？而謂其有？存在虛空耶？若不存於虛空，亦不存於阿賴耶識，即是已滅，滅已不可謂有，汝說自壞。若謂存於虛空，即成虛空外道，有種種大過（前已略述，此處從略），汝說自壞。若謂存於阿賴耶識，則違汝說，自壞宗旨；云何彼諸徒衆不知不解不能辨之？

如印老所言：「如從過去到現在，從現在到未來，業是存在的，有用的；不過這種存在，只是過去有，非現在有；因為有此業存在，才能感受生死苦果。」試問：業既無如來藏為所依，亦非以虛空為所依，如何從過去到現在？又如何去到未來世？如人是存在的，由現在台灣要去至明日之歐洲，是否不必飛機而可自行前往？是否不必經由船車水陸而可於空無所依中，往至次月次年之歐洲？復次，業既如汝所說「只是過去有，非現在有」，現在既無業，云何現在應受果報？此業既唯過去有，現在無之，汝云何復謂「因爲有此業存在，才能感受生死苦果」？業既存在過去，無有一心攜至現在，云何現在受彼業所生苦果？如是自相矛盾詭辯之理，而彼徒衆竟信之不疑、奉爲圭臬，寧非怪中之怪？

「法性空中無礙」者，非如印老所云空無之中得有法性無礙，非於空無之中得有業果不失；乃謂如來藏爲法性，非以「空無」爲法性也。亦謂如來藏雖是空性，然於空性存在之際，無妨能藉無明業種及父母四大爲緣，而生三界有法，如是方可名爲「法性空中無礙」。今印老言：「法性空中無礙，過去雖然過去，或者很久了，仍然可以起用，不必要相續才能成立因果，所以中觀者不必立阿賴耶識。」則有大過，而實無有如是中觀般若。

若過去已經過去，不應仍可起用，此是一般之常識；如汝擲石，石離手已，於前進過程中得有勢用，石止已則成過去，過去則是無法，無法則無其勢用，人所共知。

而石由此至彼之勢用，必須有石爲依，其勢用方起；若離石體，即無前進之勢用。業果亦然，業之勢力必有所依之體，若無所依之體，業之勢用即不存在。若如印老所言，離體而有其用者，則應某甲過去世所造業，其勢用可於未來世之某乙身上起用，業種非依各人自心藏識體所依持故；若然，則他人今世之邪淫殺害業勢，亦可於下一世之印老身上受報，業種之勢力可於空無中自行存在故。然，則清淨修行皆悉唐捐其功，姦淫擄掠非必來世有報；不然，則爾印老語成虛妄，一切人不應信汝。

由斯正理，說一切業種及諸無明，悉皆由各人之自心賴耶所持；汝若清淨自心業種及無明，汝自得證解脫，非干他人自心業種無明；他人造諸惡業，熏習種種邪見，染污其自心藏識種，他自受其果報，不障汝之解脫；由是有情所造淨業染業，由各人自心藏識所持而至後世各各受報，互不混淆，互不相代，涇渭分明，絕不混濫，因果正理方能成立。若無相續連亙三世之如來藏識執持各人業種，而於空無中自行存在，則因緣果報悉皆錯亂，則無因果法則，則一切有情今世之果報，皆無正因；完全是依運氣好壞，而於空無中得到他人往世之業種現行，因緣雜亂，則成外道無因論。印老以爲然耶？以爲不然耶？有智學人，盍共思之！

若不須三世相續之心，則印老於《唯識學探源》書中認同應成派中觀之建立意識細心為連貫三世因果之說，亦屬多餘；業行滅已，其勢可於空無中存在故，不須意識細心持種故。印老以如是曲解之「佛法」，而立如是論：「所以中觀者不必立阿賴耶識」，即成自相矛盾，名為妄說；中觀非是斷滅見故，中觀非是無因論故，中觀不違三世因果故，中觀不悖三界世間法故。而今印老如是「中觀」墮斷滅見，墮無因論，違三世因果，悖三界世間法，云何可謂為佛教之中觀？應名為「印順中觀見」，異於佛門之中觀故。

當知「方便有多門，歸元性無二」者，謂衆生根性千差萬別，故善知識廣設八萬四千法門以為方便，度諸有情入於佛門；及至歸元——證得般若實相——則其性無二，唯是各人自心如來藏；若離自心藏識之證得，而言有般若實相之證悟者，無有是處。不知不證自心如來藏，而謂已悟般若實相者，斯人名為錯悟，誤解般若經義。何以故？此謂不論八萬四千法門中，任一法門之修證入門，若證實相，必定皆是同一藏識之涅槃境與中觀智。不可謂汝所證為空無之般若中道，他所證者為緣生之中道，彼所證者為緣滅之中道，余所證者為如來藏之中道；中道之究竟理，若人得證時，畢竟無二故。

若外於如來藏而有般若中道可證者，斯非眞實中道般若；不能貫通三乘諸經故，不能依之而證解三轉法輪唯識諸經所說種智奧義故，不證種智則永不能成佛故。若證如來藏而起般若中道智，則無如是諸過，衆緣具足者，不唯一世即入初地，未來亦將速成佛道。此世所得道種智，其慧深妙，世間無有能與之對話者。由斯正理，余作是說：

法門容有八萬四千，般若實相正理唯一；
外於自心藏識而悟，則悖大乘別教正理；
豈唯不通圓教六即，亦違阿含涅槃正義；
墮兔無角及兔角論，誤解佛法三乘正理。

不可離於眞實不壞心，而謂有般若中道實相可證，若有善知識言：「種種法門皆可悟入，非必證得如來藏者方可名悟。」如是之人即是未悟之人，一切佛子所悟實相必定無二故；不可外於佛所說之見道內涵，別立見道內涵故，所悟必須同佛所悟之同一心故。

由種種理及佛之教示，證知大乘佛法之精髓實以如來藏爲根本；三乘佛法、四種涅槃、三界有爲法、及出世間法，皆依如來藏建立。常見外道亦知此理，然以觀察非分，所悟不實，錯將意識生滅心認作往來三世之不壞心，故墮於「覺知心常，永不壞滅」之邪見中，成常見外道。今者印老反不知此，不如常見外道，難逃一切慧眼法眼佛子之檢點。

然觀常見外道極爲普遍，一時難以令其轉變，「識緣名色之識」—如來藏，又復難信難證，是故佛乃施設二乘十八界法，破諸常見外道見，令證解脫；證解脫已，於佛生信，乃說甚深般若，令彼迴心大乘，證自心如來藏；證如來藏已，漸爲傳授一切種智，入於初地；入初地已，即能次第圓成諸地無生法忍，至究竟地，具足解脫果及佛菩提果。若究其實，三乘菩提俱依自心如來藏而說而證而修，而圓滿佛果，外於自心如來藏，則一切佛法皆成戲論，皆無修證之本質，故說大乘佛法之精髓即是如來藏法，三乘佛法皆依如來藏法而方便建立，實唯一乘，故名唯一佛乘。若人破壞誹謗如來藏法，倡言「外於如來藏，仍有佛法可修可證」者，斯人則墮建立見與誹謗見中，所言悉非佛法也。

第五節　捨識用根之辨

多年以來，常有大師於著作或言語開示中，令諸學人捨識用根。然此知見大謬，非佛法也。

修行中，捨何識？用何根？實有值得辨正之處。捨眼識耶？捨眼識已，則入二禪以上等至位，尚不能聞法修道，捨之何可謂爲修行佛法？

捨耳鼻舌身識耶？捨此四識已，必入二禪以上等至位中，不觸五塵，云何得能修行？

捨意識耶？若捨意識，必入無想定中，或入眠熟及悶絕位中，尚無知覺，況觸五塵及法塵？欲修何行？若人能入滅盡定而捨意識，則此人不須再修解脫行，已證俱解脫果故；於滅盡定中，不能修學佛菩提故，欲修何行？故不應言捨識修行。

根有六根，捨識用根修行者，是用何根修行？用眼根耶？若捨眼識，眼根即無能見之用，則眼根猶如屍體之眼，能修何行？耳鼻舌身四根亦復如是，若捨耳鼻舌身四識，耳等四根即無能聞能嗅能說（問法）能觸諸性，猶如屍體，能修何行？

若捨意根，則前六識俱滅，前五根即隨之漸壞；此唯有阿羅漢捨報入無餘涅槃境，方能捨之故。意根捨已，成無餘涅槃，無三界身、無前六識見聞覺知，欲如何修學佛菩提智？亦不必修解脫果，已圓滿解脫果故。若唯用意根，捨前六識，則唯能住於無想定及滅盡定中；於此二位中，無能修行者，亦無所修之法，則汝意根能修何行？而言捨識用根？

如佛於四阿含中，處處作如是說：「有五受陰：色受陰，受想行識受陰。我於此五受陰，五種如實知：色如實知，色集、色味、色患、色離如實知；如是受想行識如實知，識集、識味、識患、識離如實知。……比丘！若沙門婆羅門於色如是知、如是見；如是知如是見，離欲向，是名正向。若正向者，我說彼人（註：大正藏雜阿含第四一經「入」字，應爲「人」字。）受想行識亦復如是。若沙門婆羅門於色如實知如實見，於色生厭、離欲，不起諸漏，心得解脫。若心得解脫者，則爲純一。純一者則梵行立，梵行立者離他自在，是名苦邊。受想行識亦復如是。」

如是，欲證聲聞解脫慧者，須於色義、色味、色集、色患、色離等義而作觀行；觀行已，復於受想行識之義、味、集、患、離，如實觀行；證知五受陰之緣起性空、無常無我，故滅我見乃至我執，成阿羅漢。如是觀行，名爲二乘菩提之修行；於觀行中，若捨識用根，能捨何識修行？能唯用何根修行？而言捨識用根修行？

二乘菩提如是，大乘別教菩提亦復如是；必須六根六識具足，配合六塵而後能證自心如來藏，而後能起般若中道慧，而後能住於中觀境，何得捨識用根而證別教菩提？

余諸著作中，處處指陳見性聞性……乃至知覺性虛妄，不可執以爲實，應覓離見聞覺知之如來藏；愚人誤解余意，便責余曰：「汝令人棄捨見聞覺知心，則如人死，欲如何證悟如來藏？又是阿誰證悟？」然余諸書中，未曾令人滅卻見聞覺知，只令人不認見聞覺知性爲眞，令人應覓如來藏心；不論早期近期著作，悉皆教人「以見聞覺知心，覓取離見聞覺知心；以見聞覺知之六識心，覓取離見聞覺知而同時並存之如來藏心。」無一著作非如是言，愚人不解，妄謗於我。

何故余令學人如是參禪覓心？而不教捨識用根？謂捨識用根乃是愚人之修行妄想，非佛法也，故捨識用根之說，非正知見，亦不可能行之；三乘菩提之一切觀行，皆必須具足六根六識方能修之；非離六根六識能修觀行也，一切學人須有正見，莫隨假善知識之妄想言語，而自障道。

第六節　宗通與胎昧

二乘菩提之宗通者，若至無學位，復是定性二乘人，則無隔陰之迷，捨壽必入無餘涅槃故，定不迴向大乘起受生願，不再於三界受生死故。

若未至無學位，則有時有胎昧，有時無之。如人證得聲聞菩提初果位，捨壽生欲界天；於欲界天中能憶人間之修證聲聞菩提往事，無有胎昧；於彼命終，復生人中，人間五陰之報，令其無有宿命通，便有胎昧，然不礙其續修聲聞菩提。二果三果人亦復如是准用此理。

二乘菩提之無學聖人，若非決定性者，聞佛菩提已，即迴心大乘，入別教初住入地心位，熏習般若布施等六度法，補修外門六度法，緣熟則悟般若中道而證知涅槃本際，成七住菩薩，生生世世不取涅槃，起受生願，願於三界生死輪迴中自度度他，直至成佛。如是之人，或有胎昧，或離胎昧，非必決定：若此迴心之阿羅漢，是慧解脫者，必有隔陰之迷，不憶宿命；若是俱解脫而無宿命通者，亦有隔陰之迷，不憶宿命；若是俱解脫而有五通者，則離胎昧，能憶宿命；若有宿命明者，必無胎昧。通教菩薩准此無異。

若是別教菩薩，則依《華嚴經》及《菩薩瓔珞本業經》之次第修進，於七住明心時猶有胎昧，十住眼見佛性時猶有胎昧，乃至初地菩薩住於人間者仍未離胎昧；若捨壽生至色究竟天隨佛修學一切種智，則無胎昧；或往生極樂證無生法忍者，則離胎昧。然此二大菩薩，若未至三地滿心即迴入此界者，於此界生而為人，仍不能離胎昧，不憶宿命。

人間之初地二地及未滿三地心之菩薩，皆有隔陰之迷，出胎已，皆不憶宿命；然於定中或夢中，有時得以觀見往世因緣所致今世果報；此是定力及淨心所致，非宿命通，非宿命明，不能隨意欲見何世即得見故，乃是定中夢中之自現境界故。是故人間之未至三地滿心菩薩，皆未離胎昧，唯除先已修得宿命通者，亦除二乘已得宿命明之阿羅漢迴入別教者。

然胎昧不障修道，若遇法緣，便能自行悟入，往世所修所證般若智慧，又復現行，繼續修證，轉更超勝前世。如余往昔多世出家於印度，雖得明心，未能見性；復於九百餘年前，於先師克勤大師座下破參，又見佛性；雖未離胎昧，轉生密宗覺囊達瑪法中，亦能自參自悟，而符佛旨；多世之後，生於江浙，現居士身，潛隱修道，唯度少數有緣人，亦不造論著書，於世沒沒無聞，死已轉生台灣。生台灣已，雖受名師知見所誤，以致學佛參禪六年方能自悟，然悟後復能漸修漸證，今得道種智，發起法眼，能辨諸方大師邪見。可見隔陰之迷並不可懼，若人具足善根福德及往昔所修慧根，來世但須接觸佛法，雖受誤導，仍能自悟；唯須世間有表相正法存在—佛教仍在，經律論仍在。

然此功德，若墮三惡道，失於人身，便即失去，是故學人萬勿謗法及謗賢聖；若未如實證知，萬勿稍作評論。如余某次定中，於二禪等持位，忽見無量世前，因謗賢聖（彼世未悟，聞別教如來藏法，生於不忍，私謗彼說法者），墮於鼠身；所幸所謗輕微，於他人慧命未生遮障，復因多修福德，故僅一世即脫傍生道，復生人中；此後不敢再隨意評論他人，唯除已經證實者。彼世鼠身壽命亦短，甫年長已，即死於貓爪之下，速返人間。今無覆藏，披露於世，欲使諸人引以爲鑑：若無絕對把握，未如實證知，萬勿效余評論諸方大德；不論是公開或私下評論，亦不論是語言評論或文字評論。萬一誤評，捨壽後失於人身，苟無福德，即無因緣於數生之中回復人身，再修佛法；今以說胎昧故，乘便言之，不唯提示學人，亦警覺自身：於評論任何大德時，皆必有所根據，確定以後方可評論；避免摧邪顯正時之誤謗賢聖。

別教菩薩純依別教五十二位階修行者，至三地滿心已，雖生人中，亦無胎昧，已具四禪八定、四無量心、五神通及三地無生法忍故。於此之前，多未離隔陰之迷也。

第六章　宗通與禪定

第一節　宗通非禪定

禪定乃由打坐修定，強制覺知心住於一境，不緣餘法，長住如是心一境性之中，名爲禪定。禪定通外道及世間法，名爲四禪八定：初禪、二禪、三禪、四禪、空無邊處、識無邊處、無所有處、非想非非想處。前四禪爲色界境界，後四處爲四空定，乃無色界境界；合前四禪及後四定，總名四禪八定。菩薩及二乘之見道乃至無學位，若證四禪八定，即成無漏妙定，必與背捨相應故。

大乘別教之宗通者，乃因具足福慧後，一心尋覓如來藏，於一念之間頓悟，頓時證得如來藏，非因久坐漸漸得之。嗣後即能隨時隨處觀照自心藏識，漸漸深入了知藏識之本來已有性、自性（空性與有性）、清淨性、涅槃性、中道性；並證知藏識之如是體性，不論悟抑未悟，皆本已有之，非因修得；並證知藏識自性清淨而含藏七識相應之無量煩惱種子，若不藉見聞覺知心修除之，即不能證解脫果；不修除所知障隨眠，即不得成佛，故非不修能得。由如是證知故，般若慧因於對藏識之不斷觀行而日益顯發，是名宗通。

定境。

禪定之修行，乃是對見聞覺知心，主要是對意識之訓練，制心一處，令意識降伏種種煩惱，不起心動念，無關般若宗通；宗通則非訓練意識覺知心，乃是以意識覺知心覓如來藏，覓得後，常對如來藏作種種觀行，了知其體性，藉以增益般若慧，無關定境。

禪定之修證，於三地菩薩而言，便成增上心學；與三地無生法忍慧相應故，能成大勢用故，非如一般人之證得四禪八定。二乘無學證得四禪八定者，力用不如三地菩薩，無有三地之無生法忍慧作資益故。三地所修四禪八定及四無量心，與宗通無直接關連，是故三地所修之四禪八定及四無量心，名為增上心學，然非宗通。

初地滿足百法明門之修學已，其所應修之初地無生法忍滿足，故其般若種智得名增上慧學，亦是宗通；地前之般若宗通，不名增上慧學，未起道種智故。

宗通既是般若慧，由一念相應而證，所證是本已有之，由以前未知，今得知之，故名為證；證前證後，其性不易，故非如密宗大手印之打坐修定所能成就者。密宗之禪修大手印法，皆是以定為禪，欲將妄想紛飛之覺知心（意識），修成無妄想而變成眞如；以坐入無妄想境界，名為證得根本無分別智；以覺知心處於定中而作觀行觀想，或起神通功用等，名為證得後得無分別智。然實此乃外道修禪定法，無關般若宗通，亦與根本後得無分別智完全無關；但因密宗行者全依密續而不依經，全依上師開示而不依眞實法，故迄無人知其荒謬，普皆信受奉行；便以坐入一心不亂境界，名爲開悟；更以如是境界而自命成佛成聖，於眞正佛法無所修證，復無知若此，令人憐憫。於今應當導正密宗行人知見，回歸大乘，以免更多密宗行者誤信密續及錯悟上師開示，墮大妄語業。是故宗通與禪定之分際，一切佛門學人皆應了知，以免誤入歧路。

第二節　宗門無念心體非是定心

大乘宗門所證悟之無念心體，乃唯識諸經所說之「如來藏、心、阿陀那、阿賴耶、無垢識、眞如、所知依」，乃是般若諸經所說之空性，乃是阿含諸經所說之「名色緣識之識、涅槃本際、有分識、識、欣阿賴耶、喜阿賴耶」。如是諸名，皆指有情之第八識；此識從無量劫來，恒不起念，不與語言相應，不與見聞覺知相應，不於六塵中暫起一念分別，故名無念心體；如是無念體性，無始劫來即已如是，非因禪修而後如是。

今觀全球顯密大師，率以常起妄念之意識心，起返照之念，觀照妄念，欲令除滅；除滅妄念已，便以無妄念之覺知心爲眞如，自謂此覺知心即是宗門之無念心體，以此爲悟得宗門正法，便以聖人自居，廣收徒衆，募集資財，建大道場，更欲以如是邪見廣度衆生，謂此破法及大妄語業爲行菩薩行；嗚呼哀哉，愚痴若此。

若無念心體是本來有念，修之而後無念者，則此無念心體是修而後成；若是修而後成者，此是因緣所生；因緣所生者，後必由於因緣散壞而滅；是故定緣散壞時，覺知心又復起念，念起已，此無念心體則壞，如是則非本來常住之心，是故《大乘起信論》云：「如凡夫人，前念不覺、起於煩惱，後念制伏令不更生，此雖名覺，即是不覺。」宗門所證無念心體，非因修之而後無念，是故覺知心起心動念時，祂亦不起念；覺知心入定不起念時，祂仍不起念；本來如是無念，非因修得，方是常住不壞之無念心體。欲通別教宗門，欲證般若者，必須知此，而後可免他人誤導及誤入歧途。至於二者之別別差異，拙著諸書敘述極多，尤以公案拈提爲最，今且從略，勿勞再述。

第三節　宗通之究竟須具四法

大乘別教—唯一佛乘—之宗通究竟，須具四法圓滿，若有一法未能滿足，即非究竟，即非圓教之「究竟即佛」，即非別教之妙覺如來。四法者謂：福德，無量三昧，四種圓寂，一切種智。

福德一法，始自十信凡夫修集資糧，續入十住位再修集之，十行十迴向位賡續修之，初地更以財施法施爲六度萬行之主修，地地增上不斷修集，乃至等覺位中，百劫專修三十二相及無量隨形好，由廣施外財內財而得；若有求者，無不遂其所願，如是廣施百劫滿已，福德方滿。

無量三昧者，以四禪八定爲主要，續修四無量心、五神通、滅盡定，配合無生法忍之道種智而地地增益之；詳如《華嚴經》十地品之所宣示，彼諸三昧無量無數，修證完成者，方能令無生法忍究竟圓滿；所知障之無數隨眠，須於一切所知境中一一證入而後一一斷除故。

四種圓寂者，謂本來自性清淨涅槃，有餘依涅槃，無餘依涅槃，無住處涅槃。前一乃別教七住所證，不共二乘無學；中二者，別教七住有能證之者（如二乘無學及通教無學菩薩迴心者），有至初地二地乃至六地方證者，然皆不取無餘涅槃，故不名證無餘涅槃。佛具足四者，分段生死煩惱障種及與習氣已經斷盡，乃至變易生死異熟果種亦已斷盡，是故雖然永遠不入無餘涅槃，亦名已證無餘涅槃。既證無餘涅槃而不入涅槃境中，利益眾生永無窮盡而不住一切處，故名無住處涅槃，此唯佛得。具此四種圓寂之修證，方名別教妙覺如來，方名圓教究竟即佛。

一切種智者，謂無生法忍之圓滿也。無生法忍是法無我智，法無我智之修證須以菩薩人無我智為依，方能修證。菩薩人無我智與二乘無我智有異有同，同者謂皆現觀蘊處界無我相，異者謂菩薩親證如來藏之本來、自性、清淨、涅槃，依此無我性，現觀蘊處界空相；此乃以如來藏法為根本，方能漸至佛地；通教菩薩若不迴入別教中修證無我如來藏，終不能入別教七住位，解脫果雖同初地六地（慧解脫者同於初地，俱解脫者同於六地），終不能知別教七住位之般若中觀智，何況成佛？

一切種智未成就者，於十地中名為道種智，於七住至十迴向位中名為菩薩人無我智，俱名般若中觀智。六住位中，於般若中觀唯名熏習，不名為證，不能於般若中觀起諸勝解及勝行故，不入勝解行位；所思所言皆依臆想而得故，必為證悟者所破故。

一切種智圓滿成就者，圓滿四智：大圓鏡智、平等性智、妙觀察智、成所作智。

然一切種智之圓滿成就，不得離於無我性如來藏及三界境界而修；一切法界之本體即是如來藏故，一切種智即是了知所有法界之體性故。此諸法界之體性既不離無我如來藏，故證知如來藏而生之智慧，即名法界體性智，此是別教七住位之般若總相智。一切種智之修習圓滿，不得離於三界而修，三界外無法無智故；此智乃依八識心王之體性，於三界九地一切所知境中觀行，方能斷盡所知障中過恒河沙數隨眠，如是方得名爲正遍知覺，圓滿一切種智。

然欲斷盡所知障中過恒河沙數隨眠者，須先證四種圓寂；欲證四種圓寂者，須先具足無量三昧；欲具足無量三昧者，須先具備福德資糧。十信及六住之福德資糧未滿足者，尚不能遇眞善知識，所遇皆是假善知識，不破正法不入歧途已屬萬幸，何況能修能證無量三昧？七住般若總相智之三三昧尚不能得，遑論初地乃至佛地功德？故余雖勸諸人應修集福德，然亦叮寧一切學人：「莫於邪法邪教邪論中護持修福。」不唯無福，反成破法故。以修集福德爲因，成就破法之果，反致障礙佛道之進修，眞乃天下最大之冤屈也。

第四節　宗通之退與不退

拙著諸書散說宗通之退與不退，然因宗通有明心與見性之異，二者之退與不退有異，多有讀者閱之不解，混淆相待，滋生誤會。今將二者之退與不退合說，令讀者易於比對，亦可與拙著諸書比對，方知余言自始至終無差異也。

首述明心（大乘別教眞見道）之退與不退，後敘眼見佛性之退與不退：

明心者謂親觸證無我性之如來藏，並能於一切時地領受自心如來藏之種種體性；時日愈久，體會愈深細，則般若智愈通達。初觸證自心藏識時，名爲眞見道，眞實證得法界體性而生般若中觀智故；後之體驗領受，名爲相見道，增益法界體性之瞭解，能生般若中觀之別相智故，此在七住以上，初地以下。

云何明心之人有退失者？其故有三：第一類人之退失者，咎在未曾親自參究，於意識之變相狀態，未一一觸證體驗了知其虛妄，故我見不斷；後得值遇眞善知識，然善知識未觀察其因緣及福德之具與不具，便爲之明說密意，非令其自行參究。此人先以信受善知識故，認此離見聞覺知之如來藏爲眞實心，既認定已，便獲善知識印證爲悟，乃至委以教職，令其度衆；此即余出道早期所爲者。彼時余即如是任命劉粱二人爲師，委以親教師之職；然彼二師以無親自參究之過程，致令我見不斷，心中始終不肯認定覺知心之虛妄；後時接觸自在居士所派來之連老師，爲彼二人解說月溪之法，改而認同月溪所「悟」之見聞覺知心爲眞心，返墮我見；乃於會中暗地否定我法（彼等至今仍不肯承認當時否定我法之種種事實），於余所印證爲悟者，彼等皆說爲錯悟，暗裡大力鼓吹月溪法師邪見，同修會中人心惶惶，幾欲瓦解崩潰。多位同修再四反應，要求正本清源，余乃蒐集月溪法師著作，宣講《批月集》（後改名爲《正法眼藏—護法集》），縷陳正邪分際，欲救彼等，劉師（住北投關渡）聞余剖析，仍不捨月溪邪見，自云：「我聞老師批判月溪法師之法，身如刀刀臠割。」心中不忍，遂辭親教師職，捨余而去，不肯迴轉。

梁師亦信月溪邪法，於台北台南所教二班課程中，復又頭上安頭，於如來藏之上別立一法，作爲如來藏之根本，猶如畫蛇添足。如是發明自己之創見，冠於我法之上，謂爲更究竟法，與密宗祖師之作爲如出一轍。隨後即有多人前來寒舍，要求澄清法義：余以彼係由余委派，彼若誤導學人，余亦難免共業，乃與故郭理事長諸人同往台南，就其邪見一一辨正澄清，免除共業。梁師亦因此不悅，捨余而去。台南共修處亦因此故關閉，迄未重新開班傳法。

此二師者，因余明告密意，無有體究如來藏之歷程，復因慧力慧根之未足，無能依據經論抉擇，改信月溪邪見，回墮常見外道法中，復取意識心爲眞。由崇拜月溪法師大名氣故，由迷信月溪著作九十六種故（月溪若作文一篇，即算一種著作，故有九十六種），由於迷信當時自在居士名聲遠過於余故。

然究其實，皆因自身慧力不足以抉擇；又缺參究之過程，導致我見復起，退失正道（然退失正道者，往往不承認退失正道，反認爲自己是更上層樓）。此二師退轉之後遺症，至今仍未完全消失；此乃余之過失。由此緣故，痛定思痛，乃誡諸親教師：於上課過程中，不許明說眞如密義，不許引導，不許使機鋒，唯令修學功夫及傳授十八界空、與參禪方法等知見；余亦遵守此一規定。禪三期間復觀各人因緣，緣未熟者亦不勉強助悟，非如第一至第三次禪三共修之人人有獎—至少可以明心。改易之後，退轉之人乃漸減少。

第二類人乃因名師之否定而退轉。有某比丘尼，入此門中修學，參究之歷程太短，悟緣未具，而由某因知悉密意：陳述之眞如既無差錯，遂獲某師印證爲悟。然此比丘尼因指疾故，聞桃園南崁喜饒根登大活佛神通廣大，遂往求治；言及受我會中某師印證為悟，喜饒根登隨予否定，斥比丘尼墮大妄語業，必墮地獄，令其懺悔。比丘尼心生恐懼，乃自否定，不敢承擔。此乃因緣未具，受名師恐嚇而致退轉；然其所悟內容並未喪失，唯因不敢承當故名為退（彼比丘尼指疾，因喜饒根登不能治之，乃攜往大陸求義雲高治療，仍無功而返，未能治癒）。

明心之退轉者，非唯今有，古已有之，如《菩薩瓔珞本業經》佛云：「是人爾時從初一住至第六住中，若修第六般若波羅蜜，正觀現在前，復值諸佛菩薩知識所護故，出到第七住，常住不退。……佛子！若不值善知識者，若一劫二劫乃至十劫，退菩提心；如我初會眾中，有八萬人退。如淨目天子法才、王子舍利弗等，欲入第七住，其中值惡因緣故，退入凡夫不善惡中，不名習種性人。」故說由惡知識因緣故，導致明心宗通者有退。

明心退失之第三種原因，乃是如來藏心之心相微細，迥異六識心之心相明顯，若非自參自悟者，極難信受彼心即是如來藏。復次，此心極為現成，現成至不可思議之地步；若非夙具善根慧力之人，善知識為彼明說已，彼必不信，心生懷疑，不肯承當此心即是真實不壞心。善知識當時多方譬喻解說，並引經典為證，令其信受承當；然若崇拜名師，遇錯悟名師否定者，即告退轉，不肯承認所悟如來藏心為真實心，轉取意識心為真，其般若慧便不能發起，不能以諸經典印證。此乃善根慧根不具足者。

然彼明心退轉之人，若於後時具足福德善根，並能消除性障（不以面子為重），則於不斷探究佛法之過程完成後，必將重拾原有明心時所得之見地，重認以前所否定之如來藏；此時即能真斷我見，常住七住位，永不退失。

若有善根慧力，見道之福德亦已具足者，此人一旦明心，即有能力確認所悟之如來藏；並以經典印證無訛，般若中道智漸漸滋生，日益深細。若遇大名聲之惡知識否定，亦不退轉；故說明心宗通者，若自己肯認無誤，則永不退轉其見地。

見性則不然，純依定力之退與不退，令其見性境界隨之退或不退。

學人若無定力（看話頭之動中定力），假饒聰明伶俐，能參出佛性之密意，亦不能眼見，唯能以六根體會感覺之。若人已具足定力慧力，而未具足見性之福德者，雖已參出佛性密意，仍不能眼見；此人須續修福德，以俟一念相應之時忽然得見。若人已具見性應具之福德，定力慧力亦已具足者，一旦參出佛性密意，當下即得眼見分明。

已經眼見分明之人，得大受用；一見之後，則隨時隨地皆可見之；若不欲見時，亦可唯見外色塵，不見佛性；若欲見時，但起作意，立即可見，不必再作任何加行。又眼見佛性時，餘五根亦皆同時可見；故余諸書中云：「一根若見，六根俱見。」

然此見性之人，若不保持定力，從此放逸散心，則必因定力之漸漸散失而漸漸不見佛性；雖其見性之證悟仍在，終不能再眼見佛性—心不退於見性之證悟與見地，而不能眼見之。見性一法，心不欲退，然因定力之退失，必定導致其見性境界退失—不能再眼見佛性。明心之人若因緣不具足（善根慧力不足，遇惡知識否定），便轉認意識為如來藏，認為如此方是眞正之證悟宗通，而不承認自己退失於明心宗通；然若福慧因緣具足，則永不退失；非如見性之不欲退失，而必隨定力之退失而失其眼見佛性之境界。

見性境界若退失者，只需繼續每日補修動中定力（無相念佛、看話頭等。主要為禮佛中憶佛，保持無相念佛之念不斷，以禮佛之方式凝聚定力），定力漸漸回復時，見性之境界又隨定力而漸漸回復，又可於一切事物上眼見有情自他之佛性。

復次，禪宗公案中，有時說性、說佛性者，乃是說眞如之自性—成佛之性，故不可一概而論。此中關節，必須眞正明心之人，又能眼見佛性已，方能知之；若爲尚未具足二關體驗之人明說，亦悉聞之不解，說之無益，故此略而不述。以上略述明心與見性二種宗通之退與不退差異，以解讀者或疑；若人具此二關證悟而非錯悟者，則於此節所述之理皆無疑惑；此諸敘述，於此人之進修而言，悉無利益，唯述現象故，本來如是故，與修道無關故，唯爲未悟錯悟之人釋疑故。

第五節 宗通與五陰盡

有人寫書說禪，解釋禪宗公案，並謂禪宗之證悟，能令人證得色陰盡乃至識陰盡之境界；此乃未悟凡夫說禪，臆想揣摩所說，不解禪宗祖師證悟之內涵，亦誤解五陰盡之內涵，故有如是標新立異之言，高抬禪宗，所說不實（關於禪宗在佛法中之定位，容於第七章論述）。

五陰盡者，乃是超越十地法王等覺之妙覺如來境界，禪宗之證悟乃是般若慧，無能一悟即入十地佛地，無慧之人方信無慧之言。所以者何？色陰盡者乃是已證空無邊處之三果人境界，受陰盡及想陰盡者乃是俱解脫阿羅漢境界，行陰盡及識陰盡者乃是妙覺如來境界。色陰盡及受想陰盡乃是定解脫之修法，二乘及通教菩薩須具足四禪八定及滅盡定，以及二乘菩提之斷五上分結，而後可至；慧解脫人尚不能至，須待捨壽入涅槃然後得盡，何況禪宗破參之人焉能到之？有慧無定故，三界愛未斷盡故。縱破牢關，成慧解脫，亦猶未到色陰盡乃至想陰盡，未具定故；雖斷三界愛，捨壽能入無餘界，亦未能知三陰盡境界，故不可謂禪宗之證悟能證五陰盡境界；禪宗之證悟明心，唯是證得本來自性清淨涅槃爾。

行陰及識陰盡者，乃是超越十地法王及等覺境界，究竟佛地之境界也。若識陰盡，則異熟識中等流流注已不變易，唯帶舊種，不受新熏法種，已度變易生死，故識陰行陰俱盡；彼時可以六根互用，應化無方，靡不感應；如是方名五陰俱盡。禪宗之證悟，除最後身菩薩及再來菩薩外，初次證悟唯階七住位，雖證大乘無生智，乃至破牢關者證得涅槃智，尚無四禪八定及滅盡定，俱不能證色陰盡境界，云何乃至得證識陰盡境界？無斯理也；識陰盡等，尚須十地等覺妙覺之無生法忍慧，方能證故。學人欲知其詳，請閱《楞嚴經》即知（此經已收編於本會所印《三乘唯識—如來藏系經律彙編》中，請逕向本會郵政信箱郵取；此處因篇幅所限，不克詳述，僅此略表）。若有善知識言禪宗公案之證悟，能證五陰盡境界者，斯人名爲假善知識，乃未悟言悟之人，必墮常見外道中。

第六節　橫出三界與漸出三界─解脫果

數百年來，淨土宗行人有二大病：一者常言：「只要能下品往生極樂，我就很滿足了。我師父也是這樣想、這樣開示，教我們這樣修。」二者常言：「只要生到極樂世界，便出三界輪迴了，這就是橫出三界。你們悟後還要修四禪八定及滅盡定，那是豎出三界，太辛苦了！」此二語云何是大病？分述如左：

下品往生者，依《觀無量壽佛經》之敘述，佛說下品之下生中生上生人者，皆是造作惡業之人所生，生已住於蓮苞之時劫極久（詳拙著《禪淨圓融》分述，此處從略），行者不需欣羨。

僅以中品中生而言，往生極樂後，須於蓮苞中住七天，相當於娑婆世界之七大劫。此七大劫中，聞八功德水尋樹上下，演說苦空無我無常四諦八正六波羅蜜……等。滿七大劫已，熏習法種過程完畢，方得花開見佛，聞受聲聞法，唯證初果；再經極樂之半個大劫後，方成阿羅漢。此是在世之時行世仁義，孝養父母，不破戒法，並曾持八關齋戒者，所往生之狀況。

中品下生者境遇轉劣，不值欣羨。中品中生人於極樂寶池蓮苞中，以七大劫所熏習之知見，我正覺同修會共修者，於二年半中即已熏習完成。中品中生人，七天（七劫）花開見佛所證初果解脫功德，我會同修於禪三期間即因明心而證初果斷三縛結功德，並且得證別教七住位之般若實相中道智，非阿羅漢所知。中品中生者以極樂世界半大劫所證之阿羅漢慧解脫果，我會同修於悟後極精進修者，一生即可斷盡思惑，成慧解脫；若具福慧，乃至一生得入初地二地，非定性二乘無學所知。

余依觀經及聖道門，如是據實陳述，意在勉勵淨宗行者勇發大心，迴向聖道門，而不捨求生極樂之初願，求上品上生；捨下劣心，發勝上心。若能如是，不唯自身得大利益，亦能於現生後世廣益衆生，故不應以下品中品往生為滿足。行者欲知詳情，請閱拙著《禪淨圓融》，其中敘述分明，行者自行比對，即知何所適從，此處從略。

復次，往生極樂之橫出三界及修滅盡定之豎出三界，教界大德多有謬說，謂橫出三界為頓出，豎出三界為漸出，皆是誤解。分述如左：

豎出三界：此謂行者於此娑婆修學四禪八定，於非想非非想定中，取證滅盡定，成俱解脫者，名爲豎出三界。以有此過程故，名爲漸出三界。然此見非正，謂四禪八定乃是定學，與解脫出三界非必有關：禪定與證得三乘菩提者有關—因此能隨時隨地以己意決定捨壽入涅槃；與未證三乘菩提者無關—具足四禪八定已，仍不能取證滅盡定而出三界故，仍不免輪迴。

出三界之智慧名爲盡智（俱解脫者多一智：聲聞無生智），盡智非因禪定得，乃由三乘菩提之見道斷我見，及見道後之修斷思惑得，與禪定無關。出三界者端在斷見思惑而出，非由禪定而出。然四禪八定具足者，由其已伏三界愛故（已伏思惑），故由見道功德即能頓出三界，是俱解脫故，如是方名頓出三界。

若人見道已，續修四禪八定而證滅盡定，成就俱解脫果，依表象言，屬於漸出三界；然依出三界之本質言之，仍是頓出三界。此謂修至非非想處時，仍不能出三界，仍在輪迴凡夫數中，仍是依於見道功德方能於非非想處證滅盡定，而得出三界果。此解脫果乃由盡智而得，非由定得；得盡智之出三界，實由盡智之一念相應慧而出故，乃是頓出，非是漸出，故不可言此土學人修俱解脫果者是漸出三界。

譬如慧解脫四果人，不修四禪八定，不證滅盡定，而亦能出三界；此無學聖人，乃是見道後，進斷思惑而得盡智，境界如同凡夫，無異凡夫，而心得解脫；然無俱解脫者修證四禪八定滅盡定之過程，非是豎出三界，而是頓出三界。試問：俱解脫者之豎出三界，其慧豈劣於慧解脫者之頓出三界耶？而言是漸出三界，無是理也。是故不論俱解脫、慧解脫，皆是因證盡智之際頓出三界，非可謂爲豎出漸出也。四禪八定乃是增上心學故，滅盡定乃是慧學故，不可混爲一譚也。

凡夫每將定學置於慧學之上，謂爲更高之慧，如我會中早期之劉梁二師，信月溪法師向覺知心中深觀之有境界法，以之爲更高於明心慧學之無上法，此是凡夫邪見。定學之至極，無過於非非想處，能現種種神異境界，然不能出三界；盡智無生智無有任何境界，不能示現與人知悉，爲凡夫所賤，而能令人頓出三界生死；故慧學是一切佛法之根本。成佛雖須具足定慧二學，然不因定成佛，乃是因慧成佛，故諸學人莫將定學有境界法、可惑衆法（如入定十天半月，或四禪息脈俱斷境界之示現，令人誤以爲是大修行者，迷惑衆生），置於無境界法慧學之上，以爲是更高之慧學。

橫出三界：常聞淨土宗弘法大德開示：「只要往生極樂，便出三界生死輪迴，名爲橫出三界，一生成辦，遠勝於修聖道門之豎出三界，漸修漸出而無勝算。」此種大德，於法誤解，既未通宗，復未通教，故作如是誤導行人之說。欲辨橫出三界之理，當先明解三界之義；解三界義已，方知極樂世界為三界內？為三界外？

欲界、色界、無色界，合名三界。三界之外，無一法可得，即是無餘涅槃也。無餘涅槃位中，十八界俱滅，無器世間，無六塵，無六根，無六識，方名三界之外；此唯第八識所住「無境界之境界」，非諸有情意根及六識所能住也。淨土行者生西之後，在極樂世界之蓮苞中住，聽聞「八功德水尋澍上下，演說苦空無我無常六波羅蜜……」，乃至其水隨人之意，欲高則高，欲低則低，飲之清涼，除渴除飢；欲食諸物，應念現前，食已隨滅，不須澡洗；……。極樂世界中之未悟凡夫（如中品下生人初離蓮花，七天內未見大士之前）既有如是種種事相，唯無男女淫欲，而有欲界天之飲食，故不應言在三界外。

復次，於此娑婆未修四禪八定者，至彼仍應修之，故淨土三經有言：「或有在空中坐禪者，或有在地坐禪者」，仍須修學四禪八定，仍須修「豎出三界」之法。是知生至極樂已，仍未出三界，未是阿羅漢故。

三者，在極樂世界之三種淨土，境界有異，不可一概而論。下品往生者，在凡聖同居土；中品往生者，在方便有餘土；上品往生者，在實報莊嚴土；三種淨土有異有同。凡聖同居土諸菩薩，乃下劣人往生，具足八識十八界；方便有餘土諸二乘種性人，隨其修證高低差別，或具十二界，或具十八界，未入無餘涅槃故；實報莊嚴土諸菩薩衆，悉具十二界，尚須聞報身彌陀說無生法忍一切種智故，尚須常往十方供養諸佛故，尚須隨緣度化十方世界有情故。如是，此極樂世界三種淨土，既皆未滅盡十八界，即非無餘涅槃；既非無餘涅槃，即非已出三界，皆尚有三界中法故。如是，往生極樂已，仍不可謂已出三界，何況有「橫出」可言？

當知唯有一人「橫出」三界，謂已證解脫果者，此解脫果通三乘無學；捨壽入無餘界，說名出三界，不論為俱解脫抑慧解脫，俱名橫出；如慧脫聖者於欲界中捨壽而出三界，如俱脫聖者於欲界中捨壽而出三界；乃至俱脫聖者未至捨壽時屆，提前入無餘界，皆名橫出，因盡智無生智而頓出故，非因定而斷出三界故。

未捨壽前，證有餘依涅槃，未出三界，方便說已出三界，有力能出故。學人生西已，既尚久住蓮胎，未成無學；乃至已出蓮胎，未成無學前，皆不可謂已出三界也。不可謂：中品中生下生及下品生人，生西之後即是出三界。極樂不在三界外故，往生後尚有必須修證之歷程故，由斯正理，往生極樂之人，唯有中品上生及上品上生人，是橫出三界之人，甫生西已，即成阿羅漢故，即成初地乃至十地無生法忍果故。餘人俱不可謂爲橫出三界也。故我淨土行人，欲橫出三界者，當求中品上生或上品上生；應當不捨往生之願而修聖道門，方能橫出三界。

極樂世界種種境界雖在三界之內，然亦不可因此便謂極樂世界在三界內，當言「非離三界，非即三界」，何以故？有法同於三界故，有法異於三界故。異者謂由彌陀大願，令往生者於彼世界蓮花化生、壽命無盡，不致再入十方世界之三界生死輪迴，唯除未證解脫果而起悲心迴入他方世界受生者。由是故說：極樂世界非三界、非非三界。

第七節　成佛——大菩提果

第六節所說橫出三界與豎出三界，乃依解脫果而言；然菩薩證解脫果已，永不取滅——不入無餘界，繼續持受生願，世世受生於三界六道中，爲成佛道取證大菩提果，而示現有分段生死，狀如三界凡夫。於無量生死之中，修證波羅蜜多，滿足波羅蜜多，方成佛道，此乃大菩提果，亦名佛菩提；必須依自心藏識之修行而生般若慧之總相智、別相智、一切種智，方能圓成究竟佛果故。

佛菩提智波羅蜜多，有三差別：一者遠波羅蜜多，二者近波羅蜜多，三者大波羅蜜多。

遠波羅蜜多者，謂初無數劫：初住修施、二住修戒、三住修忍、四住修進、五住修定、六住修慧，此六住位中乃外門修六度萬行，不於般若起勝解勝行故。七住已證般若根本無分別智，此起能於六度起諸勝解與勝行，開始轉入內門修菩薩行：十住位前熏習種智，十行位中熏習聖性、修除異生性，十迴向位中發起修十地行之道性。如是三賢位滿，將入初地，名爲遠波羅蜜多；謂此無數劫中，菩薩之六度勢力仍弱，常被煩惱所轉，未能伏諸煩惱，雖因眞見道故有波羅蜜多功德，而成佛仍遙，故名爲遠。

近波羅蜜多者，謂次無數劫：初地起增上意樂，修無生法忍；二地起清淨心，修持增上戒學；三地於一切境生忍，而修增上心學；四地起大誓願，方便進趣，勸化衆生；五地依增上心學，起無厭倦任持心，起六通成滿任持心，起成辦利樂有情心；六地圓成生空無分別慧、法空無分別慧、俱空無分別慧；七地起修「以諸善根迴向菩提方便善巧」，亦修「演說六度拔濟衆生方便善巧」。此七地行，各地皆有所應修學無生法忍；然此七地修道第二無數劫中，六度勢力漸增，伏諸煩惱令永不現，唯除故意現行—爲摧滅邪說救護衆生故；此七地中，次第漸近佛究竟覺，故名近波羅蜜多。

大波羅蜜多者，謂末無數劫：八地修習求菩提願—求佛菩提，故發受生願及修法願，不入無餘界；修習利樂有情願，故發正願大願；是名願波羅蜜。九地專修思擇力及修習總持力，成就四無礙智，得大力用，是名力波羅蜜。十地修受用法樂智及成熟有情智，成就大法智雲及法雲功德，是名智波羅蜜。此三地中修習無生法忍，六度勢力增盛，畢竟伏斷一切煩惱，永不現行，將成佛道，故名大波羅蜜多。

三無數劫中，雖有各各主修項目，於餘諸度亦隨分修，非不修習。然皆各有無生忍（大乘人無我智）及無生法忍（法無我智）應修。如是人無我智及法無我智，不共二乘及通教菩薩，以如來藏八識心王爲根本故，是一切種智故，唯有修此方得入別教位中次第成佛故，故名佛菩提。非謂能出三界者即名爲佛，出三界者唯斷分段生死，證解脫果；欲成佛果尚須證佛菩提，方能斷盡變易生死，究竟成佛；此須依八識心王之親證，進修種智，方能次第成佛故，名爲佛菩提。阿羅漢不證佛菩提，故不名佛；佛亦證解脫果，故亦得名阿羅漢；如是正理，大乘學人不可不知也。

第七章　各宗地位略判

第一節　律宗在佛法中之定位

律宗以毗奈耶為本，宗律藏，故名律宗。其所分派，及分派後所宗律藏經論之互異等，皆略不論。此宗亦自有其教判，此亦不論。

律有三義：毗尼、尸羅、波羅提木叉。毗尼者，中土言律，言法，言分。律者律身口意，法者據以判定戒罪之持犯與輕重開遮，分者分際及身分也。

尸羅，華言名戒，謂戒身口諸行，警策意行，令學人離過防非。

波羅提木叉，華言別解脫；謂有別於聲聞戒之別設戒法，能令行人達到解脫境，乃是菩薩戒也。此為聲聞人說，從大乘法以觀，菩薩戒則為正解脫戒。但律宗將菩薩戒定義為別解脫戒，違背如來菩薩戒屬正解脫戒的定義，並非恰當；此因聲聞涅槃是別解脫，正解脫則是成佛，但唯有菩薩戒能令人依止成佛故。

此宗建立止持戒與作持戒，止持戒復立通戒與別戒，此皆非屬本書所欲論述者。乃至此宗之行果，亦非本書之所欲論者。此謂律宗之法，本應遍在佛門一切宗派內，不應單獨立派。唯持律，不成二乘菩提故；唯持波羅提木叉，亦不成佛菩提故，不得四智圓明故，乃至不得般若中觀總相智故。由是故說此宗不應獨立一派，應分入一切佛門道場中，是一切佛門學人所應遵循者故。

戒律是一切佛教大小道場皆應奉行者，無有不持淨戒而證解脫果與佛菩提者。若人毀犯淨戒，尚不能保住來世人身，何況能證解脫果及佛菩提果？

如《菩薩瓔珞本業經》中，世尊曾告誡：菩薩十重戒應當嚴持不犯，盡未來際，永不棄捨；若不持此無盡戒，不得成佛。復云：若犯十重戒者，所修三賢十地果證，來世皆失，亦失於戒體。

亦如《大般涅槃經》卷七，佛云：「有犯四波羅夷乃至微細突吉羅等，應當苦治衆生。若不護持禁戒，云何當得見於佛性？一切衆生雖有佛性，要因持戒然後乃見；因見佛性，得成阿耨多羅三藐三菩提。」

若人熏習佛法以來，時劫尚近；於第一義法之修證，福德未足；復因慧根淺薄，不能信受及檢擇，於善知識處得證悟已，心生驚疑，捨之而去。此人若能嚴持淨戒，心雖有疑，不敢便謗，乃至不敢毀破其法，則尚可保來世人身，繼續熏修第一義，修集福德資糧；此世之悟而復退，亦可於來世助益其見道不退；若不持淨戒，輒便誹謗，乃至毀破其法，則犯十重戒，成波羅夷（斷頭）罪，三賢十地所修證果位，一切皆失，成地獄罪。來世人身尚且不保，何況三賢十地果證及與智慧？淨戒之重要者，其故在此，應遍一切佛門道場一切學人，普皆受持不犯，不應別立宗派。故應回歸唯一佛乘之全面修證。

第二節　天台宗在佛法中之定位

天台宗亦名法華宗，以《妙法蓮華經》爲根據，而判世尊一代佛法之五時三教。此宗判定世尊一代教法分爲五時：一者華嚴時，二者阿含時，三者方等時，四者般若時，五者法華及涅槃時。略述如下：

一者華嚴時：如來於菩提伽耶道場樹下始成正覺，於二十一日內，對諸大菩薩眾及人間根熟之眾，宣說圓教及別教之法，即是《大方廣佛華嚴經》，以別教菩薩及佛之自證聖智境界爲主。

二者阿含時：二十一日宣說華嚴已，至鹿野苑度五比丘；由此地起始，以十二年時間，說三藏教四阿含諸經。於四阿含中，隱覆密意而說大乘，所偏顯者爲二乘菩提之解脫果，誘引畏生死苦之小根者入於佛法。

三者方等時：於阿含後，八年宣說楞伽、勝鬘、金光明、思益、維摩、楞嚴等經，宣示藏通別圓四教。

四者般若時：以二十二年宣說大般若經，開示別教圓教及通教，通會一切法爲大乘法，皆歸般若慧。

五者法華及涅槃時：最後八年之二處三會說法華經，闡圓教之理，暢演唯一佛乘正義，會五時三教爲一佛乘。復以最後一晝夜，申述眞如與佛性非一非異之理，令知佛地斷盡變易生死及眼見佛性之「常樂我淨」正理，成大涅槃—具足四種圓寂。

然此分時，三四混亂，應互移位，以般若爲第三時，以方等爲第四時；般若乃總相智及別相智，方等乃別相智中之種智故；般若諸經，乃七住至十迴向位所修證者故；方等諸經，乃十地所修證之種智故。

阿含時教，以四阿含爲經藏，以毘尼爲律藏，以阿毘曇爲論藏，名爲三藏教；所說以二乘菩提爲主，偏顯解脫道；般若及唯識種智正理，則於阿含經中以密意而說。菩薩亦須修解脫道，斷見思二惑之內涵無異，故阿含通別教。菩薩若未親證藏識，純依三藏教而斷見思惑，不入涅槃，常住世間，即名通教菩薩，所修所斷所證者，同於二乘三藏教故；由是故說四阿含亦通教所攝。

天台宗之《法華玄義、法華文句、摩訶止觀》所述，雖然玄妙，然悉依教而解。所謂天台教觀，圓融三諦，一念三千……等，俱有謬失；乃至無情亦有佛性者，非正知見，實非可取。皆因未親實證法界根源如來藏心，故有謬誤。惟其止觀禪定事修之法，於三地菩薩修習增上心學者，得受其益；若論般若，不入別教七住，不入圓教相似即佛位。故天台宗不應立宗，應隸屬一切佛教道場教門之內；並修正其五時判教之三與四時，令諸學人知其義理。

此謂般若教法乃是別教法門，方等唯識經典亦是別教法門，而總相、別相、種智，有異有同，有淺深廣狹之異，不可顛倒也。是故天台不應立宗，應回歸唯一佛乘之全面修證。

第三節　密宗在佛法中之定位

密者謂身密、口密、法密。身密者，如諸佛法身，自受用法性身，他受用法身，應化身等；亦如九地菩薩三種意生身，八地菩薩二種意生身，三地菩薩無漏妙定意生身，是名身密。法密者，如二乘菩提、通教菩提之解脫教法；亦如別教所證佛菩提之教法，乃至究竟地之諸佛自覺自證聖智密意，是名法密。口密者，謂以眞言起用；以種種密咒，成辦種種世間有爲法事，未學者所不能知，故言口密；亦如佛語種種密意，非未悟之人所知，亦名口密。

密宗以口密中之眞言立宗，故名密宗，亦名眞言宗。雖亦自稱能知能證佛語眞意，然實錯會，故其本質爲持唸眞言，求有爲法之宗教，以眞言立宗之祕密教派。至於覺囊巴，並非密宗初始即有之教派，法道亦異紅白黃花四大派，復已被滅，法道失傳，不屬於此節所論之密宗，略而不述。

密宗爲天竺最晚期之「佛教」。相傳世尊滅度後七百年時，有龍猛菩薩（應非龍樹菩薩。龍樹乃證悟之初地菩薩，法道迥異密宗歷代諸祖，不可能同流）開鐵塔，禮拜金剛薩埵，受學胎藏界及金剛界二大部法門，展轉傳入中土及西藏。所奉經典主要有三大部：大日經（即大毘盧遮那成佛神變加持經）、蘇悉地經、金剛頂經。

本書本節中，對於密宗內之教判、教相、體大、四曼之相大、三密之用大、以及此宗之行果、四種法身、五智等，皆不論述（謬誤極多，篇幅所限故不論述）；單從此宗根本依止之三大部經及即身成佛觀點，評論此土現實存在弘傳之密宗，及身口法三密，此二者在佛法中之定位。

此世界現實存在弘傳之密宗，分為東密與西密。東密為唐時日僧空海渡海來華，隨從慧果上師受法，回日弘傳至今，名為東密，由於近代已經式微，故類似神教信仰。西密即今藏密，其傳入西藏之歷史，如西藏密教史所載，今不敘之；西密有四大派：寧瑪，薩迦，格魯，噶舉；俗稱紅教花教黃教白教。此四大派勢力，控制全部藏地；自達賴喇嘛出亡印度後，教法即向世界各地擴散。近年顯宗有部份名師法師由於無力修證佛道，遂向密宗攀緣，欲藉密宗虛假之崇高名望，拉抬自己聲勢；復有陳履安居士，大力吹捧密宗；由此二緣，密宗法王仁波切之來台弘法（化緣勸募）者，絡繹於途，擾攘不斷，法會極多；故近年寶島密宗聲勢如日中天，達於頂點。東密則仍侷限於日本，無力擴張；故今密宗實以藏密為代表者。

然觀西藏密宗所弘傳法，及歷代祖師所著密續，悉皆言不及義（拙火、氣功、求甘露、雙身修法…等，且暫不論），口說「無上密、心中心法」，實則皆墮常見外道意識心中；口說「即身成佛、果位修法」，實則皆未曾入三乘見道之一。西密之所以至此者，肇因於初始已邪；此謂龍猛開南天鐵塔所得胎藏界《大日經》，及金剛界之《金剛頂經》，經文非佛所說，亦非初地菩薩所說，乃至亦非七住證悟菩薩所說，違第一義諦故，不到第一義諦故。

譬如《大日經》卷一，以諸法空爲離斷常，非以空性實相心阿賴耶爲離斷常之中道；復以緣起性空而解心之空性，非以實相心阿賴耶識爲空性；復以覺知心淨除妄想，即名成就最正覺，如偈云：「法離於分別，及一切妄想；若淨除妄想，心思諸起作，我成最正覺，究竟如虛空。」同於《楞嚴經》所斥之外道五現涅槃邪見。卷一之末，復以「一切空」邪見，作爲正覺之境界，如偈云：「佛說一切空，正覺之等持，三昧證知心，非從異緣得。」嚴重誤會般若空性。

卷三復言意（末那）能多所分別，心（眞如）能分辨白黃赤等，「如偈云：諸有所分別，悉皆從意生；分辨白黃赤，是等從心起。決定心歡喜，說名內心處，眞言住斯位，能授廣大果。」此即錯認意識覺知心爲眞如也。

隨即以此覺知心住於清明境中觀照不動，清醒明淨，名爲證得大圓鏡智，如偈云：「而以觀心處，當心現等引，無垢妙淨清，圓鏡常現前；如是眞實心，古佛所宣說。」正墮常見外道見中，尚非聲聞菩提之見道，何況大乘菩提第一義智？阿含聲聞菩提中，說此心爲意識界故，是初果所斷我見之我故。

卷五中，「大日如來」復教令觀想阿字遍身支分，而後言：「今說所分布，佛子一心聽：以心而作心，餘以布支分，一切如是作，即同於我體，安住瑜伽座，尋念諸如來；若於此教法，解斯廣大智，正覺大功德，說爲阿闍黎，是即爲如來，亦即名爲佛。」如是名爲成佛，實乃名字即佛，猶未是觀行即佛也，非是正觀行故。

卷六中復言空性心不可得，復以覺知心息滅妄想分別，修成清淨菩提心，謂爲已證菩提；如說護摩偈云：「眼耳鼻舌身，及與語意業，皆悉從心起，依止於心王。眼等分別生，及色等境界，智慧未生障，風燥火能滅。燒除妄分別，成淨菩提心，此名內護摩，爲諸菩薩說。」謂燒除覺知心之妄想分別性已，即轉變成清淨菩提心，名爲內護摩。

此《大日經》之出現，晚於《金剛頂經》；如《大日經》卷七偈言：「金剛頂經說，觀世蓮花眼，即同一切佛，無盡莊嚴身；或以世導師，諸法自在者，隨取一名號，作本性加持。」由是可知此經乃由《金剛頂經》發展而來。

復探《金剛頂經》；此經全名《金剛頂一切如來眞實攝大乘現證大教王經》。此經有二譯，大正藏中編爲第八六五經、八七四經。復有類似之三經：《第八八二經：佛說一切如來眞實攝大乘現證三昧大教王經。第八八五經：佛說一切如來金剛三業最上祕密大教王經。第八八七經：佛說無二平等最上瑜伽大教王經》，內容大同小異。

茲以最普遍流傳之第八六五經爲本，略引論之：《金剛頂經》卷上，說觀想自心如月輪，以是月輪爲菩提心；復觀月輪中有金剛，即以之爲「一切如來普賢心金剛」，如是行者即名「一切義成」大菩薩；復觀想見自身受一切如來灌頂，即見自身爲如來身，如是即名「金剛界大菩薩現證自身如來」，名爲現證菩提。此時復觀想見一切如來入此菩薩金剛中，此菩薩即因此成究竟佛。而後說種種變化等；卷中所說亦皆如是。然此名爲凡夫鬼神妄想，無關佛法；如是成佛，尚不能知別教七住菩薩般若總相智，猶在凡夫位中，有何可羨？乃竟生慢，輕鄙顯教之實證般若者，狂妄無比。復於卷下狂言：「世尊！復有住正法有情，爲一切衆生求一切如來戒定慧最勝悉地方便佛菩提故，久修禪定解脫地等，勞倦彼等。入此金剛界大曼陀羅，才入已，一切如來果尚不難，何況餘悉地類？」

云何謂爲狂言？此說如是觀想等境界，悉名凡夫及外道妄想所成，實非金剛界法，與般若及佛菩提無關。如是成就佛果，尚不能揣測我會中之初破參者般若慧，何況能知三賢位之般若別相智及地上道種智？乃竟輕鄙顯教中諸菩薩按部就班所修所證菩提禪定功德，無有是處。

經末復言：「由此眞言，設作無間罪、謗一切如來及方廣大乘正法一切惡作，尚得成就一切如來印者，由金剛薩埵堅固體故，現生速疾隨樂得一切最勝成就，乃至獲得如來最勝悉地。」由斯語故，令諸密宗法王仁波切活佛等，敢於恣意誹謗釋迦及正法，令正法漸壞漸滅，令密宗邪知邪見邪法漸盛，終至取而代之，代表佛法；密宗法道至此已同印度教，漸被印度教統一，世尊正法遂滅；天竺之法滅，實肇因於此。

而《大日經》所說作手印、持眞言，即能令人斷除俱生身見者，無有是處；斷俱生身見乃阿羅漢之解脫果，必須依蘊處界作思惟現觀，方可成就，非由「作印、持明」所能成功；故此經絕非佛法，乃是妄想邪見。

此二經中復說種種幻化之法，謂爲佛法，然皆無關佛菩提智；佛菩提智依八識心王而生故，此二經所說無關八識心王般若慧故，一切佛子修習佛菩提者悉應遠離故。

今此二經中唆使佛子學之，誇言其勝妙，配之以佛法名相，誤導初機學人入於歧途，其過大焉。

至於《蘇悉地經》所說，皆是鬼神手印持咒求有為等法，無關佛法。《一切如來眞實攝大乘現證三昧大教王經》（第八八二經），乃至教授「祕密印智」—與異性弟子合修之性愛雙身修法，以身中樂觸奉獻於佛，名為得金剛寶；以身中淫觸之樂供養於佛，謂之為金剛業；如偈云：「彼一切身悉和合，自然妙樂成供養，以此奉獻速能獲，金剛薩埵等無異。眞實妙愛相應故，隨應所向樂觸生，以此奉獻於諸佛，得金剛寶等無異。堅固喜樂常相續（令堅挺及樂觸不斷），隨觸隨應勝樂生，以此奉獻於諸佛，得金剛法等無異。金剛蓮華（女性私處）杵（男性私處）相合，相應妙樂遍一切，以此奉獻作供養，得金剛業等無異。」此勿細述，行者自惟可知。

卷十一復授無上瑜伽修法—祕密忿怒印智。偈云：「一切身分皆相合，吽字相應依法用，蓮華金剛杵相合，所欲破者壞其命。唇齒相合依法用，吽字相應法中攝，蓮華金剛杵相合，如應所應皆相向。若依吽字相應法，彼獲樂受現滋澤，蓮華金剛杵相合，即得苦樂二平等。若依吽字相應法，一切身分相逼附，蓮華金剛杵合時，彼諸身分亦相合。」如是首足身分悉相合已，於樂觸中持咒作觀：首四句之心咒為：吽惡。

次四句爲吽嗡，第三四句心咒爲吽呼，末四句心咒爲吽欨。如是修已，「金剛界法相應故，念佛三昧得成就，若爲有情利益故，如應決定得成佛。」如是之法，名爲金剛界法，名爲念佛三昧成就，何其淫穢荒唐？密宗「經典」偏邪至此，欲求密宗法師之不授邪見邪法者實難，欲求密宗學人不墮貪淫及邪見者更難。如是密宗，名爲狂密妄想，應於佛法中立宗乎？有智佛子，宜共思之！

至於眞密，非如現今密宗之眞言密，乃是本節初始所言之身密口密法密等，應分屬於三乘菩提之各階段分證者所證境界中，不應單獨立宗；若離三乘菩提各階段之分證境界，即無密證可言故；故不應立密宗，應回歸唯一佛乘之全面修證。

第四節　三論宗在佛法中之定位

三論宗以《中論、十二門論、百論》建立宗門意旨，故名三論宗。此三大論，皆以般若空性實相心爲主旨，故又名般若宗。此外，此宗三論之空性義，乃是宣示如來藏空性，然因此宗學者少有得證如來藏空性者，未親證知而生誤會，乃以一切法空爲此宗之空義；他宗他派未悟之人亦復如是不解三論眞義，誤以一切法空爲三論之主旨；於是宗內宗外一切凡俗，皆謂三論宗爲大乘空宗。

佛滅度後約七百年許，龍樹菩薩依大般若經，造《無畏論》，總有十萬偈，宣示藏識空性法門。後由此論中拈出八不之頌，依中道涅槃智證修斷……等門，分析辨正，成立百偈，建立二十七種觀門，宣示八不中道正理，即是《中論》。後復擇《中論》之精要，合成十二種略觀法門，宣示藏識般若中道，即是《十二門論》。後有弟子提婆論師，紹繼師業，造《百論》二卷，以十品論破斥外道，一一品各有十論，故名百論。

此宗之法本來正眞，然三傳至天竺智光論師時，判教即生錯誤。如《華嚴經探玄記》所載，智光論師以般若經爲究竟義，立三時教：初時心境俱有《阿含經》法也，唯攝二乘根性；次時境空心有，《解深密經》法也，通攝大小二乘根機；末時心境俱空，《般若經》法也，唯攝菩薩根性。

然此判教非實。三乘佛法悉依有情自心藏識而說，阿含時偏顯蘊處界空，主證解脫果，然非未說第八識空性心；隱覆密義而宣示故。般若時偏顯涅槃非是斷滅空，偏顯藏識空性心之空性—無我性，偏顯空性心之中道性—非一切法空之斷滅空；所述唯在對治未悟二乘菩提之二乘凡夫，聲聞初果親觀十八界空已，不墮「涅槃是一切法空」之邪見故，曾聞佛與大阿羅漢宣示涅槃有本際不滅故；般若時主說藏識中道空性之性，唯在般若總相智與別相智，尚未述及能令佛子成究竟佛之般若種智。為令佛子證般若空性心者能入初地乃至佛地，故說《解深密經》等種智法門，《楞伽經》亦此時攝也。後時中國玄奘大師所判，方是正判，如余無異。至於三論之正義，容俟未來我會諸師另行註解；此處限於篇幅，不另疏解。

此宗學說式微已久，傳至今日，益生淆訛，多墮大乘惡取空中，反責他人證悟藏識空性為自性見、為外道神我。略舉一二如左：

印順法師誤會三論宗般若空性義為一切法空，認同智光論師以後已經偏差之後期空宗論典（主要為應成派中觀見），更抱怨玄奘三藏法師不予翻譯：「後期佛教的空宗論典，是我們所欠缺的，但不是沒有翻譯的機會，這不得不要怪玄奘師資了！」（《華雨集—四》之《法海探珍》八七頁）又云：「後起的空宗，是藏文佛學的驕傲！不但論典多，派別多，且受了時代的影響，所以還是非常精嚴的。」（同書八八、八九頁）

然而印順法師迷於密宗之空宗，為應成派中觀所惑。唐玄奘大師之修為，至少是三地之入地心，何有不知應成中觀之墮處者？直以應成中觀之見邪謬，否定七識及八識，已為玄奘大師於《成唯識論》中廣破；既造論廣破之，焉有可能認同？而復翻譯廣弘之？無斯理也！印老不解，翻責玄奘之未譯，翻以應成中觀凡夫邪見為空宗眞義，名為顚倒邪見。

印老主張一切法緣起性空，否定涅槃本際第八識而說緣起性空，非依涅槃本際說一切法空，本質是斷滅論者，並主張「大乘經多明一切法空」（《華雨集－四》六九頁），「初期大乘是一切皆空說」（華雨集－四》七頁）。又誤會《解深密經》說第二時教為一切法空（《華雨集－四》八二頁）。

印老主張般若經所說為「甚深之一切法空」：「說到大乘空義，很自然的想到了《般若經》與龍樹論。《般若經》與龍樹論，公認為著重於空義的闡揚，以一切法空為究竟的。」（《空之探究》頁一三七）又云：「⋯如《般若經》所說的一切法空，就充分表示了這一特色。那末，《般若經》所說的一切法空，到底表示了什麼內容呢？⋯」（頁一四三）

然而《般若經》及龍樹之論，皆非闡釋一切法空，乃是宣示自心藏識之空性有性及中道性，宣示藏識能生蘊處界而蘊處界空，宣示藏識之清淨性—不於證果與不證果起分別想……等；非如印順法師之誤解般若爲一切法空。

若般若爲一切法空，則般若成斷見；若執一切法空爲般若，後執此般若爲實有，則如人見牛有角，起兔無角想，後執兔無角法爲不可破壞之眞理，則墮戲論，無關第一義般若故，般若第一義所說乃是有情生命之本源故。未悟凡夫不知不證般若，妄謂般若所說爲一切法空，墮於斷見及兔無角戲論中，不入佛法，不名宗通。

般若非說一切法空，於《增一阿含經》中已說端倪。如文殊菩薩爲令大衆知佛法非是斷滅空，故意於佛前顚倒說，謂一切法空；由央掘魔羅演示第一義諦：

譬如有愚夫，見雹生妄想，謂是琉璃珠，取已執持歸，
置之瓶器中，守護如真寶；不久悉融消，空想默然住，
於餘真琉璃，亦復作空想。
文殊亦如是，修習極空寂，常作空思惟，破壞一切法；
解脫實不空，而作極空想，猶如見雹消，濫壞餘真實；
汝今亦如是，濫起極空想，見於空法已，不空亦謂空。

有異法是空，有異法不空：

一切諸煩惱，譬如彼雨雹，一切不善壞，猶如雹融消；
如真琉璃寶，謂如來常住，如真琉璃寶，謂是佛解脫。
虛空色是佛，非色是二乘；解脫色是佛，非色是二乘；
云何極空相，而言真解脫？文殊宜諦思，莫不分別想。
譬如空聚落，川竭瓶無水，非無彼諸器，中虛故名空；
如來真解脫，不空亦如是，出離一切過，故說解脫空。
如來實不空，離一切煩惱、及諸天人陰，是故說名空。

語譯如下：譬如有愚痴凡夫，見天降冰雹而生虛妄想，說冰雹是琉璃珠，便執取冰雹回家，放置於瓶子陶器中，謹愼看守如護眞寶；不久之後全部融解消失，這愚夫不知是何道理令琉璃珠消失，於彼空作妄想默然而住，由此緣故於其餘眞正琉璃珠，亦以爲會融消變空。

你文殊也像這愚人，修習極空寂之法，常於一切法作空無之思惟，因此破壞一切法之法性；解脫其實不是斷滅空，而你卻作極空之想，好像愚人見冰雹融消了，思想混濫便以爲其餘眞琉璃珠也不眞實；你如今也像那愚人，浮濫的生起一切法空之極空究竟空妄想，見到了蘊處界空法以後，那不空的本際你也說是空。

有另一個法是空，有另一個法不空：所謂空的法是說，一切諸煩惱，好像那如雨般降下的冰雹，一切不善煩惱悉皆毀壞，好比冰雹融消一樣；所謂不空是猶如眞的琉璃寶——是說如來常住不滅，猶如眞琉璃寶——是說佛的解脫。

有色法如虛空一般示現化身，是佛境界；滅除一切色法，是二乘境界；解脫之色是佛境界（藉無漏有爲法利益有情永無窮盡），滅一切色法是二乘境界（入無餘涅槃永取寂滅）；云何一切斷滅之極空相（一切法空）而可說是眞正的解脫？文殊你應當詳細正確的思惟，不可不於此理作分別想。

譬如已經人去樓空的村莊、枯竭的河川、瓶中無水，並非沒有了村莊河川瓶子，由於其中已經虛無了，所以說是空；如來的眞實解脫不是斷滅空的道理也像這樣，是由於出離一切過失，所以說之爲解脫空。

如來眞實不是斷滅空，遠離一切煩惱及諸天諸人五陰四陰，由此緣故說名爲空。

以上《增一阿含經》之偈，謂二乘人滅諸煩惱已，令本際住無餘涅槃，蘊處界俱滅，十八界滅盡無餘，故說：「非色是二乘」；然諸佛滅盡煩惱已，復滅盡所知障隨眠，識種永無變易，卻不令本際住無餘涅槃，而入無住處涅槃——不住生死亦不入涅槃——盡未來際以無漏有為法利樂有情，常有化現色相住於三界利益有情，名為虛空色、解脫色。猶如村落人去樓空，河川枯竭，瓶中無水，不可謂為一切皆空；仍有村落枯河乾瓶，而以人空水空說名為空。涅槃亦如是，真心本際中之煩惱種斷盡，故滅蘊處界，不生後有，說名為空，非謂真心本際亦斷滅不存。亦不可因見二乘滅盡十八界，成十八界空，而謂佛亦斷滅十八界成為空相，謂為一切法空；如來永不入滅故，常依無住處涅槃利樂有情無盡時故，常有虛空色解脫色隨緣應赴故。《大般若經》六百卷、中品小品般若及《金剛經、心經》所說，莫非此理；龍樹之《中論、十二門論》亦復如是，依如來藏空性心而說其中道性，如是方名般若，是法界實相故；非以一切法空為般若，一切法空非是法界實相故，是斷滅見故。若執一切法空是般若、是究竟理，而否定真心本際者，則墮無因論及兔無角戲論中，不可取法也。

如是，印順法師錯會般若為一切法空，否定本際第八識，墮無因論中，即成斷見論，雖然堅稱自己所說是般若中道，其實是建立見及誹謗見（詳拙著《楞伽經詳解》第

二、三、四輯分述），佛於《大乘入楞伽經》卷七中，曾如是斥責印老此一類邪見：

有物無因生，妄謂離斷常，亦謂離有無，妄計爲中道。

妄計無因論，無因是斷見；不了外物故，壞滅於中道。

恐墮於斷見，不捨所執法；以建立誹謗，妄說爲中道。

不意印順法師如是聰明，仍墮佛所預破之無因論中，否定藏識因，成誹謗見；又恐人責彼爲斷見，復建立意識細心不壞，爲生死輪迴之三世前後連結者，又成建立見；以如是誹謗見及建立見，妄說緣起性空之法實有不壞、是究竟義；不知緣起性空之法依蘊處界有，蘊處界法暫有非實，析之亦空，故緣起性空之法隨之亦空，非有實法不壞，依「蘊處界有」而有。猶如兔無角法依牛有角法而有，牛角析之至再，終歸於無，則兔無角法亦隨之無，焉可謂「牛角非實，兔無角實有」？此理不通。故外於如來藏而有之「緣起性空、一切法空」皆非實法，無常及假有之法焉可名爲中道般若？無關法界實相故，無關第一義眞理故，觀待於蘊處界不實法而有故。

如是，三論宗內，自古至今皆有未悟凡夫，以情解思惟臆度揣測，妄謂甚深般若爲一切法空、爲一切法緣起性空，不知一切法之法性乃依藏識而有，不知般若諸經所說乃是藏識之雙具有性與空性，不知涅槃本際之中道義；如是教相教派之三論宗，焉能於佛法中有其地位？應速回歸般若諸經所述眞心本際之中道義，方名眞正般若。然欲證解如是般若，須先實證眞心本際；由眞心本際極難親證故，般若極難證解，故說般若甚深，非凡愚所知。

復次，三論宗徒修習唯識學者極多，密宗應成派中觀師少有不修習唯識學者；然此宗人既先預設立場否定藏識，即不能證解眞實唯識門，唯能稍解虛妄唯識門，則不能實證中觀眞義，亦於唯識種智生諸誤解，不名宗通。如此宗人常引唯識種智所說三無性語，誤會三無性義故，誹謗種智所說三自性爲不了義法、爲實無三自性，妄謂三自性乃是名言施設。當知三無性者，乃爲諸已證三自性者，欲令其實證有餘涅槃，故云三無性，乃依藏識自住境界而說，非無三自性也。

若無三自性，則無依他起性；無依他起性，則無蘊處界，其誰修證三無性？若無遍計執性，尚無無明業愛種子，則亦必無此世身心，其誰修證三無性？若無圓成實性，則無依他起性與遍計執性，尚無此世蘊處界，誰於依他起性上修除遍計執性而成就解脫果？若無眞心本際之圓成實性，尚不能有三界有情身心，其誰修學般若中觀唯識種智成就佛菩提果？是故《成唯識論》卷九云：「三頌總顯諸契經中，說無性言非極了義，諸有智者不應依之總撥諸法都無自性。」唯有爲諸已經如實親證三自性者，方爲咐囑「三性三無性」；未實證三自性者，當自戮力實證三自性，證已方能眞知三無性義。欲證三自性者，不得否定自心藏識，自心藏識即是三自性中之圓成實性故。

中觀學者當知：中觀般若層別有三，一者總相智，大乘別教眞見道七住菩薩之明心智慧也；二者別相智，悟後依善知識，或自有能力依《般若經》熏習別相智，此乃三賢位至初地入地心之通達位般若中觀也；三者地後菩薩所修般若種智，至究竟佛位圓滿種智，方成究竟般若中觀。般若中觀之總相智、別相智、種智，悉依藏識別別階位之修證智慧而建立，不可離於藏識、否定藏識，而有般若中觀之可證也。

未證藏識者不明般若正義，不明般若者不能證解三自性，則不能證解三無性正義；如是類人若學唯識，則不能證解眞實唯識門之種智般若，必墮空無，必墮虛妄唯識門之法相中，起諸戲論；亦必墮入無因論中，執兔無角法（一切法空）爲眞實不壞法，以此邪見爲般若。

中觀學者若學唯識之理，必須謹記今人日慧法師之語：「唯識宗義，西藏之作，純粹爲虛相派之古學。…然玄奘所傳護法戒賢的實相今學，漢譯大藏經中，蘊藏資料相當豐富，要當別加研究，出其體要，析其精義以顯揚之，才有意義、有價值。」

（《四部宗義略論講釋》序文）

日慧法師又云：「今有人自稱我證某果，我登某地；據我觀察，大妄語自欺欺人則有之，證果登地則無其事。何以故？所言所行非佛法故。凡夫不能說佛正法、行聖正行，本是平常事，無可厚非；若是說開了悟、證了果、登了地，仍不能說正法、行正行，除了自欺欺人而外，是沒有道理可說的。正信佛教徒宜愼聽謊言，應察其人之言、觀其人之行，勿爲異端邪說怪力亂神所誤是幸！」

今觀台海兩岸佛教界，常有大名聲之法師居士，自謂證果開悟，睽其所著諸書及開示般若，卻墮意識心中，未破十八界我見，尙處凡夫位中。亦有密宗法王居士自謂證悟，已入初地，而其著作開示悉墮意識之中，尙不能於般若總相及別相智起少分勝解及勝行，何況能述能知般若之種智？於般若之種智渾無所知，而自稱初地聖人，除了自欺欺人之外，無有實證本質；何況異端邪說怪力亂神之密宗法王活佛等輩，焉可輕信？

般若宗之學者，若欲親證般若，欲於般若中觀正義中起勝解勝行者，莫信印順達賴所宗之應成派中觀邪見，莫誹謗藏識；藏識之性即是般若中觀正義故。若證此空性心，即能於般若中觀起諸勝解及與勝行；亦能漸次入證初地之道種智，證初地無生法忍；由初破參乃至初地，俱名宗通。

由二轉法輪《般若經》旨，及龍樹菩薩《中論、十二門論》，其弟子所造《百論》等義觀之，三論宗所述之般若中觀，乃是別教中之眞見道位至通達位修證；其後尚須轉入法相唯識宗，修習三轉法輪唯識種智，方得入地，漸次修進佛地，此是般若宗在佛法中之地位；是故龍樹之弟子如來賢，由般若中觀進修種智，一生專弘唯識種智，其故在此。至於此宗派中崇尚應成派中觀之學人，尚非正學佛法般若學者，知見邪謬，是外道見，不足論哉！由是故說三論宗不應單獨立宗，應當回歸唯一佛乘之全面修證。

第五節　俱舍宗在佛法中之定位

俱舍乃是梵語之音譯簡稱，全名爲阿毘達磨俱舍。阿毘名對，達磨名法，俱舍名藏，全名爲對法藏。對法者乃無漏慧之異名。「對」字有二義：一者對觀，謂此論主旨在對觀四聖諦意；二者對向，謂此論意對向涅槃。「法」字有二義：一者勝義法，謂涅槃也；涅槃善常，非斷滅空，故名爲勝；涅槃有實體故，說名爲義；勝復兼義，故說勝義；二者法相法，謂俗諦之四聖諦也；相對於涅槃本際之勝義，故名俗諦；四聖諦依蘊處界一切諸法之性相施設，不離蘊處界俗法，故名法相法。

行者依無漏淨慧爲因，能對向涅槃勝義果法，故名對法；或謂依無漏淨慧爲因，能對觀四聖諦法，故名對法。《阿毘達磨俱舍論》者，由是說名「對法論」。此宗依《俱舍論》爲宗，故名俱舍宗。此宗兼奉四阿含經爲宗旨，傍宗《七論婆沙、阿毘曇心論，雜阿毘曇心論》。

四阿含經即《長阿含經、中阿含經、增一阿含經、雜阿含經》；七論婆沙者謂：《集異門足論、法蘊足論、施設足論、識身足論、品類足論、界身足論、發智論》等七論，再加《大毘婆沙論》。《阿毘曇心論》乃由法勝論師就《大毘婆沙論》擇要別撰者；其後法救論師又嫌《阿毘曇心論》太過簡略，乃爲增補成爲《雜阿毘曇心論》。後復有世親論師出世，於迴小向大前，專弘此宗，依《雜阿毘曇心論》增訂之，造成

《阿毘達磨俱舍論》。此宗至此綱宗俱備，世稱俱舍宗。

陳文帝時，眞諦三藏來華譯出《阿毘達磨俱舍論》。唐時玄奘大師初抵天竺，亦曾習此宗法；歸唐後重譯《阿毘達磨俱舍論》，成爲後來中國俱舍宗所依論典。依此宗所依論典，應判此宗屬於三藏教，乃小乘法；不能弘明四阿含中大乘密意故，以涅槃修證爲指歸故。

此宗所修爲四諦八正及十二因緣法，所證爲有餘依及無餘依涅槃，解脫果唯具此二，不具本來自性清淨涅槃及無住處涅槃；唯證二乘菩提果，不證佛菩提果，與般若種智俱不相應，故屬小乘教；此是俱舍宗在佛法中之定位。

第六節　淨土宗在佛法中之定位

近代有淨土眞宗（日本本願念佛宗）傳入中國，此非眞正之淨土宗法門，其理偏邪故，行者心態因之偏激排斥聖道門，非眞正淨土宗也；後數年，將有本會親教師造書詳述之，於此略表不述。

眞淨土宗者，不得稍離淨土三經五經。三經者：《無量壽經，觀無量壽佛經，阿彌陀經》，若加《楞嚴經》之大勢至菩薩念佛圓通章及四十華嚴之《普賢行願品》，則名五經，再加世親菩薩《往生論》，合稱五經一論。世親之《往生論》，後由曇鸞註之，名《往生論註》，然註文中有違於論文者，解之太過所致。

淨土宗往昔曾有大德出世，如豐干禪師，寒山子說之爲彌陀示現；亦如永明延壽禪師，非唯倡導求生極樂，亦倡宗門證悟上品上生，往往以禪法接人，座下有一千七百衆，證悟者極多，皆令求生極樂，兼顧他力易行道與自力難行道之聖道門。餘祖證悟者不多，大約以求生極樂爲主。又此宗之三經一章一品一論，皆言求生極樂，故淨土宗一名已成求生極樂之同義詞；此是狹義之淨土宗。

極樂淨土亦有四種土：常寂光土、實報莊嚴土、方便有餘土、凡聖同居土。常寂光土乃彌陀世尊自性法身境界，唯佛與佛乃能證之住之，非佛不能知之。實報莊嚴土者，乃上品三生人所住，攝受有福有慧之菩薩根性人。方便有餘土乃中品三生人所住，攝受二乘根性畏生死苦而不造惡業之人。凡聖同居土乃下品三生人所住，此三生人之最高修證可至初地，餘多凡夫性人，故名此土爲凡聖同居土；此土攝受造惡業之大乘根性人，但若謗佛及大乘方等經典，即不得生彼。

此宗於佛法中極爲重要，攝受根性遍及三乘、善染、智愚、凡聖；復依彌陀大願，能益行人速趣上地；或令造惡而不謗大乘方廣經者不墮地獄。前者如已悟宗門般若者，於此娑婆唯階別教七住，捨壽往生已，能證無生法忍，位在初地二地，隨即能向八地邁進（如本會郭故理事長悟後，因病往生極樂，託夢於其弟子，示現極樂世界境界，云已向八地前進中。又恐一人聞之不信，展轉於其多位弟子夢中如是示現），此是上品上生人；亦如於此已入初地二地者，往生極樂時，速證八地道種智，立即證得二種意生身，於相於土自在，此是地上菩薩之上品上生人。

後者如臨時起意謀財害命之凡人，捨壽時以往昔所結善知識緣，教令念佛求生極樂；此人以信受大乘方廣諸經而不誹謗，亦不謗佛，故得往生，不墮地獄；隨其上中下生善根差別，或有於蓮花中住四十九天（此界之四十九劫），花開後尚須於極樂修學十小劫才入初地者；或有生極樂已，住蓮花中十二大劫，花開後唯聞大士音聲說法，發菩提心而不知何時方能證果者。

此宗所攝根性極廣，亦可單獨立一宗派，但非唯屬淨土一宗所修；如三福淨業不足者，唯能求中品中生及下生；有菩薩性而缺福缺慧者，可求上品下生；乃至淳善之廣大心菩薩或證悟之大心菩薩，或是禪宗中人，或是淨土宗中人，或是三論宗中人⋯⋯，俱可求上品上生。故為根淺智劣者，可專設淨土一宗，專求易行道之往生極樂；亦可令上根智者逕依觀經求上品上生，遍攝諸宗：此是淨土宗在佛法中之定位，有智仁人，能知此理。若如印順法師妄謗此宗彌陀信仰為外道太陽神崇拜者，名為學術研究之無智狂人；若謗此宗為迷信者，名為狂禪無智愚人，不可與語。

第七節　禪宗在佛法中之定位

有謂禪宗是真常唯心系者，然此絕非大悟之人所說，唯有淺悟及未悟之人方始認同此說。何以故？所悟之真心本際，唯於究竟佛地方得名為真常故，彼時之真如唯帶舊種，不受新熏，不再有內種變易故；未至究竟佛位，皆尚有變易生死異熟果種未斷盡故。茲依禪宗證悟者於解脫果及佛菩提果之證量上，敘述禪宗於佛法中之定位。首敘解脫果：

禪宗之破參者，若未先修得四禪八定者，破參時能斷三縛結，位在通教初果。若性障輕微者，破參時位在通教二果。若具四禪定力者，破參時可證通教三果。若具四空定者，破參後入定，可證滅受想定，成通教俱解脫四果。若性障極微而未修證禪定者，破牢關已，可入通教三果或慧解脫四果。眼見佛性者，必入別教菩薩位中進修，必不取證解脫果，故不說其所證解脫果。

禪宗證悟者於佛菩提果（別教）之證量略述如下：破參明心而不退回常見意識心者，成別教七住菩薩，入位不退中；眼見佛性者，入十住中，常住不退，不論其眼見佛性境界是否因定力喪失而退失，見性之見地常在故；只須數週時間補修定力即可復見故。

隨於定力、慧力、性障、福德之差別，有於見性已即證世界如幻觀而入十住者；有於見性已，同時證得自心七識如陽焰觀，而入十行位者；有於見性已，同時證得一切行如夢幻者，即成十迴向位菩薩。此依往昔世之多世熏修而有差別，非一切見性人皆同一位也。

依最低標準而言，眞悟藏識之人，若不退轉否定所悟藏識轉取意識心爲眞心者，此人位在七住位，尚須依第三章之第三、五、六、七節進修，方成究竟佛道，不可謂一切人證悟已皆是究竟佛。破參明心乃是大乘所修佛菩提智之見道爾，尚須歷經十行十迴向十地等覺等位之修道，而後方能成就佛菩提果，故不可謂「一悟即至究竟佛地」也。

若不證悟自心藏識，則不能通般若，於三論宗（般若宗）之三論必生誤會。若如張志成（現代禪副宗長）主張未證如來藏者亦可契應甚深般若，此名「未見道者語」；亦如印順法師之主張般若即是說一切法空，亦名「未見道者語」；皆是凡夫臆想情解所得，非於佛菩提有證量者；乃至於二乘菩提，亦尚未入見道位。

此謂張志成以一念不生時之朗照覺知性爲眞如，以初醒時之無妄想心爲眞如，墮於意識境界；然此非是禪宗諸祖所悟眞如，此乃聲聞初果所斷「我見」之我，乃世俗人所說之「我」，乃外道梵我神我所說之「我」，乃聲聞初果所否定之意識心，十八界所攝，無常變易依他而有之法。印順法師依於世俗之經驗，知此心眠熟、悶絕…等狀況中必定斷滅，不認此心爲三世因果之主體識，卻順從應成中觀邪見之別立意識細心爲主體識、爲持業種識，復墮建立見中；以未能證得藏識故否定之，復墮誹謗見中，其過遠大於張志成之錯悟；必令原已難於證悟之禪宗，更少有人修學故；必令般若宗墮於玄學，令義學斷絕故。

復次，張志成認為：禪宗之證悟非必一定證悟如來藏。此亦有大過。若禪宗之證悟，非是證悟如來藏者，試問：「禪宗之明心破參，是明得何心？而言明心？」四阿含中，佛說有八心：眼耳鼻舌身意六識及意根（思量心），復有識緣名色之識。共有八心。前六識心，佛於阿含中說皆是因緣而起，非本有心；第七心意根者，佛於阿含中說：入無餘涅槃時亦須自我捨棄，非涅槃本際，是「我執」之我故；如是，唯餘「識緣名色」之識不捨棄，佛說此識是涅槃本際故。前七心虛妄，唯第八識眞實，此第八識即是如來藏；禪宗祖師之證悟，若非悟此恒不壞滅之涅槃本際者，莫非如張志成所悟之意識耶？審如是者，則禪宗自菩提達摩以來，包括廣欽和尚與余在內，皆是未悟者，所悟皆同一如來藏故。是故禪宗（大乘別教佛菩提）之證悟、般若宗之證悟，所悟內涵必皆同一，不可謂有人證悟是證得如來藏，有人則證悟非是如來藏；若所悟內涵有二種以上，則應法界實相有多種，則實相即非絕待，即非唯一，則有種種大過。是故禪宗三論宗之見道，所證悟之內涵唯有一種—觸證自心如來藏。除此而外，無有別別見道可謂為佛菩提之見道也。

佛門常有人云：「法門八萬四千，門門可入，何必一定要修如來藏法門？」此語有大病焉。此謂法門八萬四千，門門可入；但入得門已，皆同一所證—如來藏法。如來藏非是八萬四千法門之一，而是八萬四千法門悟入之標的。譬如佛法殿堂有八萬四千門，門門可入；入得門已，皆是同一佛法殿堂；若入得門來，不是同一殿堂，必是外道殿堂。佛法之證悟（大乘別教），門有八萬四千，及至證悟已，皆是同一第八識。

若所悟者非第八識，唯有二種悟，成二乘菩提：一者悟覺知心之「我見」及無常性、依他起性，成聲聞或通教菩薩初果；二者悟思量心（意根末那）之我執性及遍計執性，成聲聞或通教菩薩四果。今者張先生於此二者俱皆未得，未入二乘菩提之見道，則不入大乘通教菩提；復又不肯承認禪宗所悟之心是如來藏，則亦未入別教見道；三乘菩提之見道俱無，而有見地能評諸方大德者，無有是處！於我會初悟同修之七住位般若現觀尚不能知，而力能評論余之道種智者，無有是處！

當知道種智非由研究經論可以證得，必須依於禪宗之證悟如來藏自心所起般若慧，按部就班熏習證驗種智，方能證得。試觀印順法師自謂「以佛法研究佛法」，研之窮之，竟墮入密宗應成派中觀邪見中，成就「建立誹謗」見，否定三乘佛法之根本識—如來藏，成一闡提人。

張志成誣余貶斥阿含與中觀，殊不知如來藏學正是阿含與中觀之根源。余亦未嘗貶斥阿含與中觀，然曾加以定位。余此世於破參前，即已將大正藏四阿含閱讀斷句一遍；破參後二年內，復重讀一遍，領納四阿含中之藏識密意，故於三年前，能以阿含正理著作《眞實如來藏》一書，此非張志成先生夢想之所能知也。

余於一九九五年編訂之禪淨班教材，大多取材於《阿含經》；至於拙著諸書及余多年來所弘揚之法，無非中觀境界，無非般若；而般若中觀之總相智、別相智、種智，張先生俱未知之證之，何德何能妄評教界大德？莫謂評余，乃至教界任何法師（包括初剃度者），皆非汝所能評論者，汝非三寶之數故，汝非大乘勝義僧故，汝非二乘初果人故。

欲證中觀般若智慧，必須證悟自心如來藏；證悟自心之法門，廣有八萬四千，門門可入；證入者則皆同是第八識，始自七住位中觀，中如初地道種智般若，終至佛地四智圓明之究竟中觀般若，悉皆不能外於第八識。若人主張外於如來藏心而有佛法可證者，若非二乘菩提，即是外道邪見；若人主張外於第八識如來藏而有般若可證，而能成就中觀者，此人名爲大乘凡夫。若否定如來藏者，此人名爲破壞佛法者；若以意識覺知心為眞如、如來藏者，此人墮於常見外道法中，尚未滿足別教六住位之修行，墮於能取心中故，覺知心是能取六塵之心故。

欲證般若中觀，須知般若中觀之意涵即是如來藏之「本來性、自性性、清淨性、涅槃性、中道性」。欲證如是般若者，法門固有八萬四千，然以禪宗之參禪法門為最直接迅速。古來藉教悟宗者固不乏其人，然比之於禪宗之教外別傳而悟者，其數懸殊；故余力倡禪宗之法，入我門來，無一不須參禪者。一旦證悟自心藏識，般若慧即源源而生；不須人教，自能會通《般若經》，證知其意；亦將逐步會通方等經，乃至漸漸能證初地道種智，了知佛道次第。凡此皆須依於證悟自心藏識所起般若慧，方能致之；而證悟自心之無量法門中，則以禪宗教外別傳之法為最殊勝迅捷，一念相應，便證中觀，生般若總相智；由此二因，可知禪宗在佛法中之地位極為重要，是入道之關鍵故。

一切宗派種種法門之修行，若悟得自心，其法即是禪宗之法，無別異故。若無此頓悟自心之歷程，不知自心為何物者，即不能通般若中觀；不通般若中觀者，不能修證初地無生法忍，遑論成佛？是故，三論宗所說般若，即是禪宗所悟之標的；禪宗之參禪法門，即是證悟三論宗般若之最便捷法門，二者不應分宗。

三論宗人若不經禪宗之證悟自心，必不能通會三論之宗旨，必將如同印順法師之以一切法空爲般若，去道遠矣！禪宗既居佛道超凡入聖之關鍵—入此門已方入佛道菩提，則此宗之重要性不言可喻。印順法師於禪宗之重要性，渾然不知；而妄評禪宗，貶抑禪宗，暗示禪宗思想同於外道梵我神我，成就誹謗大乘正法重罪，名爲凡夫愚人邪見，不足取也。

然禪宗不應以見道自限，自立禪宗而囿於見道位。古時多有禪宗祖師悟證自心已，即開山度衆，接引學人；終其一生，以見道爲足，此不可取。一切宗派之見道人，既已悟得自心，明法界實相，當求見道之通達，方能入初地中。通達已，仍須於度衆過程中，自求進道，修證初地所證鏡像觀、二地光影觀……乃至究竟佛地之道。是故禪宗不應以古來之破參明心、重關見性、牢關涅槃三關自限，當於接引有緣之外，明確建立佛菩提道之修證次第，以唯一佛乘自許，以教令有緣人遍證佛菩提道內涵而自期許，莫以三關自限、畫地自囿。禪宗既能令人證悟自心，入大乘道，最有能力擔此重任，是故余以此意期望之。

第八節　華嚴宗在佛法中之定位

本宗以《華嚴經》爲所宗之經典，因經爲名，故名華嚴宗。陳隋年間有杜順禪師者，總括華嚴妙旨，造《法界觀》一卷，復造《五教止觀》一卷，專宗《華嚴經》，遂成一宗；門人即以杜順禪師爲初祖。其弟子智儼能通華嚴十地相，造《大方廣佛華嚴經搜玄分齊通智方軌》十卷、《華嚴五十要問答》二卷、《華嚴經內章門等雜孔目章》四卷，並集其師杜順所說，撰爲《華嚴一乘十玄門》一卷，爲第二祖。其下法藏法師復作《華嚴經探玄記》二十卷，並造《華嚴經一乘教義分齊章》四卷、《華嚴經旨歸》一卷、《華嚴策林》一卷、《華嚴經問答》二卷、《修華嚴奧旨妄盡還源觀》一卷、《華嚴經文義綱目》一卷…等，此宗教義於焉大成，即是第三祖。至賢首歿後，有靜法慧苑者，背師說（據傳），作刊定記三十卷。後由清涼澄觀作大疏及演義鈔，以會靜法之說而斥之，恢復華嚴宗正統，成第四祖。清涼有弟子圭峰宗密，盛弘之，著有《禪源諸詮集都序、註華嚴法界觀門、原人論、盂蘭盆經疏、圓覺經疏》爲第五祖。明清兩代猶有弘者。此宗祖師有眞悟錯悟者，非皆見道者也；如圭峰宗密之以意識心爲眞如，即其例也。今此書中不欲評論彼等何人爲悟、何人未悟，亦不就此宗之教判而言其於佛法中之定位，僅就此宗所歸《華嚴經》意旨，略論此宗在佛法中之定位。

《華嚴經》妙旨，乃五時三教之第一時，亦是始教；爲後時之三乘教法方便敷演故，於菩提場及諸天，以二十一日時間說佛蓮華莊嚴；始自十信凡夫位，終至究竟佛地之修證；內自心地無量三昧，外至十方佛土世界，小而無內，外而無際，森羅萬象，靡所不包，故名大方廣；萬德莊嚴，具諸菩薩行，果德圓滿如衆色蓮花悉皆具足，故名華嚴。

華嚴所示既以如來藏之因地果地具足宣說，兼攝三乘解脫果，顯示藏識法界之無盡緣起，及諸菩薩五十二位之歷階修證，宣示果地究竟成佛之佛菩提果圓滿功德，三身應化，四土圓成，則是佛教中一切宗派行者所當知解及修證者。應將華嚴宗旨，懸示於一切宗派內，令諸行者了知佛果內涵及修證次第，可除狂密狂禪及誤會般若之弊；華嚴宗旨攝盡一切宗派之教法，具足顯示成佛之道，豈可自外於佛教諸宗派，實應遍攝諸宗派，故不應單以華嚴經旨立宗。

復次，學人若不能如實了知二乘菩提之十八界空，則不能證解脫果，不曉解脫道，若不能證知及領受自心藏識，則不能入佛菩提道之門；若離此二道，而言有華嚴宗旨可作華嚴三昧觀、普賢觀、唯識觀……等觀門者，無有是處，不能入三乘菩提之見道故，何況修道？故說華嚴宗應與俱舍宗、禪宗、三論宗、唯識宗、律宗、淨土宗合併為唯一佛教，不應分派立宗。

第九節　法相唯識宗在佛法中之定位

法相唯識宗，一般簡稱為法相宗，非屬正確；若必欲簡稱者，應簡稱為唯識宗，不可簡稱為法相宗。此宗所說，乃依八識心王為一切法主體，宣說一切法皆依八識展轉而生；為令一切學人廣知人無我及法無我，舉諸法相，一一證實一切法依八識心王而有；復證實人空法空皆依藏識而顯之眞理，證實二空正理非可外於藏識而有，故名法相唯識——一切法皆唯識生。

此宗亦名中道宗，乃約此宗正理得名；小乘依涅槃本際而偏說我空，般若依藏識而偏說一切法空（不許外於藏識而說一切法緣起性空），此宗則依藏識具說我空法空，究竟中道，正顯中觀之境，故名中道宗。

亦名應理圓實宗，乃約宗義正顯眞理圓滿眞實而立名。依《解深密經》勝義諦圓成實正理而立宗旨；此宗教相之觀行法門，契應三乘菩提正理，圓滿眞實，故名應理圓實宗。

復依此宗所攝根機，遍三乘種性，教法函蓋三乘菩提，能度三乘學人各證所契菩提故，亦名「普爲一切乘教宗」。

若約法相而言，本宗有五種唯識觀，五位理事觀；一切有爲無爲法，皆歸八識心王；八識心王復歸自心藏識。以藉法相能明萬法唯識正理，究竟勝妙，故名唯識宗。若依天竺古例，此宗應名瑜伽宗，是此宗印土本名故。此宗法義具述世出世間諸地之瑜伽師境界故。

唯識宗所宗之主要經論有六經十一論：六經者，《華嚴經、解深密經、楞伽經、密嚴經、如來出現功德莊嚴經、阿毘達磨經》。十一論者，《瑜伽師地論、顯揚聖教論、大乘莊嚴論、攝大乘論、十地經論、分別瑜伽論、辨中邊論、二十唯識論、觀所緣緣論、阿毘達磨雜集論、集量論》。

佛滅度於人間後，無著菩薩從彌勒菩薩受學五論，後造阿毘達磨（對法）論及顯揚聖教論，弘傳此宗。傳其弟世親菩薩後，世親復造《百法論、攝大乘論釋、往生論、唯識三十頌、二十頌》等。復過二百年許，護法、難陀等十大論師各釋唯識三十頌等宗旨。護法弟子戒賢論師，窮究瑜伽唯識因明聲明奧妙，繼護法論師之後，盛弘此宗妙義於那爛陀寺。唐太宗貞觀年間，玄奘菩薩周遊天竺十七年，受學於戒賢論師等人，兼通三乘妙義及因明聲明之學，智冠全印。後堅辭供養，返唐盛弘此宗，大譯經論，雜糅十大論師之說，成就唯識正理，名為《成唯識論》。有弟子窺基菩薩，親得玄奘究竟正義，亦擅因明之學，著作《唯識述記》，並廣疏經論，唯識一宗乃因玄奘師資，大弘於震旦。窺基弟子慧沼菩薩，繼承宗義，作《唯識了義燈》等論，評定諸師別別異論，佛教一時歸於宗門正義。慧沼弟子智周大師，復造《唯識演秘》等，以釋《唯識述記》玄旨，佛法大興。至晚唐已，後繼乏人，宗風漸頹，不如禪宗之繼續闡揚，光耀門庭。

此宗依六經十一論，所弘宗旨函蓋三乘一切佛法，始教終教通教別教具攝圓融；唯識五位，函蓋三乘解脫果菩提果，函蓋別教五十二位修行次第，含攝十七地瑜伽師之境智行果；宣示五法三自性，以百法明門論，攝盡一切佛法，正顯人法二空真理；

建立大乘小乘一切宗派佛法，令立於不敗之地，爲一切外道及佛門凡夫所不能測、所不能破。若有菩薩依此宗義而證悟般若者，可起道種智，漸入諸地，具諸佛法；成佛之道了然於心，證十眞如，乃至成佛。

證悟之人若入此宗，福慧雙具者，一世之中即得圓成二地心，入三地中。能如實知解脫道與佛菩提道故，能如實知四種圓寂故，已知諸地無生法忍故，具道種智故。此宗雖具如是本質與功德，然此唯識宗之入門，要依證悟自心藏識之般若慧爲本，方能進此門中修證唯識無量三昧，故此宗之入門，不宜外於禪宗。此宗之三賢位中勝解勝行，即是三論宗之般若別相智；須於證悟藏識後，通達三論宗之般若中論旨意，而後易修十地唯識行，故亦不應外於三論宗及般若經典。修此宗法而入初地二地乃至三地已，宜依淨土觀經所說往生極樂，速證八地而返娑婆；或求生本土之色究竟天宮，面謁盧舍那佛，速證八地而返人間；此皆大心菩薩所生之實報莊嚴土，生已得蒙佛恩，超劫精進，獲大果報；淨土行門有如是迅疾殊勝功德；故此宗門一切行者，亦不應自外於淨土行門，可以世親菩薩、龍樹菩薩之求生極樂爲鑒。

此宗教法兼通宗門，自凡夫地乃至佛地，普皆含攝。不唯宣說依他起性、遍計執性之虛妄唯識門，亦廣說圓成實性及三無性之眞實唯識門。禪宗般若宗行者悟後，若不修此宗門唯識正義，則不能通達三乘教法，不能具知大乘通教別教異同，永不能入初地；悟後若能依此宗門眞義廣修唯識妙理，能入初地二地，乃至未來世中成等正覺，能遍知一切法故。

未證悟自心之人，若修唯識正理，假饒親依地上菩薩修學，仍無法於唯識種智正理起諸勝解及勝行，唯名熏習，不名修學。大乘眞見道者若修唯識正理，則通三乘法義，則無性寂與性覺之諍；如民初呂澂主張性寂，熊十力主張性覺；呂澂偏二乘我空，而不如實知我空；熊十力偏法空，而不如實知法空；俱未如實知故，起性寂與性覺之諍。熊十力病在未明心，呂澂亦病在未明心，然依大乘法觀之，熊十力之見解勝呂澂也（雖然熊非佛教徒），其立義不墮斷滅空故，較符三乘菩提故。菩薩證悟藏識已，入此門中修習種智妙理，如是性寂與性覺之諍悉皆無有，能照了其本際故，性寂依體而言故，性覺依體起用故，二者非一非異故，究竟不離般若中道種智理故。後人既未見道，以意識妄想，誣蔑唯識種智爲虛妄法，爲不了義法；如應成派中觀師之否定根本識如來藏，近代以印順法師及達賴喇嘛爲代表；以其大名聲，未能親證而否定之，斫喪三乘佛法之根本，令三乘法墮於斷見外道論中，其惡無邊。

如印老不信三轉法輪諸經正理，並以部派佛教之發展，而斷言唯識學為後起之說，廣著諸書以否定之，可免他人詢問彼已否證悟自心時之尷尬；達賴則繼承月稱等人之邪見，種種方便而否定之，皆非通宗之人也。如是不通宗門之人，焉能通達教門？宗教二門俱未通達者，而著作《成佛之道、唯識學探源、如來藏之研究、空之探究、性空學探源、印度佛教思想史》等，悉成戲論；所言俱不能至第一義諦故。否定自心藏識，外於涅槃本際阿賴耶識，而說諸法緣起性空者，名為戲論故，佛說此名兔無角論故；外於般若本際之如來藏，而說一切法空者，名為佛門中之斷見外道，不知般若第一義乃依自心如來藏而宣說故，所說皆墮戲論之中，言不及義，義是藏識理故。

如是邪見所生種種論說，皆因未入禪宗證悟自心，故於三論宗義及唯識宗義生諸誤解，而以言語及書論，作諸誹謗，成就「謗菩薩藏」大罪，善根悉斷，成一闡提人，永不能實證涅槃。印順達賴聰敏之人尚且如是，何況智劣於彼二人者？思而可知矣！故說欲修唯識宗義者，要具三緣：一者已經禪宗門內多世之證悟，信慧具足；二者多世熏習種智，深心中真信有如來藏；三者須有福德，親炙大善知識，隨學種智正理而實證之。初者名爲本性住種性，由無始來依附本識法爾所有無漏法爲因；次者名爲習所成種性，由多世聞熏法界等流法已，熏成種子而成習氣爲因；其三名爲菩薩福德，由多劫所集福德資糧及多劫修除性障所成福德爲因；具此三緣者，一世即可因唯識種智修習而入初地。若是菩薩悟已，多十百生乘願護法弘法者，世世悟已即能自修自證唯識種智正理，佛恩所加，欲至三地不難，由是可知唯識宗義在佛法中之地位極爲重要。如是宗義應普遍存在於各宗各派證悟者中，不應偏廢，不應否定唯識正義；何況言語謗之不足，繼以書論而否定如印順法師者？非眞佛法中之「法師」也！

第十節　阿含經在佛法中之定位

《阿含經》有四大部，即《長阿含、中阿含、增一阿含、雜阿含》，此四阿含已總述三乘佛法，而《長阿含》以四諦八正十二因緣法等二乘法爲主，兼破六十二外道見；《中阿含》所述略同。此二大經亦兼說世界悉檀、爲人悉檀、對治悉檀，其中隱含第一義悉檀，而隱覆難知，未具法眼者不能知之。《雜阿含》中多述第一義諦，雖然偏說二乘菩提，而於其中處處隱其密意，說有如來藏—涅槃本際—中道心；亦於十二因緣中說「緣於五陰」之識。《增一阿含》中則開顯大乘菩薩道如來藏門。

四阿含諸經，爲佛教根本，是佛初轉法輪所說，攝屬五時三教之聲聞教。所說雖爲方便接引畏懼生死之聲聞種性法，然已處處隱覆密意而說大乘般若唯識。惟因般若及唯識之意涵極爲隱密，故不易爲人所知所觸；學者復多急求了生脫死，欲求解脫果證，往往忽略，不知不證。及至成就俱解脫果已，自知不受後有，於解脫道之梵行既立、所作既辦，未捨壽前便思惟：「阿羅漢入滅已，是有？是無？是有無？是非有無？」由是思惟故，知有涅槃本際不滅，離我離人離受想行，寂然無想（無覺知），非三界有，亦非斷滅無，由是說名中道。

然猶不能眞證中道，謂仍未知未證未領受涅槃本際——第八識——故不能眞起般若慧，不入眞實中道。遂有後來佛說《般若經》六百卷及小品般若等，復精要而說《金剛般若波羅蜜多經》，精華則是《心經》也。此謂般若中道實相，乃是說人人皆具之眞實自心，具有中道性，是一切法界之根源，親證之者能漸了知法界實相，世出世間般若即得漸生，了知有餘涅槃無餘涅槃，亦能證知不共二乘之本來自性清淨涅槃，後亦能知佛地無住處涅槃而求未來證之。般若雖是中期所說，然此般若已於初轉法輪四阿含中隱覆說之，非未曾說。

諸大羅漢迴心大乘證般若已，欲求佛地正遍知覺大菩提果，然猶無階可達，佛乃三轉法輪，宣說唯識五位十地行果，敘說菩薩法無我智，令啓一切種智而住無生法忍地，地地增上乃至佛地四智圓明；此即《楞伽經、解深密經、如來藏經、勝鬘經、無上依經、顯識經…》等方廣經典之唯識學也，而三轉法輪諸唯識經旨，已於四阿含中密意說之，部分則已顯說，非未曾說；故初轉法輪至三轉法輪諸經，由淺至深，前後貫串，一氣同聲，無有絲毫牴觸矛盾；二轉三轉法輪所欲說者，皆已預埋伏筆於四阿含中，以待後時緣熟而說，愈說愈了義，愈說愈究竟勝妙。然後以《大般涅槃經》宣示見性成佛之義，以《法華經》收圓總成，五時三教至此圓滿，故名終教。（此後出現之密宗經續，除《楞嚴經》外，並非佛法，佛法至此已圓滿具說故）；自凡夫位乃至佛地所應修證之解脫果及大菩提果，其知見、行門、修法、證境，已具述故，化度之緣已滿，由是世尊遂取滅度、示現涅槃，轉依四種圓寂及四智圓明境界，常依無住處涅槃利樂有情，盡未來際永不止息。由此明見四部阿含於佛法中之地位，極爲重要；亦是南北傳、顯密教所共認眞實者，俱無異議者。

然四阿含之密意極難知解，非未具大乘法眼者所能具知。密意且置，四阿含中顯說之二乘菩提，乃至聰慧如印順法師達賴喇嘛者亦不能知證，今時南傳佛法之「聖僧」們亦不能知證，悉墮常見外道中：或誤取意識覺醒性爲涅槃心，或別建立想像之意識細心爲涅槃心，自外於二乘菩提之果證，自外於二乘菩提之修證。

如印順法師「主張不違反佛法的本質」，「以佛法研究佛法」，「在佛法的研究中，就是不固執自我的成見，不預存一成見去研究」，然而卻實際違反佛法本質，悖逆四阿含佛旨，以預存之密宗應成派中觀邪見而研究佛法，將佛法之根砍除—否定「識緣名色」之識、否定涅槃之本際。更說初期大乘之《般若經》意旨是一切法空，主張「離自心藏識外有般若空」，成無因論者。而反誹謗三轉法輪唯識諸經所說如來藏法「富有外道神我色彩」，妄謂如來藏非眞實有，不可證知，乃是一切法空之方便說；大膽否定第八識及第七識，妄謂佛於四阿含中唯說六識，未曾說七識八識；達賴喇嘛亦復如是同聲否定，俱成誹謗見。此二人否定七八識已，恐人責彼爲斷滅見者，乃別建立意識細心爲生死輪迴之根本持種識，於成就誹謗見已，又成就建立見；佛說如是人者成就建立誹謗見，謗菩薩藏，一切善根悉斷，成一闡提人，《楞伽經》中具說分明。如是等人，尚不能知四阿含中佛語顯意，何況能知四阿含之密意？來世尚且不保人身，而言有諸佛法證量，無有是處！

四阿含中具攝三乘佛法，也具攝大乘之通教別教菩提，此理於今全球佛教界中，幾已無人能知。如印順法師《以佛法研究佛法》第五、六頁中，主張唯識學是經由佛教史上之學說演化而來，可知印老完全不知不解四阿含中之唯識學顯說隱說佛旨，故有如是謬說。此理將於未來著作《阿含正義》一書時，以「唯識學探源」為子題而證明之，由四阿含中直探唯識種智之本源，此處暫置不表。

印順法師曾云：「現代的佛法研究者，每以歷史的眼光去考證研究。如沒有把握正確的無常論，往往會作出極愚拙的結論。」（《以佛法研究佛法》頁七）然而印老責人之語正應責己，此謂印老自以錯誤之無常論，而考證研究佛法，故作出許多極愚蠢之結論。如彼否定四阿含中佛說十八界之意根界（第七識），又否定四阿含中佛說之涅槃本際、識緣名色之識；又於佛說十八界無常之意識界中，別立意識細心為不壞之持種心，用來否定三轉法輪之第七八識如來藏法，令三乘佛法墮於兔無角論、無因論、斷滅論中，而以蘊處界滅已之滅相恆存，飾言不斷滅，謂之為眞如。然，則眞如即是斷滅空之異名，阿羅漢入無餘際成斷滅故；不然，則爾印老如是結論名爲愚蠢；究竟然耶？不然耶？

余頗認同印順法師此說：「愈古愈眞者，忽略了眞義的在後期中的更爲發揚光大。愈後愈圓滿者，又漠視了畸形發展與病態的演進。」（《以佛法研究佛法》頁七、八）然印老不應因密宗之畸形發展與病態演進，而誤斷唯識諸經亦如密宗爲畸形發展變態演進；唯識諸經已於四阿含中密說顯說故，唯識諸經宣示四阿含及般若經所未宣說之成佛之道故，宣說成佛所必具足之一切種智十地道故。

密宗之後期大乘法，並非由小乘大乘、由阿含般若唯識而發展爲無上密；事實上乃是經過阿含般若唯識三法之門前時，不入三門，於門外摘取一些佛法名相，繞道至三門背後，以外道法之本質，假藉佛法名相及佛教名義，遂行淫穢雙身修法，而妄謂爲修學三乘佛法後所應修證之無上密法、無上方便法，謂爲超勝三乘之金剛乘法；實則三乘佛法，彼密宗四大派古今法王活佛等，未曾有一人得入見道位，俱在外道常斷見之凡夫位中；以外道性力派學說，取佛法而代之，絕非是佛教。

印順法師於「無上瑜伽、大樂光明」等雙身修法中，洞悉密教之鬼神本質，然卻迷惑於密教之應成中觀邪見，深陷其中，為邪見所溺，嚴重誤解四阿含之佛旨：「三世如幻，沒有前後隔別的剎那生滅，前因後果的相續，是緣起的，不即不離的相續。因此，因滅果生，不是從甲的斷滅而生起截然不同的乙，甲乙間有著不可離的關係。…所謂共通一貫的理論或制度，近於變易中的不易，但它決非有一眞常自體的存在，而是流變中的相對安定性，是唯識學所說的似一似常。這樣的研究，佛法才能成爲一貫的，有條不紊的。」（《以佛法研究佛法》頁八）。

印老云何嚴重誤解阿含佛旨？謂四阿含中，佛處處說「識緣名色，名色緣識」，佛處處說「三世之內外粗細好醜遠近之色陰、非我、非異我、不相在；三世之內外粗細好醜遠近之受想行識非我、非異我、不相在」，佛亦說「取陰俱識：…於色中識住，攀緣色，喜貪潤澤，生長增廣；於受想行中識住，攀緣受想行，貪喜潤澤，生長增廣。」取陰俱識者，謂取五陰、執持五陰，而與五陰俱之識也。五陰者謂十八界法，十八界中意根界是心、六識界是心，俱攝於十八界中；學人當於五陰俱厭俱捨，而後能得解脫果：《…爾時世尊告諸比丘：「愚痴無聞凡夫，於四大身厭患離欲背捨，而非識。…如是多聞聖弟子於色生厭，於受想行識生厭。厭故不樂，不樂故解脫。解脫知見：我生已盡，梵行已立，所作已作。自知不受後有。」》（錄自雜阿含二八九經）如是厭捨五陰七識心已，捨壽不復現起來世五陰七識，說此名為無餘涅槃。然此涅槃非斷滅法，有本際第八識故，捨壽前之五陰七識由「取陰俱識」所取故，即是「名色緣識」之第八識也。

如雜阿含第二八八經，探究十二有支之名色—受想行識七心及色身—是自作？是他作？是自他作？或是「非自他作之無因作」？答案是由第八識而生：《…如是，生、有、取、愛、受、觸、六入處、名色，為自作？為他作？為自他作？為非自他（之）無因作？」答言：「尊者舍利弗！名色非自作，非他作，非自他作，非非自他作無因作，然彼名色緣識生。」》此謂名色七識心，非自己能造作自己，亦非由他人造作自己，亦非由七識心自己配合他人來創造自己，但也不是外於自作他作之無因作—乃是由往世之七識心色身所造之業行（行支），而由識生此世名色七識心，故云「名色緣識生」。

名謂受想行識，色謂五根色身，識陰謂眼等六識及意根末那識；名色既有七識，能緣名色者、能生名色者，當知別有一心，是即「名色緣識生」之第八「識」也。如是，四阿含已密意說有八識，惟不以數名之，非無七八二識，而印老及達賴否定之，故說印老等人嚴重誤解阿含佛意。

如是，初轉法輪四大部阿含諸經中，處處隱覆密意而說般若及種智，與二轉三轉法輪無有絲毫牴觸。若四阿含中所說牴觸般若中觀及唯識種智者，則宣說阿含經時之釋迦應非已成佛，仍不解般若中觀故；若般若中觀所說牴觸唯識種智者，則宣說般若中觀時之釋迦仍未成佛，尚未證得唯識種智故。然今現見般若中觀及唯識種智正理，悉已隱覆密意於四阿含中說已，三轉法輪前後諸經無有絲毫牴觸者；凡夫不解，自生錯會，妄謂最究竟了義之唯識種智爲虛妄說、爲方便說，而否定爲非佛說，謂唯識諸經爲佛滅後之弟子所造者；如是說者，謗正法輪，造無間業。達賴喇嘛與印順法師之否定三轉法輪唯識諸經所說七識八識者，咎在未能如實證解四阿含佛意，致造如此無間重罪；愚痴學人復隨學之、隨謗之、擁護弘傳其邪見，共同成就無間業。欲救彼等諸人故，寧可現前得罪，安忍默觀彼後世苦？

如印順法師云：「像後代發揚大成的唯識學，原始佛教裡當然是沒有的。但唯識的傾向，不能說沒有，至少也有點近似。原始佛教的緣起論，確有重心的傾向。處理的問題，又本來與心識有關。後代的佛弟子，順著這種傾向，討論有關心識的問題，這才有意無意的走上唯識論。」（《唯識學探源》頁三二）然實阿含諸經處處已說唯識正理，印老及達賴讀之錯解，故造如是謬論，令三轉法輪諸經正理蒙塵，令三乘正法根本之如來藏義淹沒，少人肯修肯證；佛法遂離四阿含正理，墮於意識思惟所知之五陰緣起性空、無常無我中，成斷滅論，益趨淺化；人人如是聞熏信受，根機轉淺，遂成末法。

今觀四阿含諸經所說，隱顯皆合般若中觀及唯識種智妙旨，若有眞善知識依正義而疏解之，則諸佛子即能眞實明解四阿含諸經佛說正義，印證二轉三轉法輪之般若及種智，皆是佛陀眞實旨意，令一切人天不能否定大乘唯識種智妙法，由此而可證知《阿含經》在佛法中之地位極爲重要。此四大部經所集諸經，是一切佛門學人所共認爲佛說，而無異議者；今以四阿含略證中觀般若及種智唯識諸經，是佛所說；二三轉法輪諸經所說般若中道智及唯識種智正理，復能建立四阿含諸經所未細說之大乘別教微妙正理，能令佛子依之修學，乃至成佛。阿含般若唯識，如鼎三足，互待互成，缺一不可，由是能知《阿含經》於佛法中之地位極爲重要，不可偏廢。

第八章　宗教二門不可相離

第一節　宗門證悟不得違教

宗門之修證，不可稍離教門；若違教下聖言量，而言能通已通宗門者，皆是狂禪狂密之輩也。欲通宗門，必須先從眞善知識聞熏正知正見，此所聞熏者即是教門。若依方廣經或眞善知識註解方廣經，而聞熏正知見者，亦是教門。先有教門之正見聞熏，而後能知宗門證悟之內涵與證悟自心之方向。除往世之已悟菩薩乘願再來者，能自參自悟；餘諸學人悉皆不能外於教門而得證悟，故說宗門修證，不得稍離教門。

通達宗門者，必定能通教門，唯有少分、多分、具足通達之差別，無有不能通達教門者。雖於教門不能通達，若能精研，多分知義者，亦能以之檢查自身所悟之眞僞；若所悟眞實，即能以之自我印證；若所悟違教，便知自己所悟非眞，不墮大妄語業；故說宗門之證悟，不可稍離教門。若人自稱已悟，主張「宗門與教門不相干」者，此人名爲錯悟凡夫，墮大妄語業者，破十重戒，失菩薩戒體，成就地獄罪，是波羅夷（斷頭）罪故。

然諸參禪之法師居士，多數於教門未曾精研，純依祖師語錄而修而證。然禪宗祖師之證悟記錄，有正有訛；魯魚亥豕，眞假莫辨；魚目混珠者，比比皆是；若非具有大乘擇法覺分者，不能辨正之，往往以錯悟祖師之常見外道見而自行印證，同墮外道見及大妄語業中。閱讀祖師語錄，本爲助益見道，結果反爲錯悟祖師所誤，成就大妄語罪，豈非錯悟祖師之惡業乎？

今時名師，不論在家出家，均應引以爲戒—己所不欲，勿施於人；既不願被錯悟祖師著作所誤導，則亦不應以己錯悟之見而著作禪籍，俾免今世後世遺毒害人，更增自己罪愆。若有眞見道者，轉入相見道位修習，於般若及唯識起勝解勝行已，當入初迴向位，救護一切衆生向於正道；莫捨慈悲心，莫懼名師大勢力，要須警覺一切學人遠離名師邪見，速令回歸佛法正道。

教界每有「木石」無智無悲之人，見余摧邪顯正，救護學人，評及法師，便生煩惱。探得聖嚴法師爲余此世之師，而爲余所評，指爲未悟，便以不尊師重道之理，於網路上妄評於余。如是之人所見已多，多因原曾自稱爲悟，今見拙著論述，評爲錯悟，頓失悟者身份，生大瞋恨，藉題發揮，以舒怨惱爾；此乃平常事，無足掛齒。然聖嚴法師今世爲我唯一之師，而誤導余之參禪方向與方法。余所證之禪定及般若，彼未能證之，其故無他，於法向有所疑故。如是疑者，九百餘年前爲余師兄時（彼時余爲禪師），即已疑而不信，至今不捨。余於往世亦曾爲彼師，仍不信余所證悟之法，始終持疑至今。互爲師徒已歷多世，竟不知應如何分說。

「一日爲師，終身爲父」，乃余所服膺者；若余師後時無人扶養，余亦願無條件供養之，當爲之購置精舍每日顧視奉養天年，順世俗法故。若異日有緣相見，仍當如前未被驅離時之恭敬禮拜、頭面接足，無改於此世師徒情誼及尊師之心。

然於尊師重道乙事而言，余固尊師，余更重視法道；余今世悟後與余師間之種種往事，非局外人所知，余亦不願形諸筆墨，亦無此必要，非關道事故，是故以往默而不言。離開農禪寺前，余已鍛鍊十餘人會看話頭，余面告余師：「這些人交給師父引導開悟，我不引導他們。這些人如果能在師父座下開悟。以後就不會離開農禪寺；幹部來學一段時間後就走掉，川流不息的情形便可以改善。」然余師將此諸人置之不理，不思接引。余當時亦將《無相念佛》書稿面呈余師，供作農禪寺接引學人之用；學人若能成就此功夫，得大受用，即不必捨農禪寺，再遊他處。然余師藉詞推拖，無意出版；書稿於農禪寺三進三出，最後遺置於彼寺知客處十餘天，幾乎被丟棄於字紙簍。後因果權法師發現翻閱，知為余所繕，方以電話通知領回。然余於師不敢有怨言，後因林淑華來電佯稱召開幹部聯誼會，囑余必須參加；至已方知是幹部會議。會中余師當面否定余之悟境，謂非是悟，令諸幹部面聞。散會返家途中，余思悟者行事不當如是，莫非師猶未悟？返家乃重閱師諸著作（悟後尚未曾檢閱，悟前先入為主之觀念，不曾懷疑師之悟否？）方知師猶未悟。便發願：有朝一日助師證悟。此意於《禪—悟前與悟後》書中曾明白記載，但未言師名爾。如是之願今猶不改，以俟吾師。是故此後凡有書出，必定贈與吾師，不曾漏贈一册；以後仍將如是。余離開農禪寺後，出而弘法，亦盡量避免接引與吾師有關之人。然數年贈書以來，余師都無改變；乃至於傳戒大會對眾暗示：「陽明山下有個居士在弘法，他的法是不如法的。」（彼時余借陽明精舍弘法）抵制如故，唯不形之於文字爾。亦繼續以常見外道見出書不斷，誤導眾生如故。

「吾愛吾師，吾更愛真理」，此乃大眾耳熟能詳之語。莫謂吾師，乃至吾父吾兄吾妻吾友，若於佛法上誤導眾生者，余絕不顧一己之私，寧可得罪至親之人，要將邪見摧滅，顯示正義；絕不坐令親人毀壞佛法慧命，絕不坐視佛門學人因余至親之誤導而誤入歧途，此非「木石」之人所能爲者。見諸有情被名師將入歧途，而能不動於心，猶如木石；余不能無動於心，坐令廣大有情被自己之師父誤導：如余師於書中開示「無情照樣能成佛」（《禪的生活》頁三一四）等；余恐木石大德受誤導，便提出辨正，以救汝木石，不意汝木石翻以如斯等事，誣余爲不尊師長。猶如有犬墮陷阱中，吾正責成彼設阱人破壞陷阱，令犬得出，彼犬反因余之責斥彼人，向余皆牙裂嘴、作勢欲噬，善惡不分；爾木石得無同於彼犬之無智乎！不禁一嘆！

復次，余自《念佛三昧修學次第》書中不稱名而指陳余師所謂虛空粉碎之悟非是眞悟以來，次第復有多種著作皆不稱名而述其誤，並一一送達，冀其改正誤導衆生之事業，停止抵制余法；如是著書及寄贈與余師者，年年皆所爲之，而余師不改其誤導衆生之作爲如故；復又攀緣密宗達賴喇嘛邪法，令密宗邪法氾濫於台灣，其推波助瀾之力不可謂小也。余今既已公開評論印順法師等人，即不得獨厚於吾師，應予一視同仁，方是佛子本分；吾愛吾師，吾更愛眞理故。

木石大德就余所述法義無能辨正，而對余作人身攻擊：「…也不管聖嚴法師是否眞悟，可是看到居士們不守本份，憑自已的淺薄見解，就對出家法師作無情的抨擊……」並勸余：「不要再作批評之舉，此則佛教之福也。」云云。佛教之所以腐敗，法義之所以不明，外道見之所以能滲入佛教中，而不能改善回復至佛世之狀況，正坐木石大德如是鴕鳥心態及崇拜僧衣心態所致。印順法師有一見解是余所認同者：「批判的佛教」。有批判，佛教才能去腐生肌，自強不息；是故印老一生致力於教內之批判，著作極多，册册具在；究其目的，無非意在去腐生新。惟因初始已受密宗應成派中觀邪見誤導，立地已偏，復未證悟教典之宗旨，故其破立，違佛宗旨；然不得謂其動機爲惡也。余固責其破法，而亦不否定其動機爲良善也。然不可因其動機良善及身披僧衣，便阻止余之批評；否則佛教經典所述宗旨，將沉沒不彰；最後必將如今之積非成是—邪見被普遍接受，正法反被多數人猜疑。

余極認同昭慧法師所說的一段話：「以批判的精神，回顧與前瞻：既然印順導師批評與挑戰了傳統，那麼也必須公平的接受當代台灣佛教其他聲音的批評與挑戰，而作如理如法的回應。所以他曾經也很磊落地將這些回應，結集成《法海微波》一書。面對這些批評的聲音，我們這些印順導師思想的研討者、弘傳者，要負擔怎樣的角色？是不是要像傳統佛教的某些人，成爲思想控制的『法西斯』？」（摘自《弘誓》月刊四三期第三頁）既然印老一生批判傳統佛教，其立論必須正確，若有淆訛乃至破壞正法之虞者，亦應接受他人之批評；若實有過，則速改之，公開修正，莫再誤導學人，傷害傳統佛教，則佛教幸甚！若實無過，則應口述，令弟子筆錄而作辨正，再出《法海微波》第二輯，令法義愈辯愈明，學人得於法義辨正中俱受法益。彼等若作思想控制者，效行法西斯主義，只評論他人，而不許余依理引教評論之，即非佛教學人之福也。

復次，余諸書中一向只作法義辨正，就諸方「修證」之落處，而判其行果，絕不作人身攻擊。余亦如是期盼教界：於余諸書提出法義辨正，莫效張志成及木石大德之作人身攻擊。所以者何？失於法義辨正之意故，是意氣之爭故，於佛教之久遠流傳無益故；人身攻擊之事，非佛門學人所應為者故；余諸言論實為救護彼諸被名師所誤導者故。彼諸徒眾不應因名師情執，而誣謂余為「不尊師重道」；吾愛吾師，吾更愛正道故；是故主張：一切佛教弘法者所著所述，皆不得違背世尊聖教之眞正旨意。

今日因木石大德之人身攻擊、混淆視聽，不得已稍涉余與師間之往事，實非本意。盼教界莫作人身攻擊，若來函指教者，亦請勿匿名隱址而作謾罵，無益來函者自身故。盼大衆皆能以世尊教法宗旨之長遠流傳爲志，莫令邪解邪見混入佛教中，成爲獅子身蟲—由教內腐敗佛教。盼大衆都能支持「批判的佛教」，善意之評論乃是教內之防腐劑故。

推究學人被誤導之原因，端在未能如實知解別教經典佛旨，是故近年來，余以註解別教經典爲要務，欲令學人悉能知解佛意；雖然學人未必能因之見道，至少可以不被名師所惑，預先栽植未來證悟之因緣。余造此書者，意亦在此，不論「木石」大德是否諒解余意，余仍將一本初衷，繼續引導「有緣」學人回歸正道，矢志不移；佛法不許取來作人情故。嗣後若有大德自稱已悟，而其所言墮於常見等中，復著書誤導衆生者，余仍將於每年所作公案拈提中引述辨正之，唯除彼師已停止流通誤導衆生之書刊，並已閉門潛修者。

復次，教內往年多有法師居士，每謂人曰：「宗門之證悟，與教門不相干。」學人當知：若宗門之證悟，不能與三乘經典之一一經完全印證，而有出入者，即是錯悟；亦應能與《顯揚聖教論、瑜伽師地論、成唯識論》完全印證，方是眞悟。若違教下經論，即非眞悟。

所以者何？此謂經教乃是世尊證悟宗門之後，爲顯示宗門證悟內涵而說者，故不應說「宗門證悟與教下無關」之外行話。未眞證悟者，不應爲名聞利養而公然示悟，或方便示悟；說法時不應本末倒置，謂人曰：「開悟不重要，修行之過程才重要。」開悟後方知何謂修行故，開悟後才能眞正進入佛菩提之修行位故。

未悟者，可以方便法接引衆生，但不可執方便法而排斥了義法；應潛心修學了義法，亦應鼓勵弟子大衆修學了義法，莫固步自封，虛度一生。

余於諸方未悟示悟之名師，及破壞佛法根本之「導師」，本因避免損害彼等名聞利養故，而隱名論義；欲俟彼等捨壽後，方指名道姓而論之。然亦有人謂余云：「等人家死後才指名評論，人家都無機會澄清，此舉未免不夠厚道；若欲評論，應於人家捨壽前評論，讓對方有機會辨正，如此才算公正。」思之再三，亦覺有理。復因諸方名師基礎穩固，余之評論恐如蚊子叮牛，無法撼動其一毛，焉能影響其名聞利養？既如是，則應讓對方有回應辨正之機會，是故不待名師之捨壽，即予指名道姓、引述其文而辨正之，純爲續佛慧命及給與辨正之機會，立意良善，非惡意也。其餘理由，詳如《宗門血脈》序文所說，茲不復述。

復次，往往有一類名師開示云：「證悟境界是說不出來的。證悟者也不可以讓他人知道自己已悟，應善於隱藏。也不可以讓人家知道自己已經悟了；若說自己已悟的人，那就是還沒有開悟的人。」然則佛與諸菩薩及祖師之說禪說悟，莫非皆是未悟之人？如是說者，正是未悟之人，恐人詰其已否證悟，故作如是邪說。《菩薩行方便境界神通變化經》卷下，曾如是開示：「大德迦葉！菩提是無為，離一切數。…不可言說，非不可說。…非假名，非不假名。菩提性爾。」是故證悟菩提者非不可說也。

弘法之居士，若錯悟者，情有可原，非專業修行者故，信眾較少故；誤導眾生之影響層面較狹故，若不造作抵制了義正法之惡行者，實無可厚非之。若出家法師以悟者身份說禪教禪，著作禪籍，而法有誤；牴觸經教、乃至破壞及曲解經教者，不可原諒；以其身披僧服之威德力，信眾被誤導者必定極多故；其著作中之邪見所生惡劣影響，極深遠故；一切眞悟之人，皆不應故作好人、置之不理，坐看佛法為彼等所壞。

經教之流傳極為重要，末法之際苟無經教住世，則眾多錯悟者悉指覺知心意識為眞如，少數（或如今時之唯一）證悟者指自身所悟阿賴耶識為眞如，一口難敵眾口之鑠金，則眞實證悟之法即難立足（猶如自在居士之派人破壞余法），何況能弘揚光大之？何況能續佛慧命？若有經教流傳人間，今世後世證悟之人皆得援引，以證眞實，令佛法眞正慧命絲縷不絕。經教能護宗門正法，其功厥偉，一切學人莫忽視之！

祖師常言：「離經一字，即同魔說。」云何彼諸錯悟名師，可以違背教下經論之眞正意旨而自謂爲悟？而予人作錯誤之印證？害人陷於大妄語之地獄罪中？此非佛門中人所應爲者，無慈無悲故，破壞宗門眞正了義法故。由是種種緣故，余倡是言：「宗門證悟不得違教。」

第二節　教門弘揚不得違宗

一切佛門善知識弘揚佛法，令人尊崇恭敬讚歎，余所私淑不已、歡喜不已、隨喜不已；許多嚴謹守分之法師居士（如太虛大師、夢參法師及雪廬老人），戰戰兢兢，嚴守分際而說諸經，接引學人入於佛門，功德無量，平實讚歎之尚嫌不足，何敢評之論之？此諸法師居士於講經時，恭謹守分，能依孔夫子之言：「知之爲知之，不知爲不知，是智也。」於經句之已知者，隨分發揮而說；於未知者，謙稱未證，隨分而說，依文解義不敢過解。如是謙沖恭謹而弘經教，平實無有不讚歎者，不敢稍置一詞。

然此十餘年來，有諸顯密法師居士，動輒稱悟，以阿羅漢、初地、究竟佛自居；尤以密宗諸仁波切法王，私下言談間，動輒輕嫌釋迦世尊，如創古仁波切之謂密宗上師能加持弟子，謂世尊無力加持彼等云云。乃至有諸附佛法外道，自言證量超越世尊一級，狂言其師其祖證量超越世尊二級；頭上安頭於世尊之上，狂妄無比。睽其著作，聞其言說，則實不解佛道，於三乘菩提俱未入門，乃竟訶佛罵祖，自造無間地獄以容來世之自身，愚痴無智若此。

顯教中則有中台山惟覺法師，以常見外道見之意識覺知性，爲人印證爲悟，師徒俱墮大妄語業中；余於一九九五年所出版書中，已曾不稱其名而陳其非，年年有書如是陳諫；然彼不唯不改邪見，乃竟繼續陷人於大妄語業中；並處處抵制余法，禁止徒衆閱讀余書，乃至不許持有余書，故於今年《楞伽經詳解》第三輯起稱名披露，不再隱其名諱。

亦有某大法師自知未悟，然因欲邀衆人之恭敬護持，而曾方便大妄語。彼常運用之方式如下：「開悟是不可以說的。開悟的人從來都不說自己已經開悟。說自己開悟的人，一定是沒有悟的人。」說完，話鋒隨即轉入其他話題。稍後便又藉機提示衆人：「你們看！師父我從來都不說自己已經開悟。所以你們不需要問我有沒有悟。」如是前後之語展轉相襯，方便示悟，令人以爲自己已悟，而自以爲不犯大妄語業；猶如痴人之掩耳盜鈴，不足取法。而其所說所著禪法知見，墮於常見外道見中，余多年來於書中不斷陳諫，而彼都不思改善，繼續誤導衆生，故於今年起改絃易轍，直接稱名評論之。

亦如密宗之創古、泰錫杜、達賴……等人將外道法入佛法中；亦如印順法師等人，余以《眞實如來藏》一書出版寄贈，而彼諸人不能置喙（不可謂爲「彼等諸人修養好，不願評論平實，以免傷害平實」，此乃遁詞爾，難瞞明眼之人），乃竟變本加厲，言說之不足，繼之以月刊，戮力否定三乘根本之第八識如來藏，斫喪佛法之根本正理；並誣淨土宗爲太陽神崇拜，誣禪宗爲野狐禪，誣禪宗祖師之證悟公案爲無頭公案，誣唯識諸經爲不了義法；其行可憫，其罪可誅，乃悉於今年起，悉皆稱名而評論之。

有者謂：「彼等雖然破壞正法，然於接引初機入佛門上，有大功德。」余則謂：「彼等接引初機入佛門中，雖有大功德，然不應破壞三乘正法根本。」何以故？由彼等諸人接引而入之廣大學人，學其法已，將來個個都必否定如來藏，令佛法陷於「唯名無實」之窘境中，若其勢力坐大，其邪見為佛門普遍信受者，則此後永無學人可以證悟；或者必將全部以常見外道見所認定之意識心為如來藏，廣大學人同陷大妄語業中。如是接引學人入佛門中，而謂有大功德者，教余如何認同？本質是破壞佛教正法故，遺毒於未來無量世之佛教學人故。

譬如印順法師主張般若中觀為「性空唯名論」：《「亦為是假名」的假名，是不常不斷、不一不異等緣起，沒有實性而有緣起用，如『空之探究』中廣說。『般若經』說空性，說一切但有名字—唯名；龍樹依中道的緣起說，闡揚大乘的（無自）性空與但有假名。一切依於性空，依性空而成立一切；依空而有的一切，但有假名（受假），所以我稱之為「性空唯名論」。》（《印度佛教思想史》頁一三二）又云：《龍樹以無自性義，成立緣起即空、空即緣起，也就貫通了「佛法」（大乘稱之為聲聞法）與「大乘佛法」的對立。》（同書同頁）。

印老嚴重誤解龍樹菩薩之中道義，更引《中論》亦為是假名一句，來證實其立論；然《中論》中之龍樹菩薩本意，乃是依藏識而說—說藏識之中道性，唯有藏識之中道性，方能成立八不中觀，非依「外於藏識之緣起」而有八不中道。「沒有實性而有緣起用」，是印老之虛妄想，沒有實性即不可能有緣起用故。如印老《空之探究》一書中所廣說者，處處是邪見，余已陸續舉示於《楞伽經詳解》第二、三、四輯中而辨析之；未來仍將於第五、六、七、八輯中繼續舉示辨析之。《楞伽經》中佛所說旨，意在對治印老一類惡取空者故，印老所作《空之探究》一書，處處是惡取空之邪見，翻謂他人說一切法空爲惡取空，其實是一丘之貉，無少差異。

《般若經》所說者，非如印老所言「說一切但有名字—唯名」，實是說藏識之中道性、本來性、自性性、清淨性、涅槃寂滅性，藏識之自性恆離三界一切六塵，而不妨依於所持無明、業、愛、大種性自性，而生妄心七識及色受想行陰而流轉生死；於五陰七識流轉生死起諸煩惱業種現行時，卻又依於自性，離見聞覺知，寂滅而住；於「本來自性清淨涅槃」境界住時，卻又不妨有其功能性與有性之現行。如是自性非常見外道所知，非斷見外道所知，非印老一介凡夫所知，唯有印老所鄙視之「中國所傳的野狐禪」（同書一三四頁第五行）等野狐禪師所知，余亦忝在其列；余諸已悟同修亦皆證知如是藏識之中道性，非印老臆想研究所能知之；而「中國所傳的野狐禪」之眞正證悟者，以如是證驗領受之藏識自性，完全證實阿含般若唯識經旨，能貫通之，無有絲毫矛盾牴觸之處。佛依如是藏識自性而說《大般若經、小品般若、金剛經、心經》，非如印老所說「依一切法空而說一切法性空唯名」，如是主張有種種大過，同於斷見外道之本質。

斷見外道現觀一切法空，疑有能生一切法之實體法；然因智慧不足，久覓不見，便斷定一切有情死後爲無─阿羅漢涅槃後無，故墮斷見一邊。密宗四大派古今祖師法王仁波切，智慧低劣，久覓藏識不見，卻認意識之粗心、細心、極細心等爲能生一切法之實體法，與常見外道無異。今者印老秉於斷見外道之現觀─觀一切法緣起性空，而覓不著如來藏，便依應成派中觀邪見而否定如來藏，誣蔑「中國野狐禪宗」所悟之如來藏同於外道神我梵我，而誣指如來藏爲「如來藏我」，意謂禪宗所悟之如來藏同於常見外道之常不壞我；復援引般若諸經種種之中道般若法相，莊飾其「外於藏識之緣起性空」斷滅法，自謂爲甚深般若中道，今復於《印度佛教思想史》妄謂般若思想爲性空唯名─一切法緣起性空，唯有言說名相。審如是者，般若卻成斷見論與戲論：一切法緣起性空而無不生不滅之藏識故，般若唯是名相言說而無實體故，般若唯是令人遺除名相而住於一念不生之意識覺知境界故。如是正墮名相之中，意識心是名色之名所攝故，意識心正是「名」之「相」故。印老如是邪知邪解而可謂爲已知已解印度佛教思想史者，無有是處！乃竟以如是邪知邪解而著作《印度佛教思想史》，遺毒於今世後世學人，余所不能苟同也！

此謂印老弘揚教法時，違背教門之宗旨，不知般若中道涅槃悉依有情之藏識體性而說，印老不知如來藏即是一切法界之自性，不知藏識空性即是一切法界之實相，外於法界實相之空性心而說一切法空，而以《般若經》諸名相解說般若，謂無法界實相心，故妄稱般若爲「性空唯名論」；誣蔑般若要義爲「唯名」，則般若即成大戲論—一切法空同諸斷見故，唯名則非有實義故。如是誤會佛之般若教示宗旨已，轉而誣蔑佛所說之般若爲一切法緣起性空之「性空與唯名」，令後世今世學般若學人，悉墮惡取空中，遺害極大；由是緣故，余說印老弘教演義違逆宗門眞旨，非爲正法。

印順法師弘演教門而處處違背教法中之眞正宗旨者，於其著作中處處可見，無一冊無之、無一頁無之。乃至於三轉法輪諸經斷章取義，附會己意，實非法師之身所應爲者。印老云：《如來藏是衆生身內的如來知見、力、無所畏等大智慧聚，也是衆相（三十二相）具足的如來身，結跏趺坐，與佛沒有不同。這樣的如來藏，難怪『楞伽經』中提出一般人的疑問：這不就是外道的神我嗎？》（《印度佛教思想史》頁一六八）印老如是引述經文，令人誤會《楞伽經》亦說如來藏同於外道神我。然彼經中提出此問題已，隨即由佛開示：如來藏非外道神我，迥異常見外道我。印老不應如是斷章取義。印老復云：《如來藏我，『大般涅槃經』是從如來常住大般涅槃而說到的。如來的般涅槃，是「常樂我淨」的涅槃，是法身常住、壽命無量的……。從如來常住，引出衆生本有如來，就是如來藏我。如來藏是我，如『大般涅槃經』等說：

一、「佛法有我，即是佛性」；「我者，即是如來藏義。一切衆生悉有佛性，即是我義。」

二、「我者，即是佛義」；「我者，名爲如來」。

三、「若勤方便，除煩惱垢，爾乃得我」；「常住安樂，則必有我」。

四、「一切衆生皆有如來藏我，…斷一切煩惱，故見我界」。

依『大方等如來藏經』，可見佛性、佛藏、如來性—如來界，都是如來藏的異名。一切衆生有如來藏（佛性），離一切煩惱，顯出如來法身，也就是「見我、得我」；我，正是如來的異名。從如來涅槃果位，說到衆生位的如來藏（或「如來界」）我，我

是生死流轉中的我，還滅涅槃中的我，「生佛不二」。》（摘自印順法師《印度佛教思想史》頁一六八、一六九）

然而印老所引經文皆是斷章取義及曲解佛意，分述如下：

一、「佛法有我，即是佛性」；經文如下：「無我、我想、我、無我想，是名顚倒。世間之人亦說有我，佛法之中亦說有我；世間之人雖說有我，無有佛性，是則名爲於無我中而生我想，是名顚倒。佛法有我，即是佛性，世間之人說佛法無我，是名我中生無我想。若言『佛法必定無我，是故如來敕諸弟子修習無我』，名爲顚倒。是名第三顚倒。」（《大般涅槃經》卷七）如是經文乃謂常見外道於蘊處界空、無常無我中，橫計覺知心（意識）爲常不壞我，是名於無我中作我想，亦如印老於如來藏之假名我，由不能證得故，起於無我想，墮於「阿羅漢涅槃後無」之無我想中，二者俱名世間人之顚倒想。世間常見外道、民間信仰，俱信意識死後非斷滅，信有常不壞滅之意識我，然此非眞不壞之我；佛法隨俗說我，謂佛性爲我—假名我也，非世俗人所認知之意識我也。若涅槃後無假名我—無阿羅漢之第八識、無佛地之佛性，則成斷滅見；若謂如來教人修習如是無「我」法者，是人即是顚倒，印老正是如是人也！是故「佛法有我」之我，乃假名我，非印老所執「意識細心」之常見我；是故經說「佛性我」者，乃假名我，非印老所執「意識細心」之常見我。云何印老可以「意識細心」爲常不壞我之常見我，翻謂《大般涅槃經》所說佛性之假名我爲常見我？如是斷章取義，非「法師」之所應爲也。

印老所引次句：「我者即是如來藏義。一切衆生悉有佛性，即是我義。」經文全文如下：佛言：「善男子！我者是如來藏義，一切衆生悉有佛性，即是我義。如是我義，從本以來常爲無量煩惱所覆，是故衆生不能得見。善男子！如貧女人舍內多有眞金之藏，家人大小無有知者。時有異人善知方便，語貧女人：『我今雇汝，汝可爲我芸除草穢。』女即答言：『我不能也。汝若能示我子金藏，然後乃當速爲汝作。』是人復言：『我知方便，能示汝子。』女人答言：『我家大小尚自不知，況汝能知？』是人復言：『我今審能。』女人答言：『我亦欲見，並可示我。』是人即於其家掘出眞金之藏，女人見已，心生歡喜，生奇特想，宗仰是人。善男子！衆生佛性亦復如是，一切衆生不能得見，如彼寶藏貧人不知。善男子！我今普示：一切衆生所有佛性爲諸煩惱之所覆蔽，如彼貧人有眞金藏不能得見。如來今日普示衆生諸覺寶藏—所謂佛性。」（摘自《大般涅槃經》卷七）佛語明明說此「佛性我，如來藏我」之假名我，一切衆生皆因煩惱覆障而不能見，要須修學佛法去除煩惱而後能見，非如「常見我」不須除滅我見煩惱即能見之。常見我及外道神我，皆以意識覺知心返觀自己即能見之，不須除滅煩惱（菩薩見道所斷見一處住地煩惱）即可見之，二者炯然不同，云何印老故意節略後文之貧女喻及「除滅煩惱」而後方能見此佛性之佛語？而誣經說「佛性我、如來藏我」之假名我同於外道神我？非誠實人也！

二、「我者，即是佛義」；經文如下：「衆生亦爾，爲諸煩惱無明所覆，生顚倒心，我計無我，常計無常，淨計不淨，樂計爲苦。以爲煩惱之所覆故，雖生此想，不達其義，如彼醉人於非轉處而生轉想。我者即是佛義，常者是法身義，樂者是涅槃義，淨者是法義。」（卷二）此亦如是，謂衆生如印老爲無明煩惱所覆，不知不證如來藏假名我，不達其義，如彼醉人於非旋轉處而生旋轉想，不知佛之本際、涅槃本際，即是「如來藏、佛性」之假名我，非常見我也。

「我者名爲如來」；經文如下：「…以顚倒故，世間知字而不知義；何等爲義？無我者名爲生死，我者名爲如來；無常者聲聞緣覺，常者如來法身。」（卷二）如是經文，印老以顚倒故，知字而不知義，斷章取義說如來即是外道神我。舉凡無我法，皆依陰處界而說一切法緣起緣滅、緣生故空，如是緣起性空無我之法，名爲生死法，無有不死者故；「如來藏我」之假名我，非緣起性空之法，不依他緣而起故，是故性非斷滅空，是故本來有；本有之法，從來不生，故永無死，無生死者方可謂之爲「我」，常不壞滅。聲聞緣覺所悟陰處界我空，是陰處界緣起性空，無常之法故無有不滅之我。如來藏我之假名我，常住三界，無量劫來不曾滅壞，故永不生，即是如來法身；此法身即是如來藏，假名說我，其性無我，非陰處界故，離見聞覺知故，從來不思量自己故，常住涅槃寂靜境界故，與常見我之意識心炯然不同，云何爾印老斷章取義，妄謂「大乘佛法」同外道神我？

三、「若勤方便，除煩惱垢，爾乃得我」；經文：《佛告迦葉：「如是我者生客煩惱；欲見我者，作是思惟：『今當推尋我及垢本。』彼人云何爲得本不？」迦葉白佛言：「不也！世尊！」佛告迦葉：「若勤方便除煩惱垢，爾乃得我。謂聞如是比經，深心信樂，不緩不急，善巧方便專精三業，以是因緣，爾乃得我。」》（大法鼓經卷下）如是，佛說須具種種方便修習，然後可證此「我」，非如常見外道神我之不須修習除斷我見無明煩惱即可證知之常見我，云何印老斷章取義而謂如來即是外道神我異名？如是誤解佛旨於先，斷章取義於中，謗如來同於外道神我於後，非爾「法師」身份所應爲者。

「常住安樂，則必有我」；經文：「爲壞衆生計常想故如來不般涅槃，示般涅槃……如來爲壞彼思想故，示現有死。如來是天中之天，若般涅槃悉磨滅者，世間應滅；若不滅者，則常住安樂。常住安樂，則必有我。」（同經）衆生計著覺知心常不壞滅，起常想；如來本際雖不死滅，然衆生皆如印老不知此一本際，易生混淆，故世尊示現覺知心有壞滅，故示現入涅槃，滅除衆生對常見外道神我之思想。然如來涅槃後若是斷滅者，亦應一切有情死已悉無來世，十八界悉應斷滅故；如是則世間應早已滅盡，一切有情於無量世前死已即告斷滅故，不應有世間有情於今仍存。若如來及有情滅度已，非是斷滅者，則衆生應有常恒不壞之假名我（異於陰處界我）常恒不壞者。若有常不壞滅者，則是常住安樂者。若有常住安樂者，則必定有一異於陰處界之我。如是我者，不得名爲外道神我，外道神我即是常見之意識我故，佛已說之爲陰處界我故，云何印老斷章取義，誣如來藏爲外道神我而附會己意，否定如來藏？

四、「一切衆生皆有如來藏我，…斷一切煩惱，故見我界」；印老於此經文不唯斷章取義，更斷句取義，扭曲佛旨。經文如下：「一切衆生皆有如來藏，我次第斷諸煩惱，得佛性，…是如來藏勝一切法，一切法是如來藏，所作及淨信意法，斷一切煩惱故，見我界故。」（摘自《阿含央掘魔羅經》卷四）如是，阿含經中非是說「一切衆生皆有如來藏我，…」而是說：「一切衆生皆有如來藏，我次第斷煩惱…。」斷章取義已極不當，斷句取義更爲惡劣，非佛門法師所應輕爲。如來於阿含諸經中，處處以陰處界緣起性空廣破常見我、廣破外道神我，焉有可能於《阿含經》中復說同於外道我之如來藏我？破外道神我常我已，欲示涅槃後非斷滅，欲示成佛所應行之大乘道，故於《阿含經》中說菩薩道，說摩訶衍（大乘），說有涅槃後之我界，此我是假名我，佛於此句前已說是如來藏故，已說非是陰處界我故，外道神我是陰處界我故。印老並非不知此段經文之義，乃是爲附合其應成派中觀邪見，爲否定其所不能證得之如來藏，故連續於四部經之八段經文，加以斷章取義，附會自己之臆想邪見。

現觀印老之全部著作，於阿含經諸經尚且不知不證，否定十八界之意根（第七識），復否定涅槃之本際—如來藏、阿賴耶（第八識）。於如是粗淺之阿含基本佛法尚且誤會，而自言能知印度佛教思想，自言能知般若中觀思想，無有是處！乃竟著作《印度佛教思想史》，曲解般若中觀及龍樹菩薩之《中論》思想為「性空唯名」，無有是處！乃竟誣賴如來即是世俗我、外道神我，更斷章取義而援引經典，處處說為「如來藏我」，誣佛所說「假名我」為外道神我思想，誣蔑三轉法輪諸經與外道神我合流。如是，身為佛教「法師」，身穿法衣，而如此嚴重破壞佛法，乃竟有自稱「木石」者，於網路上指責余為不守居士本分：「憑自己淺薄的見解就對出家法師無情的抨擊」；於此等已經麻木不仁之「木石」，余能奈之何？木石大德情願受諸邪見法師誤導而信受不疑，余能奈之何？

《大乘入楞伽經》中，佛已曾對「一類主張般若即是性空唯名」者，預作破斥，不意二千餘年後之印老仍墮其中。佛云：「以信言教，昧於眞實，於一切法如言取義。彼諸凡愚作如是言：『義如言說，義說無異。何以故？義無體故。』是人不了言音自性，謂言即義，無別義體。…大慧！如來不說墮文字法，文字有無不可得故，唯除不墮文字者。大慧！若人說法墮文字者，是虛誑說。」印老主張「般若中論即是緣起性空，唯是名言」，故言「性空唯名論」，漠視般若中論之藏識中道本旨，執取文字言說表相之空，而能造作如是邪解邪見之大量書籍，眞乃善於言說之人；然佛曾經告示：所謂大德多聞者，非是謂印老一類善言說者，而是謂善於言說中義者。佛告誡弟子們：應遠離善於言說而不善義者。佛教中一切學人若能遠離印老如是邪解邪見者，眞可謂爲佛教之幸！學人之幸也！

如《入楞伽經》卷六，佛開示云：「大慧！善男子善女人不得執著文字音聲，以一切法無文字故。大慧！譬如有人爲示人物，以指指示；而彼愚人即執著指，不取因指所示之物。大慧！愚痴凡夫亦復如是，聞聲執著名字指故，乃至歿命，終不能捨文字之指、取第一義。…大慧！不生不滅亦復如是，不修巧智方便行者，不得具足莊嚴法身。大慧！執著名字言得義者，如彼痴人不知舂炊，噉文字穀，不得義食。以是義故，當學於義，莫著文字。」今者印老執名相指，妄謂般若中道是「性空唯名論」，令般若眞義不彰，墮於名相戲論。殊不知龍樹之《中論》，所以能貫通聲聞法與般若空者，在於正依藏識之中道性而作論，法無差謬，故非諸方所能責難，非如印老所說：「由於衆望所歸，即使思想不同，也沒有人敢出來責難的。」龍樹之弟子如來賢，即依龍樹所證藏識中道，而弘揚唯識中道，法無二門，非印老所知也。如余因禪宗之禪而悟般若，即今亦弘唯識中道，法無二門，唯是淺深廣狹之別爾，非印老所知；云何印老可以妄謂如來賢非龍樹之弟子？云何印老可以妄謂其思想異於龍樹？如是，印老於阿含及般若俱生邪解，云何能知印度之佛教思想史？何況能知三轉法輪之唯識如來藏法門？

是故一切法師居士之弘揚經法者，悉皆不得違背宗門意旨而宣揚教法，若如印順、創古、達賴、月稱、宗喀巴之否定如來藏，否定唯識種智，而宣說佛法是「性空唯名」者，如是諸人不名佛教徒，不應弘法；所弘之法非眞佛法故，本質乃是挖劚佛法大樹根本之破法者故。如是之人，余多年來爲免影響其名聞利養，隱其名而陳其非；然彼諸人都無絲毫改正之意願，反變本加厲，廣作破壞佛法根本諸行。數年觀察已，知余以往溫柔敦厚之作爲，不能致使彼等知非改錯，不能致使彼等停止破法之作爲，故此一改作風，一一指名道姓而引述評論之，欲遏止彼諸人等之破壞如來藏法，遏止彼諸人等之以常見外道法置於佛法中、代替正法。

從此以後，不再容忍一切人傳授悖於教門之所謂宗門證悟。此謂一切宗派之證悟，法門固有八萬四千，及其證悟已，皆是同一類心—自心藏識，不得妄謂：「所修法門八萬四千，是故所悟亦有八萬四千種。」當知一切人之所悟，必皆同於世尊聖言量所說之般若及種智，而般若及種智乃依藏識性而起言說—敘述藏識之空性有性、敘述藏識有性所生一切法之緣起性空；如是方得名爲佛法，如此方是佛法第一義諦。若有人主張外於藏識而有甚深般若之可悟者，斯人名爲心外求法錯悟之徒；若有人主張外於藏識而有究竟種智可證者，斯人所說種智，名爲唯識法義熏習所成戲論，非眞實義；三乘菩提俱依自心藏識而說而修而證故。而彼諸人悖於聖教所說藏識之般若及種智，於藏識心外求諸佛法而自命證悟成聖，正是心外求法之徒，云何可以稱爲證悟聖賢？無斯理也！是故一切佛門善知識弘法修法時，皆不得違背聖教，皆應一一遵循聖教所說眞正意旨，謹愼奉行。

第三節　斥狂禪與狂密

狂禪有二種：悟與未悟。狂密唯一種：未悟狂密。

古來每有淺悟祖師，墮於狂禪，訶佛罵祖；臨濟義玄、德山宣鑒、夾山善會，是其顯者。

如臨濟義玄初出道時，其師黃蘗希運禪師唯以機鋒勘驗，未教入室口說手呈，便爲印證，授予禪板，令其開山度衆。便往臨濟院，令普化禪師二人讓出臨濟院住持之位，便弄出常見外道法來（詳拙著《宗門道眼》第二一五、二一六則），當時諸方眞善知識便不肯他。

臨濟初出道時極狂，嘗曰：「…山僧見處，坐斷報化佛頂；十地滿心，猶如客作兒；等妙二覺，如擔枷帶鎖；羅漢辟支，猶如糞土；菩提涅槃，繫驢馬橛。何以如斯？蓋爲不達三祇劫空，有此障隔；若是眞道流，盡不如此。如今略爲諸人大約話破，自看遠近。」如是名爲狂禪，後雖證悟，不墮狂禪，不再評他羅漢辟支等妙二覺，然已留下典故，招得諸方訶責（詳見拙著《宗門道眼》，此處從略，不予覆述）。

次如德山宣鑒禪師未悟前，常講《金剛經》，自以爲悟，著有《青龍疏鈔》，註解《金剛經》，時人稱之爲「周金剛」；曾誇口云：「一毛吞海，海性無虧；纖芥投鋒，鋒利不動。學與無學，唯我知焉。」後因不服南方禪宗，欲滅南禪，乃挑所著《青龍疏鈔》南下；半途肚饑，向路上婆子買點心，不料這婆子頗具手眼，德山未見禪師，於此婆子手下已經納盡敗闕。乃竟誇口云：「南方魔子敢言直指人心，見性成佛；我當摟其窟穴，滅其種類，以報佛恩。」及至見了龍潭崇信，因龍潭吹火而悟道，方知南轅北轍，從來不曉道；乃舉火云：「窮諸玄辯，若一毫置於太虛；竭世樞機，似一滴投於巨壑。」一火燒了《青龍疏鈔》。然而後時往德山開法度衆時，仍未改其狂；一日示衆曰：「…這裡無祖無佛，達摩是老臊胡，釋迦老子是乾屎橛，文殊普賢是擔屎漢，等覺妙覺是破執凡夫，菩提涅槃是繫驢橛，十二分教是鬼神簿、拭瘡疣紙；四果三賢、初心十地是守古塚鬼，自救不了。」此亦是狂禪。

三如夾山善會云：「…見性不留佛，悟道不存師；尋常老僧道：目睹瞿曇，猶如黃葉；一大藏教，是老僧坐具；祖師玄旨是破草鞋，寧可赤腳不著最好。」如是諸語，若是諸佛爲破衆生執著，卻是好話；誠恐學人未入見道，執以爲實，便效行之，非他三賢十地，謗伊十二分教，卻成無主狂人，勇造地獄重罪，何可師法耶？

縱使眞悟別教菩提，得證自心藏識，般若妙慧雖非通教菩薩二乘無學所能知之，亦猶別教七住位爾，有何可狂？云何輕他三賢十地？盍能慢彼等妙二覺？殊不足取。何以故？謂三賢位所證如幻、陽焰、夢境三觀，破參菩薩未具足證。初地猶如鏡像，二地猶如光影，三地猶如谷響，四地如水中月，五地變化所成，六地非有似有，七地念念入滅盡定等，破參菩薩皆未夢見在，何況等覺妙覺四種圓寂、大菩提果之圓證？

俱無所知所見，云何而謂「一悟即至佛地」？因此生慢生狂？

若非宗門證悟，不能眞入教門；於諸了義經之聖教量，不能起勝解與勝行故。是故眞悟祖師之久修佛法者，皆不輕賤教門，並於悟後以經典印證、悟後以經典進修究竟佛道。前者如達摩大師之以《楞伽經》爲二祖慧可印證，後者如藥山惟儼禪師之樂於研經：

《師看經次，僧問：「和尚尋常不許人看經，爲什麼卻自看？」師曰：「我只圖遮眼。」僧曰：「某甲學和尚（看經），還得也無？」師曰：「若是汝，牛皮也須看透。」朗州刺史李翺，嚮師玄化，屢請不起，乃躬入山謁之，師執經卷不顧，……》

已於禪宗徹悟之人，方知經中大有佛法，方知經中唯識種智妙義能令人眞成佛道：成就道種智，入住初地無生法忍位；乃至成就究竟佛道。是故徹悟之人，絕不訶佛罵祖，絕不輕他經教，何況如德山與夾山之嗤言「三藏十二分教是老僧坐具」者哉！

至如今時自在居士未悟之人，而狂言「宗門與教門不相干」，名爲愚痴，不亦可乎！若如達賴喇嘛創古仁波切，效法月稱宗喀巴之否定三轉法輪諸唯識經教爲不了義法；若如印老及隨學法師居士之效法密宗應成派中觀邪見，否定七識八識，謂佛不曾說有七識八識，據以否定如來藏；如是顯密諸師，名之為破正法者，允為正評。彼諸密宗四大派古今法王，除黃教一派否定七八識，成破法者外；餘三派雖不否定如來藏，然悉以意識覺知心離語言文字妄想，而錯認為即是如來藏，如是自謂已成證悟聖者，自謂已證初地乃至即身成就佛地，名為狂密，當之無愧！

復次，密宗之法王仁波切上師等人，常愛於言談及著作中，處處貶抑顯宗，謂顯宗各派之修證為因位之修行，自稱密宗之修法是果位之修行—能令人一世成究竟佛。如王驤陸謂唯識宗、天台宗、淨土宗等為過渡法，其所建立之印心宗為直證法；睽其所證，則墮於十八界之意識界。以凡夫常見而妄謂證悟、妄評他宗為非究竟佛法，豈唯狂妄，亦兼迂腐及與愚痴。（詳見台北國際菩提協會印行《王驤陸全集》下册頁二四〇）。

復如創古、達賴⋯等人，於三轉法輪諸唯識經之眞實義，懵無所解，而妄評為非了義法。密宗諸祖又於佛說正法上，另行發明修證果位及三昧名相，冠於佛所說之究竟法上，謂為密宗獨有之上上法，為顯宗之佛所未修未證者，以此主張密宗之金剛持佛、大日如來超勝於釋迦如來，謂釋迦為因位佛，大日如來為果位佛。然觀《大日經》所載大日如來之修證，尚墮常見外道見中，未入二乘菩提之見道位，執意識覺知心為眞如故；復次，密宗既云金剛持佛乃由釋迦佛所化，云何其境界能勝於釋迦？又金剛持佛所傳之證悟成佛法門，墮於常見外道見中，尙未能入二乘見道位中，云何可妄謂是釋迦所現化身？無斯理也！

此諸狂密宗徒，恐人不信密宗，便以破斥顯宗爲手段，令人誤信其爲正法。然諸密宗法王仁波切等皆墮常見外道法中，無有一人得入二乘菩提之見道，何況能入大乘別教之見道位中？乃竟處處標榜密法超勝於顯宗（詳見拙著《宗門道眼、宗門血脈》拈提）；顯宗寬宏大量，未深究其外道本質，容忍密宗混入佛門中竊取資源，密宗諸師乃竟反客爲主，貶抑顯宗之證量粗淺不如密宗，猶如台灣俚語所云「乞丐趕廟公出門」，令人啼笑皆非，眞是狂密也！

此諸狂禪狂密，悖於教下諸經諸論，三轉法輪諸唯識經早已預先破斥，而猶墮所預破之常見外道見中；以所悟未能與唯識諸經相應故，遂否定之，謂爲佛之方便說法，並非實有藏識可修可證、可領受之！遂妄稱唯識種智之學爲非了義法，恣意否定之，成就破佛正法、誹謗法寶之根本重戒；如是而言自身謹守比丘戒、菩薩戒、三昧耶戒者，無有是處。由種種正理，說一切宗派之弘法與修行，悉皆不得自外於教門，悉應依經教之聖教量而自簡擇，印證所修及抉擇佛道，方能起證法眼，於一切大師證境不存疑惑——了知一切大師證境。如是彼人，方名人間之宗通與說通菩薩，智慧難量，無人能測度之，唯除上地菩薩。由是故說「宗門與教門非一非異，不可相離。」

第四節　佛教不應分宗立派—全面修證的佛法

有某名師，早年曾於著作中反對宗派；然於近年，卻又以承接某宗某派之法脈爲榮，書之以文，載之於書，前後矛盾，殊不足取法也。

佛法唯可分爲二類菩提：聲聞緣覺菩提爲一，名爲二乘菩提；大乘菩提爲一，名爲佛菩提或大菩提。南傳佛法不應於二乘菩提中分宗立派，二乘菩提法無異味，唯是解脫果故。北傳佛法不應於大乘菩提中分宗立派，大乘菩提唯是二果故——一者通教菩提之解脫果，二者別教菩提之佛菩提果（此二果之正法與邪見，已於拙著《邪見與佛法》中具說，彼書免費贈閱，二〇〇一年元月出版，讀者逕行索閱即曉，此處略而不述）

如第七章中各宗地位略判，可知分宗分派之不當；以不當之分宗立派於先，而崇己貶他於後，殊屬無智。一切學人修學佛法，當依眞善知識建立佛法修道次第之全盤概念，了知佛道之概略內涵及修學次第，而後依之修學，方屬正辦。不應由於世俗表相之法脈傳承，自命爲某宗某派之孤臣孽子，以弘揚某宗某派之法、光大某宗某派門庭爲志。應當於佛法具全面性之認知，而後一一修證之，繼之以整體佛法之弘揚，不宜再如古時祖師之分宗分派也。

自此而後，眞善知識於佛門法教修證弘傳，當綜其成，提綱挈領而函蓋一切佛法，具足佛菩提道及解脫道。亦應次第建立此二道果之見道修道順序，令諸學人於解脫果及佛菩提果之修持，有入手處，能得見道；見道已，復能依進道順序而次第修進，逐步成功，不虛擲光陰、浪費生命。欲如是者，必先求證別教眞見道功德—禪宗之明心及與見性。明心及見性已，復入般若宗義，詳研《般若經》及三論；已明心者能起勝解及勝行故。

三論宗之宗義已證已了，則入唯識宗，依所證知之八識心王體性，一一領受五法、三自性、七種性自性、七種第一義及二種無我，便能證得初地道種智，住於初地無生法忍果；由是道種智故，漸能通達十地修道斷惑圓智之理，亦能圓證二乘菩提之解脫果（此依《十地經》戒慧直往菩薩而說），成人天之師，能破佛門內外一切邪見，能建立三乘法義於不敗之地，一切人天外道所不能壞。然欲臻此地步，首須留心戒律，不犯律法；尤以不謗菩薩藏（如來藏法）、不謗大乘勝義僧爲要，以免障道。

於俱舍宗之宗義，亦當於見道前先行涉獵，大致了知。見道後至初地通達已，亦當研讀領受《華嚴經》旨意，不可唯憑華嚴宗祖師之論（如第五祖圭峰宗密乃錯悟之人）。復須抉擇天台宗之宗義，揀其謬者能自辨正，擇其確者加以首肯。復於密宗之種種邪知邪見邪行邪證，應予了知，摧伏令滅，轉易其知見回歸顯宗眞實密法密意。

復應重研《阿含經》，親知原始佛教之法教及風貌，以道種智了知阿含密意，建立二乘法於不敗之地，則人天獲安，佛法無慮，是則初地菩薩修集佛法及福德之無上妙道、無上功德。以此功德迴向極樂淨土，上品上生已，能速證八地無生法忍果；或迴向求生此界密嚴淨土，於色究竟天宮面見釋迦報身盧舍那佛，速證八地無生法忍果，再返人間廣益有情。

如是觀之，大乘佛法之分宗立派、固步自封，實乃侷限自身之見道修道，無益自他；錯悟之人若更自是非他，以自身誤會之宗義非他宗派，則成破法之人，更障自他道業，於自於他悉皆有害無益。由斯正理，余倡是說：「大乘佛法應雙具解脫果及佛菩提果之見道法門修道法門，不應分宗立派自是非他；一切悟者悉應檢異辨魔，摒除邪知邪見於佛門之外，令人天獲安。」

復次，佛法分為三乘，乃是方便，本質應是一乘—大乘別教修證之唯一佛乘—已函蓋解脫道與佛菩提道故。為令急求解脫出三界者，令其先證解脫果—二乘菩提；證解脫果已，方信佛語眞實無虛、佛法眞實可證，乃敢迴心大乘，修學別教之佛菩提果—無生法忍一切種智；以慈憫及智慧善巧故，佛於唯一佛乘，一分為三，遂有三乘菩提之異同，然實唯一佛乘，無二無三；如此方是《法華經》終教之眞實義。

《大薩遮尼乾子所說經》卷二：《爾時聖者文殊師利法王子菩薩白佛言：「世尊！若無三乘差別者，何故如來為諸眾生說三乘法？而言此是聲聞學乘？而言此是緣覺學乘？而言此是菩薩學乘？」佛告文殊師利：「諸佛如來說三乘者，示地差別，非乘差別；諸佛如來說三乘者，說法相差別，非乘差別；諸佛如來說三乘者，說人差別，非乘差別；諸佛如來說三乘者，示少功德，知多功德。而佛法中無乘差別，何以故？以法界性無差別故。文殊師利！諸佛如來說三乘者，令諸眾生悉入如來諸佛法門，令諸眾生漸入如來大乘法門；如學諸伎，次第修習。」》

大乘別教法門之修證中，既已函蓋二乘菩提之解脫果修證，亦具足顯示佛菩提道之內涵，何須別立二乘菩提之法？而有通教菩提？皆因別教菩提難悟難證，未悟之人聞之，極難信解，何況修證？不如先說解脫道，故另建立二乘菩提，易解易修易證故；證已再觀時機因緣，漸漸引入佛菩提道—令修如來藏自心之般若中觀，乃至如來藏自心之無生法忍一切種智。是故世尊觀機逗教，依根機差別、依境界差別、依法相差別，依功德差別，而將唯一佛乘一分為三，建立三乘菩提差別。然三乘菩提皆是同一法界性—如來藏性，皆依藏識而建立；而藏識法界體性本來悉無差別，是故不應分為三乘。今我大乘別教法門既已函蓋三乘菩提，圓滿具足，何須再分三乘？故應依別教法門修證全面之佛法，尚不應分三乘菩提，何況於大乘法中再行分宗立派耶？

至於今時密宗所弘之「佛法」，實非佛法，乃是假藉佛法名相而滲入佛門中，吸取佛教資源之附佛法外道爾。彼等自謂別有三乘菩提外之方便成佛法門，能令人一世即成究竟佛者，乃是頭上安頭，貶抑三乘菩提之外道法，非眞佛法也。何以故？佛於三轉法輪經中，一切佛法悉已宣說，化緣已滿，故說法華及涅槃而取滅度。若尚有法為世尊所應說而未說者，若尚有法須由「大日如來」及「金剛持佛」宣說者，則世尊不得自謂化度之緣已滿，而取滅度。今者密宗於佛具足宣說之三乘菩提外，別立金剛乘菩提，謂爲佛所未曾說者，即非實語。睽其金剛法門，則同於印度教性力派之邪說，云何可謂之爲佛法？而於佛教中別立宗派？而自謂爲超勝於大乘之金剛乘？而可於佛教中吸取佛教資源、用之於弘揚外道見及性力派邪法？故說密宗不應於佛教中立宗。

第五節　欲求二通，當求眞善知識

欲求二通者，必須親證如來藏；證得如來藏已，能親領受八識心王一一自性同異，能於《般若經》及三論宗義起勝解及勝行故。由如是勝解勝行故能通教門宗旨，故得宗通與說通。

欲求二通深妙、所開示法義猶如經論者，須入唯識經論意旨，一一領受驗證。此則應當修學諸方廣經論：《楞伽經、解深密經、如來藏經、華嚴經、無上依經、瑜伽師地論、成唯識論、顯揚聖教論、攝大乘論、集量論》等；修學已，成就初地道種智，住於初地無生法忍；其宗通與說通深妙，所說猶如經論，人天無能破之。無知愚癡凡夫聞之不解，悉皆以爲此菩薩係由經論強記而來——「賣弄佛法名相」，而謗誣之；悉不能知此菩薩之言說佛法如經論者，皆是從自心親證而流露之智慧，唯有已眞證悟之人方能勉強與之對話，而猶不能具解其慧。此謂初地二通深妙，非諸學人及一般證悟者所能窺測也。

三轉法輪諸唯識方廣經典，及《瑜伽師地論、成唯識論》等，悉可現前親證，如實現觀，非是方便說法；末法時代之不能證入禪宗明心境界、復轉入唯識宗門親領道種智者，咎在自身福慧未具，故有二相：一者無緣親從大善知識受學，二者雖遇、心不信受。若是福慧雙具之人，必能親炙聞熏，深信不疑，一世得階初地，通達三乘法義，於諸方古今大師證量親見無疑，能檢其中魚目混珠者而破斥之。

三轉法輪諸唯識方廣經論，非方便法，非是印順達賴妄謂之不了義法；能令證悟之人證得道種智而入無生法忍位故，能依之悟後起修而漸成佛道故，離三轉法輪諸唯識方廣經典而修道者必不能成佛故。古今學人之學法者，難以見道乃至入於初地，不能證驗諸唯識方廣經者，皆因大善知識難遇難求故，皆因自身福慧未具以致遇而不信，如是之人焉得二通？是故欲求二通者，當虔誠修集福德、熏習慧學，當謹愼口業，於聞所未聞法愼莫謗之，以免障道。如是具足福慧資糧已，當遇大善知識，亦當永不退轉。

復次，修學佛法之累世歷程中，邪師極多，易受誤導，故須修集福慧資糧；逮修集已，當愼思明辨諸方善知識之言說及著作，擇其勝者而依止之。然古今邪師極多，佛子若未開眼，未入眞見道位者，乃至初入眞見道位而未入相見道位者，皆無力辨別，故須眞善知識之摧邪顯正，辨正法義。辨正諸方邪師似是而非之邪知邪解已，佛子中之有福慧者即能知曉何者是眞善知識，即可從之受學，故說摧邪顯正、辨魔檢異，於佛法之護持及弘揚上，極爲重要；觀乎往昔世尊之踵隨六師外道，遍至各大城一一破斥之，可知吾語之不虛也。摧邪顯正已，衆生便知世尊眞是大善知識，六師眞是外道；世尊若不如是，彼諸衆生便因六師外道誤導而入邪道。

然彼時衆生中，亦多有福慧不足者，以於六師外道有情執故，不忍其法爲世尊所破，乃謗世尊大修證者：「不應與衆生諍」，如《雜阿含經》卷二第三七經所載：

《爾時世尊告諸比丘：「我不與世間諍，世間與我諍。所以者何？比丘！若如法語者，不與世間諍。…比丘！有世間世間法，我亦自知自覺，爲人分別演說顯示，世間盲無目者不知不見，非我咎也。諸比丘！云何為世間世間法、我自知、我自覺、為人演說分別顯示，盲無目者不知不見？是比丘！色無常、苦、變易法，是名世間世間法；如是，受想行識無常、苦，是世間世間法。比丘！此是世間世間法、我自知自覺，為人分別演說顯示，盲無目者不知不見；我於彼盲無目、不知不見者，其如之何？」》

余亦如是，深冀學人皆能知余所證藏識、皆能進修初地道種智，故作諸書分別演說，令義淺易，欲令衆生知見；然諸衆生不知不見眞義，反以月溪法師之邪知邪見暗中破我正法。余以衆生愚昧故，乃改易風格，揚棄老好人心態，代之以摧邪顯正作略，乃至對於此世唯一之皈依師傳法師、及印順導師，亦一視同仁而辨正之；衆生盲無慧目者，於其名師情執深重者，便誣余為「誹謗三寶，與衆生諍」。余欲挽救彼等遠離邪見及歧途，彼等反謗余為誹謗僧寶；彼等於余所說正知正見不能知、不能見，盲無慧目者，余能如之何？唯太息爾！

至於諸方大師之是否證悟菩提？余已別於《邪見與佛法》及公案拈提諸輯書中略述，學人索閱可解，此處從略不述。學人欲求宗通與說通者，當求眞善知識；若不依止眞善知識，而能親證二通者，唯有乘願再來之往世已悟菩薩能之；除此人外，不依眞善知識而能自證二通者，無有是處！

此外，求眞正善知識者，應離言說表相；非以著作等身、能言善道爲眞善知識也。佛云：「眞實義者微妙寂靜，是涅槃因；言說者妄想合，妄想者集生死。大慧！眞實義者從多聞者得。大慧！多聞者謂善於義，非善言說。善義者不隨一切外道經論，身自不隨，亦不令他隨，是則名曰大德多聞。是故欲求義者，當親近多聞──所謂善義者。與此相違，計著言說，應當遠離。」（《楞伽經》卷四）。《六十華嚴》云：「…是故善男子！應求善知識，親近恭敬一心供養而無厭足，問菩薩行：云何修習菩薩道？云何滿足菩薩行？云何清淨菩薩行？云何究竟菩薩行？云何…。」若大師著作等身，善於言說，而不能令弟子得見眞心體性，所說違教背理，不能令弟子眞解菩薩道，不能令弟子悟後邁向成佛之道，焉名善知識？宗說俱通，方名大德多聞，能令弟子入宗門及了知成佛之道故，善於義學而非法相言說故，是故佛云：「大慧！欲得義者，應當親近多聞智者，供養恭敬。著名字者應當遠離，不應親近。」

第六節　愼莫盜法　以免重罪

人天乘法及二乘菩提之法，唯依蘊處界空相，說滅十八界已，成無餘涅槃；說滅盡十八界執著已，成有餘涅槃；唯說涅槃有本際阿賴耶識不滅、故阿羅漢命終非有非無，而不明述涅槃本際藏識空性，乃至《增一阿含經》中隱覆空性密意而說如來藏。以欲令人天得證二乘菩提故，以二乘菩提法不明述藏識空性密意故，諸弟子衆得廣說法，令諸人天得證解脫果。

大乘中之《般若經》，雖依空性藏識而說般若中道了義正理，然係宣示藏識之法性中道，未曾明述藏識密意。如是宣示，能令別教悟道者以之自我印證所悟是否眞正，亦不洩露密意而令慧缺者誹謗，故《般若經》及《維摩經》等二轉法輪諸經皆有咐囑，應廣流通。

三轉法輪之唯識方廣經典，則異其趣；乃至禁止爲外道及信不具足之佛門弟子宣說密意。此非佛陀於法吝惜不施，乃因藏識極爲平凡實在，極爲現成，極爲親切，故難思議；若未先修四加行、斷除我見，若無參究之過程及領受自性之體驗，加以多世熏修之善根慧力，聞之往往不信，便生嫌謗；謗正法故，成地獄罪，難以救度；憫此衆生，防其謗法，世尊故作遮止，不許弟子明說密意。

是故向上一路，自古以來千聖皆不明說，不可思議故，難信難受故；是故一切弘法者必須謹防密意洩露與緣未具足者，是故余今告誡學人不應以盜法心態而親近眞善知識學法。盜法之罪遠甚於十重戒之竊盜戒，遠甚於大妄語罪，故一切學人親近眞善知識，受學了義正法者，萬勿以盜法心態而受學；當以受持了義正法、護持了義正法，欲令一切有緣學人皆入了義正法之心態而親近善知識修學。

一切學人亦當戮力護持了義正法，以第一義諦了義法爲中心，修學六度十度萬行；莫令佛教資源及廣大佛子爲邪見所惑，投入於常見外道法及應成中觀兔無角法中，耽誤道業乃至成就破法重罪猶不自知。學人亦莫爲其師長故潛入正法教團中，欲盜正法以救師長名聞利養，此是盜法重罪故。若有師長欲證了義正法者，應敦促其自見善知識，親自明受或暗受善知識法，不可出之以盜法之行也，其罪極重故。於二乘菩提盜法者其罪已經極重，何況於大乘別教密意盜法者？

茲以《雜阿含經》卷十四第三四七經之二乘菩提盜法實例，供養諸上善人，以爲本書之圓滿功德；謹祝一切學人道業增長，福德漸具，早證菩提：

《如是我聞：一時佛住王舍城迦蘭陀竹園，若王大臣婆羅門長者居士，及餘世人所共恭敬尊重供養。佛及諸聲聞衆，大得利養衣被飲食臥具湯藥；都不恭敬尊重供養衆邪異道衣被飲食臥具湯藥。

爾時衆多異道聚會未曾講堂，作如是論：「我等昔來常爲國王大臣長者居士及餘一切之所奉事，恭敬供養衣被飲食臥具湯藥，今悉斷絕；但恭敬供養沙門瞿曇聲聞大衆衣被飲食臥具湯藥。今此衆中誰有智慧大力？堪能密往詣彼沙門瞿曇衆中出家？聞彼法已，來還廣說；我等當復用彼聞法，化諸國王大臣長者居士，令其信樂，可得還復供養如前。」

時有人言：「有一年少，名曰須深，聰明黠慧，堪能密往沙門瞿曇衆中出家，聽彼法已，來還宣說。」時諸外道詣須深所，而作是言：「我今日大衆聚集未曾講堂，作如是論：『我等先來爲諸國王大臣長者居士及諸世人之所恭敬奉事，供養衣被飲食臥具湯藥，今悉斷絕。國王大臣長者居士及諸世間，悉共奉事沙門瞿曇聲聞大衆。我此衆中誰有聰明黠慧？堪能密往沙門瞿曇衆中出家學道，聞彼法已來還宣說，化諸國王大臣長者居士，令我此衆還得恭敬尊重供養。』其中有言：『唯有須深聰明黠慧，堪能密往瞿曇法中出家學道，聞彼說法悉能受持，來還宣說。』是故我等故來相請，仁者當行。」

時彼須深默然受請，詣王舍城迦蘭陀竹園。時衆多比丘出房舍外露地經行，爾時須深詣衆多比丘而作是言：「諸尊！我今可得於正法中出家受具足、修梵行不？」時衆多比丘將彼須深詣世尊所，稽首禮足，退住一面，白佛言：「世尊！今此外道須深，欲求於正法中出家受具足，修梵行。」爾時世尊知外道須深心之所念，告諸比丘：「汝等當度彼外道須深，令得出家。」

時諸比丘願度須深出家，已經半月。有一比丘語須深言：「須深當知：我等生死已盡，梵行已立，所作已作，自知不受後有。」時彼須深語比丘言：「尊者！云何學離欲惡不善法，有覺有觀離生喜樂、具足初禪不起諸漏，心善解脫耶？」比丘答言：「不也！須深！」復問：「云何離有覺有觀內淨一心，無覺無觀定生喜樂，具足第二禪不起諸漏、心善解脫耶？」比丘答言：「不也！須深！」復問：「云何尊者離喜捨心，住正念正智，身心受樂，聖說及捨，具足第三禪不起諸漏，心善解脫耶？」答言：「不也！須深！」復問：「云何尊者離苦息樂，憂喜先斷，不苦不樂捨，淨念一心具足第四禪不起諸漏，心善解脫耶？」答言：「不也！須深！」復問：「若復寂靜解脫，起色無色，身作證，具足住，不起諸漏，心善解脫耶？」答言：「不也！須深！」須深復問：「云何尊者所說不同？前後相違？云何不得禪定，而復記說？」比丘答言：「我是慧解脫也。」作是說已，眾多比丘各從座起而去。

爾時須深知眾多比丘去已，作是思惟：「此諸尊者所說不同，前後相違；言不得正受，而復記說：自知作證。」作是思惟已，往詣佛所，稽首禮足，退住一面，白佛言：「世尊！彼眾多比丘於我面前記說：『我生已盡，梵行已立，所作已作，自知不受後有。』我即問彼尊者：『得離欲惡不善法、乃至身作證，不起諸漏，心善解脫耶？』彼答我言：『不也！須深！』我即問言：『所說不同，前後相違；言不入正受而復記說自知作證。』彼答我言：『得慧解脫。』作此說已，各從座起而去。我今問世尊：云何彼所說不同？前後相違？不得正受，而復說言自知作證？」佛告須深：「彼先知法住，後知涅槃、彼諸善男子獨一靜處，專精思惟不放逸法。離於我見，不起諸漏，心善解脫。」須深白佛：「我今不知先知法住後知涅槃彼諸善男子，獨一靜處專精思惟不放逸法，離於我見不起諸漏，心善解脫。」佛告須深：「不問汝知不知！且自先知法住後知涅槃彼諸善男子，獨一靜處專精思惟不放逸住，離於我見，心善解脫。」

須深白佛：「唯願世尊為我說法，令我得知法住智，得見法住智。」佛告須深：「我今問汝，隨意答我。須深！於意云何？有生故有老死，不離生、有老死耶？」須深答曰：「如是！世尊！」「有生故有老死，不離生、有老死。如是，生、有、取、愛、受、觸、六入處、名色、識、行、無明，有無明故有行，不離無明、而有行耶？」須深白佛：「如是！世尊！有無明故有行，不離無明而有行。」佛告須深：「無生故無老死，不離生滅而老死滅耶？」須深白佛言：「如是！世尊！」「無生故無老死，不離生滅而老死滅；如是乃至無無明故無行，不離無明滅而行滅耶？」須深白佛：「如是！世尊！無無明故無行，不離無明滅而行滅。」佛告須深：「作如是知、如是見者，為有離欲惡不善法，乃至身作證、具足住不？」須深白佛：「不也！世尊！」佛告須深：「是名先知法住後知涅槃彼諸善男子獨一靜處專精思惟不放逸住，離於我見，不起諸漏，心善解脫。」

佛說此經已，尊者須深遠塵離垢，得法眼淨。爾時須深見法得法，覺法度疑；不由他信，不由他度，於正法中心得無畏；稽首佛足，白佛言：「世尊！我今悔過，我於正法中盜密出家，是故悔過。」佛告須深：「云何於正法中盜密出家？」須深白佛言：「世尊！有衆多外道來詣我所，語我言：『須深當知：我等先爲國王大臣長者居士及餘世人恭敬供養，而今斷絕，悉共供養沙門瞿曇聲聞大衆。汝今密往沙門瞿曇聲聞衆中出家受法，得彼法已，還來宣說；我等當以彼聞法教化世間，令彼恭敬供養如初。』是故世尊！我於正法律中盜密出家。今日悔過，唯願世尊聽我悔過，以哀愍故。」

佛告須深：「受汝悔過，汝當具說：『我昔愚痴不善無智，於正法律盜密出家，今日悔過，自見罪、向知罪；於當來世律儀成就，功德增長，終不退減。』所以者何？凡人有罪，自見自知而悔過者，於當來世律儀成就，功德增長，終不退減。」

佛告須深：「今當說譬，其智慧者以譬得解。譬如國王有防邏者，捉捕盜賊，縛送王所，白言：『大王！此人劫盜，願王處罪。』王言：『將罪人去，反縛兩手，惡聲宣令周遍國中，然後將出城外刑罪人處，遍身四體刺以百矛。』彼典刑者受王教令，送彼罪人，反縛兩手，惡聲宣唱周遍城邑，將出城外刑罪人處，遍身四體刺以百矛。日中王問：『罪人活耶？』臣白言活，王復敕臣復刺百矛。至日晡時，復刺百矛，彼猶不死。」

佛告須深：「彼王治罪，刺以三百矛，彼罪人身寧有完處如手掌不？」須深白佛：「無也！世尊！」復問須深：「時彼罪人刺以三百矛因緣，受苦極苦劇不？」須深白佛：「極苦！世尊！若刺以一矛，苦痛難堪。況三百矛，當可堪忍？」佛告須深：「此尚可耳。若於正法律盜密出家，盜受持法爲人宣說，當受苦痛倍過於彼。」佛說是法時，外道須深漏盡意解。佛說此經已，尊者須深聞佛所說，歡喜奉行。》

大衆且觀以上《阿含經》文，盜法於二乘菩提者，罪已如是嚴重，何況大乘別教不傳之密—如來藏法？其盜法者，若盜法已，轉向未具足得法因緣者說，將致大乘別教處於法滅之絕境；大乘別教若滅，通教及二乘菩提亦將難禦外道理論之破壞，其罪無與倫比；如是盜法者逮至捨壽時之業相現前，已無人亦無力能救，一切學人千萬謹愼！千萬謹愼！平實言盡於此。

（公元二〇〇〇年大暑過六日完稿）

正覺同修會　同修發願文

微妙甚深無上法　百千萬劫難值遇

我今見聞得証悟　願解如來究竟義　（起）（胡跪叉手唱唸一遍）

南無本師釋迦牟尼佛　（三稱三拜）（胡跪叉手唱唸：）

願我修學大乘理，不遇聲聞緣覺師，願我得遇菩薩僧，受學大乘第一義；

不久見道証真如，隨度重關見佛性，隨我導師入宗門，親証三乘人無我。

願具妙慧勇摧邪，救護佛子向正道，普入大乘第一義，受學究竟微妙理；

願隨導師學種智，通達初地法無我，修除性障起聖性，發十無盡大願王。

願我依佛微妙慧，善修菩薩十度行，無生法忍增上修，地地轉進無障礙；

乃至究竟菩提果，不捨眾生永無盡，願我世尊恒慈愍，冥佑弟子成大願。

南無釋迦牟尼佛，南無十方一切佛，南無大乘勝義僧，南無究竟第一義。

（每遍就地一拜，三遍圓滿）

敬告讀者

閱畢此書，當索取《邪見與佛法》細讀，並將二書內容融會貫通，則成佛之道及佛法內涵即可了然於心；佛法不外解脱道與佛菩提道故，《邪見與佛法》中已詳述二主要道之正見與邪見故。

愚 平實 謹啓

二〇〇〇、一二、一〇

佛菩提二主要道次第概要表——二道並修，以外無別佛法

佛菩提道——大菩提道

十信位修集信心——一劫乃至一萬劫

資糧位

初住位修集布施功德（以財施爲主）。
二住位修集持戒功德。
三住位修集忍辱功德。
四住位修集精進功德。
五住位修集禪定功德。
六住位修集般若功德（熏習般若中觀及斷我見，加行位也）。

（外門廣修六度萬行）

遠波羅蜜多

七住位明心般若正觀現前，親證本來自性清淨涅槃。
八住位起於一切法現觀般若中道。漸除性障。
十住位眼見佛性，世界如幻觀成就。

一至十行位，於廣行六度萬行中，依般若中道慧，現觀陰處界猶如陽焰，至第十行滿心位，陽焰觀成就。

一至十迴向位熏習一切種智；修除性障，唯留最後一分思惑不斷。第十迴向滿心位成就菩薩道如夢觀。

（內門廣修六度萬行）

見道位

初地：第十迴向位滿心時，成就道種智一分（八識心王一一親證後，領受五法、三自性、七種第一義、七種性自性、二種無我法）復由勇發十無盡願，成通達位菩薩。復又永伏性障而不具斷，能證慧解脫而不取證，由大願故留惑潤生。此地主修法施波羅蜜多及百法明門。證「猶如鏡像」現觀，故滿初地心。

二地：初地功德滿足以後，再成就道種智一分而入二地；主修戒波羅蜜多及一切種智。滿心位成就「猶如光影」現觀，戒行自然清淨。

解脫道：二乘菩提

→ 斷三縛結，成初果解脫

→ 薄貪瞋癡，成二果解脫

→ 斷五下分結，成三果解脫

入地前的四加行令煩惱障現行悉斷，成四果解脫，留惑潤生。分段生死已斷，煩惱障習氣種子開始斷除，兼斷無始無明上煩惱。

圓滿成就究竟佛果

近波羅蜜多 — 大波羅蜜多 — 圓滿波羅蜜多

修道位 — 究竟位

三地：二地滿心再證道種智一分，故入三地。此地主修忍波羅蜜多及四禪八定、四無量心、五神通。能成就俱解脫果而不取證，留惑潤生。滿心位成就「猶如谷響」現觀及無漏妙定意生身。

四地：由三地再證道種智一分故入四地。主修精進波羅蜜多，於此土及他方世界廣度有緣，無有疲倦。進修一切種智，滿心位成就「如水中月」現觀。

五地：由四地再證道種智一分故入五地。主修禪定波羅蜜多及一切種智，斷除下乘涅槃貪。滿心位成就「變化所成」現觀。

六地：由五地再證道種智一分故入六地。此地主修般若波羅蜜多——依道種智現觀十二因緣一一有支及意生身化身，皆自心眞如變化所現，「非有似有」，成就細相觀，不由加行而自然證得滅盡定，成俱解脫大乘無學。

七地：由六地「非有似有」現觀，再證道種智一分故入七地。此地主修一切種智及方便波羅蜜多，由重觀十二有支一一支中之流轉門及還滅門一切細相，成就方便善巧，念念隨入滅盡定。滿心位證得「如犍闥婆城」現觀。

八地：由七地極細相觀成就故再證道種智一分而入八地。此地主修一切種智及願波羅蜜多。至滿心位純無相觀任運恆起，故於相土自在，滿心位復證「如實覺知諸法相意生身」故。

九地：由八地再證道種智一分故入九地。主修力波羅蜜多及一切種智，成就四無礙，滿心位證得「種類俱生無行作意生身」。

十地：由九地再證道種智一分故入此地。此地主修一切種智——智波羅蜜多。滿心位起大法智雲，及現起大法智雲所含藏種種功德，成受職菩薩。

等覺：由十地道種智成就故入此地。此地應修一切種智，圓滿等覺地無生法忍；於百劫中修集極廣大福德，以之圓滿三十二大人相及無量隨形好。

妙覺：示現受生人間已斷盡煩惱障一切習氣種子，並斷盡所知障一切隨眠，永斷變易生死無明，成就大般涅槃，四智圓明。人間捨壽後，報身常住色究竟天利樂十方地上菩薩；以諸化身利樂有情，永無盡期，成就究竟佛道。

七地滿心斷除故意保留之最後一分思惑時，煩惱障所攝色、受、想三陰有漏習氣種子全部斷盡。 ←

煩惱障所攝行、識二陰無漏習氣種子任運漸斷，所知障所攝上煩惱任運漸斷。 ←

斷盡變易生死成就大般涅槃

佛子蕭平實 謹製

（二〇〇九、〇二 修訂）

（二〇一二、〇二 增補）

佛教正覺同修會〈修學佛道次第表〉

第一階段
* 以憶佛及拜佛方式修習動中定力。
* 學第一義佛法及禪法知見。
* 無相拜佛功夫成就。
* 具備一念相續功夫—動靜中皆能看話頭。
* 努力培植福德資糧，勤修三福淨業。

第二階段
* 參話頭，參公案。
* 開悟明心，一片悟境。
* 鍛鍊功夫求見佛性。
* 眼見佛性〈餘五根亦如是〉親見世界如幻，成就如幻觀。
* 學習禪門差別智。
* 深入第一義經典。
* 修除性障及隨分修學禪定。
* 修證十行位陽焰觀。

第三階段
* 學一切種智真實正理—楞伽經、解深密經、成唯識論…。
* 參究末後句。
* 解悟末後句。
* 透牢關—親自體驗所悟末後句境界，親見實相，無得無失。
* 救護一切衆生迴向正道。護持了義正法，修證十迴向位如夢觀。
* 發十無盡願，修習百法明門，親證猶如鏡像現觀。
* 修除五蓋，發起禪定。持一切善法戒。親證猶如光影現觀。
* 進修四禪八定、四無量心、五神通。進修大乘種智，求證猶如谷響現觀。

佛教正覺同修會 共修現況 及 招生公告 2020/05/03

一、共修現況：（請在共修時間來電，以免無人接聽。）

台北正覺講堂 103 台北市承德路三段 277 號九樓 捷運淡水線圓山站旁
Tel..總機 02-25957295（晚上）（**分機：九樓**辦公室 10、11；知客櫃檯 12、13。 **十樓**知客櫃檯 15、16；書局櫃檯 14。 **五樓**辦公室 18；知客櫃檯 19。**二樓**辦公室 20；知客櫃檯 21。）
Fax..25954493

第一講堂 台北市承德路三段 277 號九樓

禪淨班：週一晚班、週三晚班、週四晚班、週五晚班、週六下午班、週六上午班（共修期間二年半，全程免費。皆須報名建立學籍後始可參加共修，欲報名者詳見本公告末頁。）

增上班：瑜伽師地論詳解：單週六晚班。雙週六晚班（重播班）。17.50～20.50。平實導師講解，2003 年 2 月開講至今，僅限已明心之會員參加。

禪門差別智：每月第一週日全天 平實導師主講（事冗暫停）。

不退轉法輪經詳解 本經所說妙法極爲甚深難解，時至末法，已然無有知者；而其甚深絕妙之法，流傳至今依舊多人可證，顯示佛法眞是義學而非玄談，其中甚深極妙令人拍案稱絕之第一義諦妙義。已於 2019 年元月底開講，由平實導師詳解。每逢週二晚上開講，第一至第六講堂都可同時聽聞，歡迎菩薩種性學人，攜眷共同參與此殊勝法會現場聞法，不限制聽講資格。本會學員憑上課證進入第一至第四講堂聽講，會外學人請以身分證件換證進入聽講（此爲大樓管理處安全管理規定之要求，敬請諒解）；第五及第六講堂（B1、B2）對外開放，不需出示任何證件，請由大樓側門直接進入。

第二講堂 台北市承德路三段 267 號十樓。

不退轉法輪經詳解：平實導師講解。每週二 18.50~20.50 影像音聲即時傳輸

禪淨班：週一晚班。

進階班：週三晚班、週四晚班、週五晚班、週六早班、週六下午班。禪淨班結業後轉入共修。

第三講堂 台北市承德路三段 277 號五樓。

不退轉法輪經詳解：平實導師講解。每週二 18.50~20.50 影像音聲即時傳輸

禪淨班：週六下午班。

進階班：週一晚班、週三晚班、週四晚班、週五晚班。

第四講堂 台北市承德路三段 267 號二樓。

不退轉法輪經詳解：平實導師講解。每週二 18.50~20.50 影像音聲即時傳輸

進階班：週一晚班、週三晚班、週四晚班（禪淨班結業後轉入共修）。

第五、第六講堂

不退轉法輪經詳解：平實導師講解。每週二 18.50~20.50 影像音聲即時傳

輪。第五、第六講堂爲**開放式講堂**，不需以身分證件換證即可進入聽講，台北市承德路三段 267 號地下一樓、地下二樓。每逢週二晚上講經時段開放給會外人士自由聽經，請由大樓側面梯階逕行進入聽講。**聽講者請尊重講者的著作權及肖像權，請勿錄音錄影，以免違法；若有錄音錄影被查獲者，將依法處理。**

念佛班 每週日晚上，第六講堂共修（B2），一切求生極樂世界的三寶弟子皆可參加，不限制共修資格。

進階班：週一晚班、週三晚班、週四晚班。

正覺祖師堂 桃園市大溪區美華里信義路 650 巷坑底 5 之 6 號（台 3 號省道 34 公里處 妙法寺對面斜坡道進入）電話 03-3886110 傳眞 03-3881692 本堂供奉 克勤圓悟大師，專供會員每年四月、十月各三次精進禪三共修，兼作本會出家菩薩掛單常住之用。開放參訪日期請參見本會公告。教內共修團體或道場，得另申請其餘時間作團體參訪，務請事先與常住確定日期，以便安排常住菩薩接引導覽，亦免妨礙常住菩薩之日常作息及修行。

桃園正覺講堂（第一、第二講堂）：桃園市介壽路 286、288 號 10 樓（陽明運動公園對面）電話：03-3749363（請於共修時聯繫，或與台北聯繫）

禪淨班：週一晚班（1）、週一晚班（2）、週三晚班、週四晚班、週五晚班。

進階班：週四晚班、週五晚班、週六上午班。

增上班：雙週六晚班（增上重播班）。

不退轉法輪經詳解：平實導師講解。每週二晚上，以台北正覺講堂所錄 DVD 放映；歡迎會外學人共同聽講，不需出示身分證件。

新竹正覺講堂 新竹市東光路 55 號二樓之一 電話 03-5724297（晚上）

第一講堂：

禪淨班：週五晚班。

進階班：週三晚班、週四晚班、週六上午班（由禪淨班結業後轉入共修）。

增上班：單週六晚班。雙週六晚班（重播班）。

不退轉法輪經詳解：平實導師講解。每週二晚上，以台北正覺講堂所錄 DVD 放映。歡迎會外學人共同聽講，不需出示身分證件。

第二講堂：

禪淨班：週一晚班、週三晚班、週四晚班、週六上午班。

不退轉法輪經詳解：每週二晚上與第一講堂同步播放講經 DVD。

第三、第四講堂：裝修完畢，即將開放。

台中正覺講堂 04-23816090（晚上）

第一講堂 台中市南屯區五權西路二段 666 號 13 樓之四（國泰世華銀行樓上。鄰近縣市經第一高速公路前來者，由五權西路交流道可以快速到達，大樓旁有停車場，對面有素食館）。

禪淨班：週四晚班、週五晚班。

進階班：週一晚班、週三晚班、週六上午班（由禪淨班結業後轉入共修）。

增上班：單週六晚班。雙週六晚班（重播班）。

不退轉法輪經詳解：平實導師講解。每週二晚上，以台北正覺講堂所錄 DVD 放映。歡迎會外學人共同聽講，不需出示身分證件。

第二講堂　台中市南屯區五權西路二段 666 號 4 樓

禪淨班：週一晚班、週三晚班。

第三講堂台中市南屯區五權西路二段 666 號 4 樓

禪淨班：週一晚班。

第四講堂台中市南屯區五權西路二段 666 號 4 樓。

進階班：週一晚班、週四晚班、週六上午班。由禪淨班結業後轉入共修。

不退轉法輪經詳解：每週二晚上與第一講堂同步播放講經 DVD。

嘉義正覺講堂　嘉義市友愛路 288 號八樓之一　電話：05-2318228

第一講堂：

禪淨班：週四晚班、週五晚班、週六上午班。

進階班：週一晚班、週三晚班（由禪淨班結業後轉入共修）。

增上班：單週六晚班。雙週六晚班（重播班）。

不退轉法輪經詳解：平實導師講解。每週二晚上，以台北正覺講堂所錄 DVD 放映。歡迎會外學人共同聽講，不需出示身分證件。

第二講堂　嘉義市友愛路 288 號八樓之二。

第三講堂　嘉義市友愛路 288 號四樓之七。

禪淨班：週一晚班、週三晚班。

台南正覺講堂

第一講堂　台南市西門路四段 15 號 4 樓。06-2820541（晚上）

禪淨班：週一晚班、週三晚班、週四晚班、週五晚班、週六下午班。

增上班：單週六晚班。雙週六晚班（重播班）。

第二講堂　台南市西門路四段 15 號 3 樓。

不退轉法輪經詳解：每週二晚上與第三講堂同步播放講經 DVD。

第三講堂　台南市西門路四段 15 號 3 樓。

進階班：週一晚班、週三晚班、週四晚班、週五晚班（由禪淨班結業後轉入共修）。

不退轉法輪經詳解：平實導師講解。每週二晚上，以台北正覺講堂所錄 DVD 放映。歡迎會外學人共同聽講，不需出示身分證件。。

高雄正覺講堂　高雄市新興區中正三路 45 號五樓 07-2234248（晚上）

第一講堂（五樓）：

禪淨班：週一晚班、週三晚班、週四晚班、週五晚班、週六上午班。

增上班：單週六晚班。雙週六晚班（重播班）。

不退轉法輪經詳解：平實導師講解。每週二晚上，以台北正覺講堂所錄 DVD 放映。歡迎會外學人共同聽講，不需出示身分證件。

第二講堂（四樓）：

進階班：週三晚班、週四晚班、週六上午班（由禪淨班結業後轉入共修）。

不退轉法輪經詳解：每週二晚上與第一講堂同步播放講經 DVD。

第三講堂（三樓）：

進階班：週四晚班（由禪淨班結業後轉入共修）。

香港正覺講堂

九龍觀塘，成業街 10 號，電訊一代廣場 27 樓 E 室。

（觀塘地鐵站 B1 出口，步行約 4 分鐘）。電話：(852) 23262231

英文地址：Unit E，27th Floor, TG Place, 10 Shing Yip Street, Kwun Tong, Kowloon

禪淨班：雙週六下午班、雙週日下午班、單週六下午班、單週日下午班

進階班：雙週五晚上班、雙週日早上班（由禪淨班結業後轉入共修）。

增上班：每月第一週週日，以台北增上班課程錄成 DVD 放映之。

增上重播班：每月第一週週六，以台北增上班課程錄成 DVD 放映之。

大法鼓經詳解：平實導師講解。每週六、日 19:00～21:00，以台北正覺講堂所錄 DVD 放映；歡迎會外學人共同聽講，不需出示身分證件。

美國洛杉磯正覺講堂　☆已遷移新址☆

825 S. Lemon Ave Diamond Bar, CA 91789 U.S.A.

Tel. (909) 595-5222（請於週六 9:00~18:00 之間聯繫）

Cell. (626) 454-0607

禪淨班：每逢週末 16：00~18：00 上課。

進階班：每逢週末上午 10：00~12：00 上課。

不退轉法輪經詳解：平實導師講解。每週六下午 13：30~15：30 以台北所錄 DVD 放映。歡迎各界人士共享第一義諦無上法益，不需報名。

二、招生公告　**本會台北講堂及全省各講堂、香港講堂，每逢四月、十月下旬開新班，每週共修一次**（每次二小時。開課日起三個月內仍可插班）；**但美國洛杉磯共修處之禪淨班得隨時插班共修。各班共修期間皆為二年半，全程免費，欲參加者請向本會函索報名表**（各共修處皆於共修時間方有人執事，非共修時間請勿電詢或前來洽詢、請書），**或直接從本會官方網站**(http://www.enlighten.org.tw/newsflash/class)**或成佛之道網站下載報名表**。共修期滿時，若經報名禪三審核通過者，可參加四天三夜之禪三精進共修，有機會明心、取證如來藏，發起般若實相智慧，成為實義菩薩，脫離凡夫菩薩位。

三、新春禮佛祈福 農曆**年假**期間停止共修：自農曆新年前七天起停止共修與弘法，正月 8 日起回復共修、弘法事務。新春期間正月初一～初七 9.00～17.00 開放台北講堂、正月初一~初三開放新竹、台中、嘉義、台南、高雄講堂，以及大溪禪三道場（正覺祖師堂），方便會員供佛、祈福及會外人士請書。美國洛杉磯共修處之休假時間，請逕詢該共修處。

密宗四大派修雙身法，是外道性力派的邪法；又以生滅的識陰作為常住法，是常見外道，是假的藏傳佛教。

西藏覺囊巴以他空見弘揚第八識如來藏勝法，才是真藏傳佛教

佛教正覺同修會　弘法行事表

2019/02/18

1、**禪淨班**　以無相念佛及拜佛方式修習動中定力，實證一心不亂功夫。傳授解脫道正理及第一義諦佛法，以及參禪知見。共修期間：二年六個月。每逢四月、十月開新班，詳見招生公告表。

2、**進階班**　禪淨班畢業後得轉入此班，進修更深入的佛法，期能證悟明心。各地講堂各有多班，繼續深入佛法、增長定力，悟後得轉入增上班修學道種智，期能證得無生法忍。

3、**增上班　瑜伽師地論**詳解　詳解論中所言凡夫地至佛地等 17 師之修證境界與理論，從凡夫地、聲聞地……宣演到諸地所證無生法忍、一切種智之眞實正理。由平實導師開講，每逢一、三、五週之週末晚上開示，僅限已明心之會員參加。2003 年二月開講至今，預定 2019 年講畢。

4、**不退轉法輪經**詳解　本經所說妙法極爲甚深難解，時至末法，已然無有知者；而其甚深絕妙之法，流傳至今依舊多人可證，顯示佛法眞是義學而非玄談，其中甚深極妙令人拍案稱絕之第一義諦妙義。已於 2019 年元月底開講，由平實導師詳解。不限制聽講資格。

5、**精進禪三**　主三和尚：平實導師。於四天三夜中，以克勤圓悟大師及大慧宗杲之禪風，施設機鋒與小參、公案密意之開示，幫助會員剋期取證，親證不生不滅之眞實心——人人本有之如來藏。每年四月、十月各舉辦三個梯次；平實導師主持。僅限本會會員參加禪淨班共修期滿，報名審核通過者，方可參加。並選擇會中定力、慧力、福德三條件皆已具足之已明心會員，給以指引，令得眼見自己無形無相之佛性遍佈山河大地，眞實而無障礙，得以肉眼現觀世界身心悉皆如幻，具足成就如幻觀，圓滿十住菩薩之證境。

6、**阿含經**詳解　選擇重要之阿含部經典，依無餘涅槃之實際而加以詳解，令大眾得以現觀諸法緣起性空，亦復不墮斷滅見中，顯示經中所隱說之涅槃實際—如來藏—確實已於四阿含中隱說；令大眾得以聞後觀行，確實斷除我見乃至我執，證得**見到**眞現觀，乃至**身證**……等眞現觀；已得大乘或二乘見道者，亦可由此聞熏及聞後之觀行，除斷我所之貪著，成就慧解脫果。由平實導師詳解。不限制聽講資格。

7、**解深密經**詳解　重講本經之目的，在於令諸已悟之人明解大乘法道之成佛次第，以及悟後進修一切種智之內涵，確實證知三種自性性，並得據此證解七眞如、十眞如等正理。每逢週二 18.50~20.50 開示，由平實導師詳解。將於《**不退轉法輪經**》講畢後開講。不限制聽講資格。

8、**成唯識論**詳解　詳解一切種智眞實正理，詳細剖析一切種智之微細深妙廣大正理；並加以舉例說明，使已悟之會員深入體驗所證如來藏之微密行相；及證驗見分相分與所生一切法，皆由如來藏—阿賴耶識—直接或展轉而生，因此證知一切法無我，證知無餘涅槃之本際。將於增上班《瑜伽師地論》講畢後，由平實導師重講。僅限已明心之會員參加。

9、**精選如來藏系經典**詳解　精選如來藏系經典一部，詳細解說，以此完全印證會員所悟如來藏之眞實，得入不退轉住。另行擇期詳細解說之，由平實導師講解。僅限已明心之會員參加。

10、**禪門差別智**　藉禪宗公案之微細淆訛難知難解之處，加以宣說及剖析，以增進明心、見性之功德，啓發差別智，建立擇法眼。每月第一週日全天，由平實導師開示，僅限破參明心後，復又眼見佛性者參加（事冗暫停）。

11、**枯木禪**　先講智者大師的《小止觀》，後說《釋禪波羅蜜》，詳解四禪八定之修證理論與實修方法，細述一般學人修定之邪見與岔路，及對禪定證境之誤會，消除枉用功夫、浪費生命之現象。已悟般若者，可以藉此而實修初禪，進入大乘通教及聲聞教的三果心解脫境界，配合應有的大福德及後得無分別智、十無盡願，即可進入初地心中。親教師：平實導師。未來緣熟時將於正覺寺開講。不限制聽講資格。

註：本會例行年假，自 2004 年起，改爲每年農曆新年前七天開始停息弘法事務及共修課程，農曆正月 8 日回復所有共修及弘法事務。新春期間（每日 9.00~17.00）開放台北講堂，方便會員禮佛祈福及會外人士請書。大溪區的正覺祖師堂，開放參訪時間，詳見〈正覺電子報〉或成佛之道網站。本表得因時節因緣需要而隨時修改之，不另作通知。

佛教正覺同修會　贈閱書籍 目錄　　2018/10/20

1.**無相念佛**　平實導師著　回郵 36 元
2.**念佛三昧修學次第**　平實導師述著　回郵 52 元
3.**正法眼藏—護法集**　平實導師述著　回郵 76 元
4.**真假開悟簡易辨正法&佛子之省思**　平實導師著　回郵 26 元
5.**生命實相之辨正**　平實導師著　回郵 31 元
6.**如何契入念佛法門**（附：印順法師否定極樂世界）平實導師著　回郵 26 元
7.**平實書箋**—答元覽居士書　平實導師著　回郵 52 元
8.**三乘唯識**—如來藏系經律彙編　平實導師編　回郵 80 元
（精裝本　長 27 cm　寬 21 cm　高 7.5 cm　重 2.8 公斤）
9.**三時繫念全集**—修正本　回郵掛號 52 元（長 26.5 cm×寬 19 cm）
10.**明心與初地**　平實導師述　回郵 31 元
11.**邪見與佛法**　平實導師述著　回郵 36 元
12.**甘露法雨**　平實導師述　回郵 36 元
13.**我與無我**　平實導師述　回郵 36 元
14.**學佛之心態**—修正錯誤之學佛心態始能與正法相應　孫正德老師著　回郵52元
附錄：平實導師著**《略說八、九識並存…等之過失》**
15.**大乘無我觀**—《悟前與悟後》別說　平實導師述著　回郵 36 元
16.**佛教之危機**—中國台灣地區現代佛教之真相（附錄：公案拈提六則）
平實導師著　回郵 52 元
17.**燈　影**—燈下黑（覆「求教後學」來函等）　平實導師著　回郵 76 元
18.**護法與毀法**—覆上平居士與徐恒志居士網站毀法二文
張正圜老師著　回郵 76 元
19.**淨土聖道**—兼評選擇本願念佛　正德老師著　由正覺同修會購贈　回郵52 元
20.**辨唯識性相**—對「紫蓮心海《辯唯識性相》書中否定阿賴耶識」之回應
正覺同修會 台南共修處法義組 著　回郵52 元
21.**假如來藏**—對法蓮法師《如來藏與阿賴耶識》書中否定阿賴耶識之回應
正覺同修會 台南共修處法義組 著　回郵 76 元
22.**入不二門**—公案拈提集錦 第一輯（於平實導師公案拈提諸書中選錄約二十則，
合輯爲一冊流通之）平實導師著　回郵 52 元
23.**真假邪說**—西藏密宗索達吉喇嘛《破除邪說論》真是邪說
釋正安法師著　上、下冊回郵各 52 元
24.**真假開悟**—真如、如來藏、阿賴耶識間之關係　平實導師述著　回郵 76 元
25.**真假禪和**—辨正釋傳聖之謗法謬說　孫正德老師著　回郵76 元
26.**眼見佛性**—駁慧廣法師眼見佛性的含義文中謬說
游正光老師著　回郵52 元

27.**普門自在**—公案拈提集錦 第二輯（於平實導師公案拈提諸書中選錄約二十則，合輯爲一冊流通之）平實導師著　回郵52元

28.**印順法師的悲哀**—以現代禪的質疑為線索　恒毓博士著　回郵52元

29.**識蘊真義**—現觀識蘊內涵、取證初果、親斷三縛結之具體行門。—依《成唯識論》及《唯識述記》正義，略顯安慧《大乘廣五蘊論》之邪謬　平實導師著　回郵76元

30.**正覺電子報** 各期紙版本　免附回郵　每次最多函索三期或三本。（已無存書之較早各期，不另增印贈閱）

31.**現代人應有的宗教觀**　蔡正禮老師 著　回郵31元

32.**遠惑趣道**—正覺電子報般若信箱問答錄　第一輯　回郵52元

33.**遠惑趣道**—正覺電子報般若信箱問答錄　第二輯　回郵52元

34.**確保您的權益**—器官捐贈應注意自我保護　游正光老師 著　回郵31元

35.**正覺教團電視弘法三乘菩提 DVD 光碟（一）**

由正覺教團多位親教師共同講述錄製 DVD 8 片，MP3 一片，共 9 片。有二大講題：一爲「三乘菩提之意涵」，二爲「學佛的正知見」。內容精闢，深入淺出，精彩絕倫，幫助大眾快速建立三乘法道的正知見，免被外道邪見所誤導。有志修學三乘佛法之學人不可不看。（製作工本費 100 元，回郵 52 元）

36.**正覺教團電視弘法 DVD 專輯（二）**

總有二大講題：一爲「三乘菩提之念佛法門」，一爲「學佛正知見（第二篇）」，由正覺教團多位親教師輪番講述，內容詳細闡述如何修學念佛法門、實證念佛三昧，以及學佛應具有的正確知見，可以幫助發願往生西方極樂淨土之學人，得以把握往生，更可令學人快速建立三乘法道的正知見，免於被外道邪見所誤導。有志修學三乘佛法之學人不可不看。（一套 17 片，工本費 160 元。回郵 76 元）

37.**喇嘛性世界**—揭開假藏傳佛教譚崔瑜伽的面紗　張善思 等人合著　由正覺同修會購贈　回郵52元

38.**假藏傳佛教的神話**—性、謊言、喇嘛教　張正玄教授編著　由正覺同修會購贈　回郵52元

39.**隨 緣**—理隨緣與事隨緣　平實導師述　回郵52元。

40.**學佛的覺醒**　正枝居士 著　回郵52元

41.**導師之真實義**　蔡正禮老師 著　回郵31元

42.**淺談達賴喇嘛之雙身法**—兼論解讀「密續」之達文西密碼　吳明芷居士 著　回郵31元

43.**魔界轉世**　張正玄居士 著　回郵31元

44.**一貫道與開悟**　蔡正禮老師 著　回郵31元

45.**博愛**—愛盡天下女人　正覺教育基金會 編印　回郵36元

46.**意識虛妄經教彙編**—實證解脫道的關鍵經文　正覺同修會編印　回郵36元

47.**邪箭囈語**—破斥藏密外道多識仁波切《破魔金剛箭雨論》之邪說

陸正元老師著　上、下冊回郵各 52 元

48.**真假沙門**—依　佛聖教闡釋佛教僧寶之定義

蔡正禮老師著　俟正覺電子報連載後結集出版

49.**真假禪宗**—藉評論釋性廣《印順導師對變質禪法之批判

及對禪宗之肯定》以顯示真假禪宗

附論一：凡夫知見 無助於佛法之信解行證

附論二：世間與出世間一切法皆從如來藏實際而生而顯

余正偉老師著　俟正覺電子報連載後結集出版　回郵未定

★ 上列贈書之郵資，係台灣本島地區郵資，大陸、港、澳地區及外國地區，請另計酌增（大陸、港、澳、國外地區之郵票不許通用）。尚未出版之書，請勿先寄來郵資，以免增加作業煩擾。

★ 本目錄若有變動，唯於後印之書籍及「成佛之道」網站上修正公佈之，不另行個別通知。

函索書籍請寄：佛教正覺同修會　103 台北市承德路 3 段 277 號 9 樓

台灣地區函索書籍者請附寄郵票，無時間購買郵票者可以等值現金抵用，但不接受郵政劃撥、支票、匯票。大陸地區得以人民幣計算，國外地區請以美元計算（請勿寄來當地郵票，在台灣地區不能使用）。欲以掛號寄遞者，請另附掛號郵資。

親自索閱：正覺同修會各共修處。　★請於共修時間前往取書，餘時無人在道場，請勿前往索取；共修時間與地點，詳見書末正覺同修會共修現況表（以近期之共修現況表為準）。

註：正智出版社發售之局版書，請向各大書局購閱。若書局之書架上已經售出而無陳列者，請向書局櫃台指定洽購；若書局不便代購者，請於正覺同修會共修時間前往各共修處請購，正智出版社已派人於共修時間送書前往各共修處流通。 郵政劃撥購書及 大陸地區 購書，請詳別頁正智出版社發售書籍目錄最後頁之說明。

成佛之道 網站：http://www.a202.idv.tw　正覺同修會已出版之結緣書籍，多已登載於 成佛之道 網站，若住外國、或住處遙遠，不便取得正覺同修會贈閱書籍者，可以從本網站閱讀及下載。　書局版之《宗通與說通》亦已上網，台灣讀者可向書局洽購，售價 300 元。《狂密與眞密》第一輯~第四輯，亦於 2003.5.1.全部於本網站登載完畢；台灣地區讀者請向書局洽購，每輯約 400 頁，售價 300 元（網站下載紙張費用較貴，容易散失，難以保存，亦較不精美）。

＊＊假藏傳佛教修雙身法，非佛教＊＊

正智出版社 籌募弘法基金發售書籍目錄 2020/07/13

1.**宗門正眼**—公案拈提 第一輯 重拈 平實導師著 500 元
因重寫內容大幅度增加故，字體必須改小，並增爲 576 頁 主文 546 頁。比初版更精彩、更有內容。初版《禪門摩尼寶聚》之讀者，可寄回本公司免費調換新版書。免附回郵，亦無截止期限。（2007 年起，每冊附贈本公司精製公案拈提〈超意境〉CD 一片。市售價格 280 元，多購多贈。）

2.**禪淨圓融** 平實導師著 200 元（第一版舊書可換新版書。）

3.**真實如來藏** 平實導師著 400 元

4.**禪—悟前與悟後** 平實導師著 上、下冊，每冊 250 元

5.**宗門法眼**—公案拈提 第二輯 平實導師著 500 元
（2007 年起，每冊附贈本公司精製公案拈提〈超意境〉CD 一片）

6.**楞伽經詳解** 平實導師著 全套共 10 輯 每輯 250 元

7.**宗門道眼**—公案拈提 第三輯 平實導師著 500 元
（2007 年起，每冊附贈本公司精製公案拈提〈超意境〉CD 一片）

8.**宗門血脈**—公案拈提 第四輯 平實導師著 500 元
（2007 年起，每冊附贈本公司精製公案拈提〈超意境〉CD 一片）

9.**宗通與說通**—成佛之道 平實導師著 主文 381 頁 全書 400 頁售價 300 元

10.**宗門正道**—公案拈提 第五輯 平實導師著 500 元
（2007 年起，每冊附贈本公司精製公案拈提〈超意境〉CD 一片）

11.**狂密與真密 一～四輯** 平實導師著 西藏密宗是人間最邪淫的宗教，本質不是佛教，只是披著佛教外衣的印度教性力派流毒的喇嘛教。此書中將西藏密宗密傳之男女雙身合修樂空雙運所有祕密與修法，毫無保留完全公開，並將全部喇嘛們所不知道的部分也一併公開。內容比大辣出版社喧騰一時的《西藏慾經》更詳細。並且函蓋藏密的所有祕密及其錯誤的中觀見、如來藏見……等，藏密的所有法義都在書中詳述、分析、辨正。每輯主文三百餘頁 每輯全書約 400 頁 售價每輯 300 元

12.**宗門正義**—公案拈提 第六輯 平實導師著 500 元
（2007 年起，每冊附贈本公司精製公案拈提〈超意境〉CD 一片）

13.**心經密意**—心經與解脫道、佛菩提道、祖師公案之關係與密意 平實導師述 300 元

14.**宗門密意**—公案拈提 第七輯 平實導師著 500 元
（2007 年起，每冊附贈本公司精製公案拈提〈超意境〉CD 一片）

15.**淨土聖道**—兼評「選擇本願念佛」 正德老師著 200 元

16.**起信論講記** 平實導師述著 共六輯 每輯三百餘頁 售價各 250 元

17.**優婆塞戒經講記** 平實導師述著 共八輯 每輯三百餘頁 售價各 250 元

18.**真假活佛**—略論附佛外道盧勝彥之邪說（對前岳靈犀網站主張「盧勝彥是證悟者」之修正） 正犀居士（岳靈犀）著 流通價 140 元

19.**阿含正義**—唯識學探源 平實導師著 共七輯 每輯 300 元

20.**超意境** CD 以平實導師公案拈提書中超越意境之頌詞，加上曲風優美的旋律，錄成令人嚮往的超意境歌曲，其中包括正覺發願文及平實導師親自譜成的黃梅調歌曲一首。詞曲雋永，殊堪翫味，可供學禪者吟詠，有助於見道。內附設計精美的彩色小冊，解說每一首詞的背景本事。每片 280 元。【每購買公案拈提書籍一冊，即贈送一片。】

21.**菩薩底憂鬱** CD 將菩薩情懷及禪宗公案寫成新詞，並製作成超越意境的優美歌曲。1.主題曲〈菩薩底憂鬱〉，描述地後菩薩能離三界生死而迴向繼續生在人間，但因尚未斷盡習氣種子而有極深沈之憂鬱，非三賢位菩薩及二乘聖者所知，此憂鬱在七地滿心位方才斷盡；本曲之詞中所說義理極深，昔來所未曾見；此曲係以優美的情歌風格寫詞及作曲，聞者得以激發嚮往諸地菩薩境界之大心，詞、曲都非常優美，難得一見；其中勝妙義理之解說，已印在附贈之彩色小冊中。 2.以各輯公案拈提中直示禪門入處之頌文，作成各種不同曲風之超意境歌曲，值得玩味、參究；聆聽公案拈提之優美歌曲時，請同時閱讀內附之印刷精美說明小冊，可以領會超越三界的證悟境界；未悟者可以因此引發求悟之意向及疑情，眞發菩提心而邁向求悟之途，乃至因此眞實悟入般若，成眞菩薩。 3.正覺總持咒新曲，總持佛法大意；總持咒之義理，已加以解說並印在隨附之小冊中。本 CD 共有十首歌曲，長達 63 分鐘。每盒各附贈二張購書優惠券。每片 280 元。

22.**禪意無限** CD 平實導師以公案拈提書中偈頌寫成不同風格曲子，與他人所寫不同風格曲子共同錄製出版，幫助參禪人進入禪門超越意識之境界。盒中附贈彩色印製的精美解說小冊，以供聆聽時閱讀，令參禪人得以發起參禪之疑情，即有機會證悟本來面目而發起實相智慧，實證大乘菩提般若，能如實證知般若經中的眞實意。本 CD 共有十首歌曲，長達 69 分鐘，每盒各附贈二張購書優惠券。每片 280 元。

23.**我的菩提路**第一輯　釋悟圓、釋善藏等人合著　售價 300 元

24.**我的菩提路**第二輯　郭正益等人合著　售價 300 元（停售，俟改版後另行發售）

25.**我的菩提路**第三輯　王美伶等人合著　售價 300 元

26.**我的菩提路**第四輯　陳晏平等人合著　售價 300 元

27.**我的菩提路**第五輯　林慈慧等人合著　售價 300 元

28.**我的菩提路**第六輯　劉惠莉等人合著　售價 300 元

29.**鈍鳥與靈龜**—考證後代凡夫對大慧宗杲禪師的無根誹謗。

平實導師著 共 458 頁 售價 350 元

30.**維摩詰經講記** 平實導師述 共六輯 每輯三百餘頁 售價各 250 元

31.**真假外道**—破劉東亮、杜大威、釋證嚴常見外道見 正光老師著 200 元

32.**勝鬘經講記**—兼論印順《勝鬘經講記》對於《勝鬘經》之誤解。

平實導師述　共六輯　每輯三百餘頁　售價250 元

33.**楞嚴經講記**　平實導師述　共 **15** 輯，每輯三百餘頁　售價 300 元
34.**明心與眼見佛性**—駁慧廣〈蕭氏「眼見佛性」與「明心」之非〉文中謬說
正光老師著　共 448 頁　售價 300 元
35.**見性與看話頭**　黃正倖老師　著，本書是禪宗參禪的方法論。
內文 375 頁，全書 416 頁，售價 300 元。
36.**達賴真面目**—玩盡天下女人　白正偉老師　等著　中英對照彩色精裝大本 800 元
37.**喇嘛性世界**—揭開假藏傳佛教譚崔瑜伽的面紗　張善思　等人著　200 元
38.**假藏傳佛教的神話**—性、謊言、喇嘛教　正玄教授編著　200 元
39.**金剛經宗通**　平實導師述　共九輯　每輯售價 250 元。
40.**空行母**—性別、身分定位，以及藏傳佛教。
珍妮・坎貝爾著　呂艾倫　中譯　售價 250 元
41.**末代達賴**—性交教主的悲歌　張善思、呂艾倫、辛燕編著　售價 250 元
42.**霧峰無霧**—給哥哥的信　辨正釋印順對佛法的無量誤解
游宗明　老師著　售價 250 元
43.**霧峰無霧**—第二輯—救護佛子向正道　細說釋印順對佛法的各類誤解
游宗明　老師著　售價 250 元
44.**第七意識與第八意識？**—穿越時空「超意識」
平實導師述　每冊 300 元
45.**黯淡的達賴**—失去光彩的諾貝爾和平獎
正覺教育基金會編著　每冊 250 元
46.**童女迦葉考**—論呂凱文〈佛教輪迴思想的論述分析〉之謬。
平實導師　著　定價 180 元
47.**人間佛教**—實證者必定不悖三乘菩提
平實導師　述，定價 400 元
48.**實相經宗通**　平實導師述　共八輯　每輯 250 元
49.**真心告訴您(一)**—達賴喇嘛在幹什麼？
正覺教育基金會編著　售價 250 元
50.**中觀金鑑**—詳述應成派中觀的起源與其破法本質
孫正德老師著　分為上、中、下三冊，每冊 250 元
51.**藏傳佛教要義**—《狂密與真密》之簡體字版　平實導師　著　上、下冊
僅在大陸流通　每冊 300 元
52.**法華經講義**　平實導師述　共二十五輯　每輯 300 元
已於 2015/05/31 起開始出版，每二個月出版一輯
53.**西藏「活佛轉世」制度**—附佛、造神、世俗法
許正豐、張正玄老師合著　定價 150 元
54.**廣論三部曲**　郭正益老師著　定價 150 元
55.**真心告訴您(二)**—達賴喇嘛是佛教僧侶嗎？
—補祝達賴喇嘛八十大壽
正覺教育基金會編著　售價 300 元

56.**次法**—實證佛法前應有的條件
張善思居士著　分為上、下二冊，每冊 250 元
57.**涅槃**—解說四種涅槃之實證及內涵　平實導師著 上、下冊 各 350 元
58.**山法**—西藏關於他空與佛藏之根本論
篤補巴・喜饒堅贊著　傑弗里・霍普金斯英譯
張火慶教授、張志成、呂艾倫等中譯　精裝大本 1200 元
59.**假鋒虛焰金剛乘**—揭示顯密正理，兼破索達吉師徒《般若鋒兮金剛焰》
釋正安法師著 簡體字版 即將出版 售價未定
60.**廣論之平議**—宗喀巴《菩提道次第廣論》之平議　正雄居士著
約二或三輯　俟正覺電子報連載後結集出版　書價未定
61.**菩薩學處**—菩薩四攝六度之要義　陸正元老師著　出版日期未定。
62.**八識規矩頌**詳解　○○居士 註解　出版日期另訂　書價未定。
63.**印度佛教史**—法義與考證。依法義史實評論印順《印度佛教思想史、佛教史地考論》之謬說　正偉老師著　出版日期未定　書價未定
64.**中國佛教史**—依中國佛教正法史實而論。 ○○老師 著　書價未定。
65.**中論正義**—釋龍樹菩薩《中論》頌正理。
孫正德老師著　出版日期未定　書價未定
66.**中觀正義**—註解平實導師《中論正義頌》。
○○法師（居士）著　出版日期未定　書價未定
67.**佛藏經講記**　平實導師述　已於 2019 年 7 月 31 日出版　共 21 輯，每二個月出版一輯，每輯 300 元。
68.**阿含經講記**—將選錄四阿含中數部重要經典全經講解之，講後整理出版。
平實導師述　約二輯　每輯 300 元　出版日期未定
69.**寶積經講記** 平實導師述　每輯三百餘頁 優惠價 300 元 出版日期未定
70.**解深密經講記**　平實導師述 約四輯　將於重講後整理出版
71.**成唯識論略解**　平實導師著　五～六輯　每輯 300 元　出版日期未定
72.**修習止觀坐禪法要講記**　平實導師述　每輯三百餘頁
將於正覺寺建成後重講、以講記逐輯出版　出版日期未定
73.**無門關**—《無門關》公案拈提　平實導師著　出版日期未定
74.**中觀再論**—兼述印順《中觀今論》謬誤之平議。正光老師著 出版日期未定
75.**輪迴與超度**—佛教超度法會之真義。
○○法師（居士）著　出版日期未定　書價未定
76.**《釋摩訶衍論》平議**—對偽稱龍樹所造《釋摩訶衍論》之平議
○○法師（居士）著　出版日期未定　書價未定
77.**正覺發願文**註解—以真實大願為因 得證菩提
正德老師著　出版日期未定　書價未定
78.**正覺總持咒**—佛法之總持　正圜老師著　出版日期未定　書價未定
79.**三自性**—依四食、五蘊、十二因緣、十八界法，說三性三無性。
作者未定　出版日期未定

80.**道品**—從三自性說大小乘三十七道品　作者未定　出版日期未定
81.**大乘緣起觀**—依四聖諦七真如現觀十二緣起 作者未定　出版日期未定
82.**三德**—論解脫德、法身德、般若德。　作者未定　出版日期未定
83.**真假如來藏**—對印順《如來藏之研究》謬說之平議　作者未定 出版日期未定
84.**大乘道次第**　作者未定　出版日期未定　書價未定
85.**四緣**—依如來藏故有四緣。　作者未定　出版日期未定
86.**空之探究**—印順《空之探究》謬誤之平議　作者未定 出版日期未定
87.**十法義**—論阿含經中十法之正義　作者未定　出版日期未定
88.**外道見**—論述外道六十二見　作者未定　出版日期未定

正智出版社有限公司 書籍介紹

禪淨圓融：言淨土諸祖所未曾言，示諸宗祖師所未曾示；禪淨圓融，另闢成佛捷徑，兼顧自力他力，闡釋淨土門之速行易行道，亦同時揭櫫聖教門之速行易行道；令廣大淨土行者得免緩行難證之苦，亦令聖道門行者得以藉著淨土速行道而加快成佛之時劫。乃前無古人之超勝見地，非一般弘揚禪淨法門典籍也，先讀為快。平實導師著 200元。

宗門正眼—公案拈提第一輯：繼承克勤圜悟大師碧巖錄宗旨之禪門鉅作。先則舉示當代大法師之邪說，消弭當代禪門大師鄉愿之心態，摧破當今禪門「世俗禪」之妄談；次則旁通教法，表顯宗門正理；繼以道之次第，消弭古今狂禪；後藉言語及文字機鋒，直示宗門入處。悲智雙運，禪味十足，數百年來難得一睹之禪門鉅著也。平實導師著　500元（原初版書《禪門摩尼寶聚》，改版後補充為五百餘頁新書，總計多達二十四萬字，內容更精彩，並改名為《宗門正眼》，讀者原購初版《禪門摩尼寶聚》皆可寄回本公司免費換新，免附回郵，亦無截止期限）（2007年起，凡購買公案拈提第一輯至第七輯，每購一輯皆贈送本公司精製公案拈提〈超意境〉CD一片，市售價格280元，多購多贈）。

禪—悟前與悟後：本書能建立學人悟道之信心與正確知見，圓滿具足而有次第地詳述禪悟之功夫與禪悟之內容，指陳參禪中細微淆訛之處，能使學人明自真心、見自本性。若未能悟入，亦能以正確知見辨別古今中外一切大師究係真悟？或屬錯悟？便有能力揀擇，捨名師而選明師，後時必有悟道之緣。一旦悟道，遲者七次人天往返，便出三界，速者一生取辦。學人欲求開悟者，不可不讀。　平實導師著。上、下冊共500元，單冊250元。

眞實如來藏：如來藏眞實存在，乃宇宙萬有之本體，並非印順法師、達賴喇嘛等人所說之「唯有名相、無此心體」。如來藏是涅槃之本際，是一切有智之人竭盡心智、不斷探索而不能得之生命實相；是古今中外許多大師自以爲悟而當面錯過之生命實相。如來藏即是阿賴耶識，乃是一切有情本自具足、不生不滅之眞實心。當代中外大師於此書出版之前所未能言者，作者於本書中盡情流露、詳細闡釋。眞悟者讀之，必能增益悟境、智慧增上；錯悟者讀之，必能檢討自己之錯誤，免犯大妄語業；未悟者讀之，能知參禪之理路，亦能以之檢查一切名師是否眞悟。此書是一切哲學家、宗教家、學佛者及欲昇華心智之人必讀之鉅著。　平實導師著　售價400元。

宗門法眼—公案拈提第二輯：列舉實例，闡釋土城廣欽老和尚之悟處；並直示這位不識字的老和尚妙智橫生之根由，繼而剖析禪宗歷代大德之開悟公案，解析當代密宗高僧卡盧仁波切之錯悟證據，並例舉當代顯宗高僧、大居士之錯悟證據（凡健在者，爲免影響其名聞利養，皆隱其名）。藉辨正當代名師之邪見，向廣大佛子指陳禪悟之正道，彰顯宗門法眼。悲勇兼出，強捋虎鬚；慈智雙運，巧探驪龍；摩尼寶珠在手，直示宗門入處，禪味十足；若非大悟徹底，不能爲之。禪門精奇人物，允宜人手一冊，供作參究及悟後印證之圭臬。本書於2008年4月改版，增寫爲大約500頁篇幅，以利學人研讀參究時更易悟入宗門正法，以前所購初版首刷及初版二刷舊書，皆可免費換取新書。平實導師著　500元（2007年起，凡購買公案拈提第一輯至第七輯，每購一輯皆贈送本公司精製公案拈提〈超意境〉CD一片，市售價格280元，多購多贈）。

宗門道眼—公案拈提第三輯：繼宗門法眼之後，再以金剛之作略、慈悲之胸懷、犀利之筆觸，舉示寒山、拾得、布袋三大士之悟處，消弭當代錯悟者對於寒山大士……等之誤會及誹謗。　亦舉出民初以來與虛雲和尚齊名之蜀郡鹽亭袁煥仙夫子——南懷瑾老師之師，其「悟處」何在？並蒐羅許多眞悟祖師之證悟公案，顯示禪宗歷代祖師之睿智，指陳部分祖師、奧修及當代顯密大師之謬悟，作爲殷鑑，幫助禪子建立及修正參禪之方向及知見。假使讀者閱此書已，一時尚未能悟，亦可一面加功用行，一面以此宗門道眼辨別眞假善知識，避開錯誤之印證及歧路，可免大妄語業之長劫慘痛果報。欲修禪宗之禪者，務請細讀。平實導師著　售價500元（2007年起，凡購買公案拈提第一輯至第七輯，每購一輯皆贈送本公司精製公案拈提〈超意境〉CD一片，市售價格280元，多購多贈）。

楞伽經詳解：本經是禪宗見道者印證所悟眞僞之根本經典，亦是禪宗見道者悟後起修之依據經典；故達摩祖師於印證二祖慧可大師之後，將此經典連同佛鉢祖衣一併交付二祖，令其依此經典佛示金言、進入修道位，修學一切種智。由此可知此經對於眞悟之人修學佛道，是非常重要之一部經典。此經能破外道邪說，亦破佛門中錯悟名師之謬說，亦破禪宗部分祖師之狂禪：不讀經典、一向主張「一悟即成究竟佛」之謬執。並開示愚夫所行禪、觀察義禪、攀緣如禪、如來禪等差別，令行者對於三乘禪法差異有所分辨；亦糾正禪宗祖師古來對於如來禪之誤解，嗣後可免以訛傳訛之弊。此經亦是法相唯識宗之根本經典，禪者悟後欲修一切種智而入初地者，必須詳讀。平實導師著，全套共十輯，已全部出版完畢，每輯主文約320頁，每冊約352頁，定價250元。

宗門血脈—公案拈提第四輯：末法怪象—許多修行人自以爲悟，每將無念靈知認作眞實；崇尚二乘法諸師及其徒眾，則將外於如來藏之緣起性空—無因論之無常空、斷滅空、一切法空—錯認爲 佛所說之般若空性。這兩種現象已於當今海峽兩岸及美加地區顯密大師之中普遍存在；人人自以爲悟，心高氣壯，便敢寫書解釋祖師證悟之公案，大多出於意識思惟所得，言不及義，錯誤百出，因此誤導廣大佛子同陷大妄語之地獄業中而不能自知。彼等書中所說之悟處，其實處處違背第一義經典之聖言量。彼等諸人不論是否身披袈裟，都非佛法宗門血脈，或雖有禪宗法脈之傳承，亦只徒具形式；猶如螟蛉，非眞血脈，未悟得根本眞實故。禪子欲知 佛、祖之眞血脈者，請讀此書，便知分曉。平實導師著，主文452頁，全書464頁，定價500元（2007年起，凡購買公案拈提第一輯至第七輯，每購一輯皆贈送本公司精製公案拈提〈超意境〉CD一片，市售價格280元，多購多贈）。

宗通與說通：古今中外，錯誤之人如麻似粟，每以常見外道所說之靈知心，認作眞心；或妄想虛空之勝性能量爲眞如，或錯認物質四大元素藉冥性（靈知心本體）能成就吾人色身及知覺，或認初禪至四禪中之了知心爲不生不滅之涅槃心。此等皆非通宗者之見地。復有錯悟之人一向主張「宗門與教門不相干」，此即尚未通達宗門之人也。其實宗門與教門互通不二，宗門所證者乃是眞如與佛性，教門所說者乃說宗門證悟之眞如佛性，故教門與宗門不二。本書作者以宗教二門互通之見地，細說「宗通與說通」，從初見道至悟後起修之道、細說分明；並將諸宗諸派在整體佛教中之地位與次第，加以明確之教判，學人讀之即可了知佛法之梗概也。欲擇明師學法之前，允宜先讀。平實導師著，主文共381頁，全書392頁，只售成本價300元。

宗門正道—公案拈提第五輯：修學大乘佛法有二果須證—解脫果及大菩提果。二乘人不證大菩提果，唯證解脫果；此果之智慧，名為聲聞菩提、緣覺菩提。大乘佛子所證二果之菩提果為佛菩提，故名大菩提果，其慧名為一切種智—函蓋二乘解脫果。然此大乘二果修證，須經由禪宗之宗門證悟方能相應。而宗門證悟極難，自古已然；其所以難者，咎在古今佛教界普遍存在三種邪見：1.以修定認作佛法，2.以無因論之緣起性空—否定涅槃本際如來藏以後之一切法空作為佛法，3.以常見外道邪見（離語言妄念之靈知性）作為佛法。如是邪見，或因自身正見未立所致，或因邪師之邪教導所致，或因無始劫來虛妄熏習所致。若不破除此三種邪見，永劫不悟宗門真義、不入大乘正道，唯能外門廣修菩薩行。平實導師於此書中，有極為詳細之說明，有志佛子欲摧邪見、入於內門修菩薩行者，當閱此書。主文共496頁，全書512頁。售價500元（2007年起，凡購買公案拈提第一輯至第七輯，每購一輯皆贈送本公司精製公案拈提〈超意境〉CD一片，市售價格280元，多購多贈）。

狂密與真密：密教之修學，皆由有相之觀行法門而入，其最終目標仍不離顯教經典所說第一義諦之修證；若離顯教第一義經典、或違背顯教第一義經典，即非佛教。西藏密教之觀行法，如灌頂、觀想、遷識法、寶瓶氣、大聖歡喜雙身修法、喜金剛、無上瑜伽、大樂光明、樂空雙運等，皆是印度教兩性生生不息思想之轉化，自始至終皆以如何能運用交合淫樂之法達到全身受樂為其中心思想，純屬欲界五欲的貪愛，不能令人超出欲界輪迴，更不能令人斷除我見；何況大乘之明心與見性，更無論矣！故密宗之法絕非佛法也。而其明光大手印、大圓滿法教，又皆同以常見外道所說離語言妄念之無念靈知心錯認為佛地之真如，不能直指不生不滅之真如。西藏密宗所有法王與徒眾，都尚未開頂門眼，不能辨別真偽，以依人不依法、依密續不依經典故，不肯將其上師喇嘛所說對照第一義經典，純依密續之藏密祖師所說為準，因此而誇大其證德與證量，動輒謂彼祖師上師為究竟佛、為地上菩薩；如今台海兩岸亦有自謂其師證量高於　釋迦文佛者，然觀其師所述，猶未見道，仍在觀行即佛階段，尚未到禪宗相似即佛、分證即佛階位，竟敢標榜為究竟佛及地上法王，誑惑初機學人。凡此怪象皆是狂密，不同於真密之修行者。近年狂密盛行，密宗行者被誤導者極眾，動輒自謂已證佛地真如，自視為究竟佛，陷於大妄語業中而不知自省，反謗顯宗真修實證者之證量粗淺；或如義雲高與釋性圓…等人，於報紙上公然誹謗真實證道者為「騙子、無道人、人妖、癩蛤蟆…」等，造下誹謗大乘勝義僧之大惡業；或以外道法中有為有作之甘露、魔術……等法，誑騙初機學人，狂言彼外道法為真佛法。如是怪象，在西藏密宗及附藏密之外道中，不一而足，舉之不盡，學人宜應慎思明辨，以免上當後又犯毀破菩薩戒之重罪。密宗學人若欲遠離邪知邪見者，請閱此書，即能了知密宗之邪謬，從此遠離邪見與邪修，轉入真正之佛道。　平實導師著　共四輯　每輯約400頁（主文約340頁）每輯售價300元。

宗門正義—公案拈提第六輯：佛教有六大危機，乃是藏密化、世俗化、膚淺化、學術化、宗門密意失傳、悟後進修諸地之次第混淆；其中尤以宗門密意之失傳，爲當代佛教最大之危機。由宗門密意失傳故，易令 世尊本懷普被錯解，易令 世尊正法被轉易爲外道法，以及加以淺化、世俗化，是故宗門密意之廣泛弘傳與具緣佛弟子，極爲重要。然而欲令宗門密意之廣泛弘傳予具緣之佛弟子者，必須同時配合錯誤知見之解析、普令佛弟子知之，然後輔以公案解析之直示入處，方能令具緣之佛弟子悟入。而此二者，皆須以公案拈提之方式爲之，方易成其功、竟其業，是故平實導師續作宗門正義一書，以利學人。　全書500餘頁，售價500元（2007年起，凡購買公案拈提第一輯至第七輯，每購一輯皆贈送本公司精製公案拈提〈超意境〉CD一片，市售價格280元，多購多贈）。

心經密意—心經與解脫道、佛菩提道、祖師公案之關係與密意。　二乘菩提所證之解脫道，實依第八識心之斷除煩惱障現行而立解脫之名；大乘菩提所證之佛菩提道，實依親證第八識如來藏之涅槃性、清淨自性、及其中道性而立般若之名；禪宗祖師公案所證之眞心，即是此第八識如來藏；是故三乘佛法所修所證之三乘菩提，皆依此如來藏心而立名也。此第八識心，即是《心經》所說之心也。證得此如來藏已，即能漸入大乘佛菩提道，亦可因證知此心而了知二乘無學所不能知之無餘涅槃本際，是故《心經》之密意，與三乘佛菩提之關係極爲密切、不可分割，三乘佛法皆依此心而立名故。今者平實導師以其所證解脫道之無生智及佛菩提之般若種智，將《心經》與解脫道、佛菩提道、祖師公案之關係與密意，以演講之方式，用淺顯之語句和盤托出，發前人所未言，呈三乘菩提之眞義，令人藉此《心經密意》一舉而窺三乘菩提之堂奧，迴異諸方言不及義之說；欲求眞實佛智者、不可不讀！主文317頁，連同跋文及序文…等共384頁，售價300元。

宗門密意—公案拈提第七輯：佛教之世俗化，將導致學人以信仰作爲學佛，則將以感應及世間法之庇祐，作爲學佛之主要目標，不能了知學佛之主要目標爲親證三乘菩提。大乘菩提則以般若實相智慧爲主要修習目標，以二乘菩提解脫道爲附帶修習之標的；是故學習大乘法者，應以禪宗之證悟爲要務，能親入大乘菩提之實相般若智慧中故，般若實相智慧非二乘聖人所能知故。此書則以台灣世俗化佛教之三大法師，說法似是而非之實例，配合眞悟祖師之公案解析，提示證悟般若之關節，令學人易得悟入。平實導師著，全書五百餘頁，售價500元（2007年起，凡購買公案拈提第一輯至第七輯，每購一輯皆贈送本公司精製公案拈提〈超意境〉CD一片，市售價格280元，多購多贈）。

淨土聖道－兼評選擇本願念佛：佛法甚深極廣，般若玄微，非諸二乘聖僧所能知之，一切凡夫更無論矣！所謂一切證量皆歸淨土是也！是故大乘法中「聖道之淨土、淨土之聖道」，其義甚深，難可了知；乃至眞悟之人，初心亦難知也。今有正德老師眞實證悟後，復能深探淨土與聖道之緊密關係，憐憫衆生之誤會淨土實義，亦欲利益廣大淨土行人同入聖道，同獲淨土中之聖道門要義，乃振奮心神、書以成文，今得刊行天下。主文279頁，連同序文等共301頁，總有十一萬六千餘字，正德老師著，成本價200元。

起信論講記：詳解大乘起信論心生滅門與心眞如門之眞實意旨，消除以往大師與學人對起信論所說心生滅門之誤解，由是而得了知眞心如來藏之非常非斷中道正理；亦因此一講解，令此論以往隱晦而被誤解之眞實義，得以如實顯示，令大乘佛菩提道之正理得以顯揚光大；初機學者亦可藉此正論所顯示之法義，對大乘法理生起正信，從此得以眞發菩提心，眞入大乘法中修學，世世常修菩薩正行。平實導師演述，共六輯，都已出版，每輯三百餘頁，售價各250元。

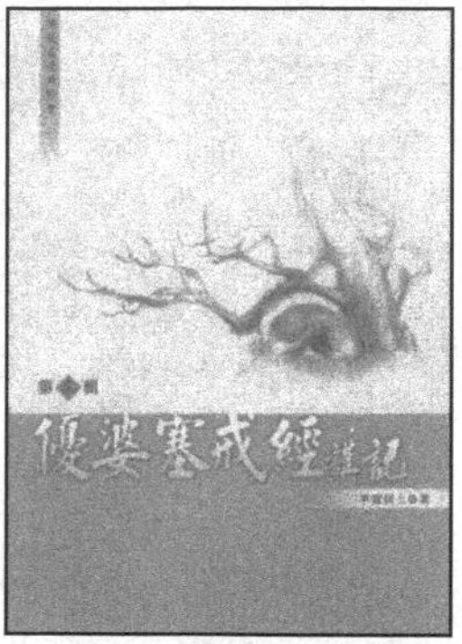

優婆塞戒經講記：本經詳述在家菩薩修學大乘佛法，應如何受持菩薩戒？對人間善行應如何看待？對三寶應如何護持？應如何正確地修集此世後世證法之福德？應如何修集後世「行菩薩道之資糧」？並詳述第一義諦之正義：五蘊非我非異我、自作自受、異作異受、不作不受……等深妙法義，乃是修學大乘佛法、行菩薩行之在家菩薩所應當了知者。出家菩薩今世或未來世登地已，捨報之後多數將如華嚴經中諸大菩薩，以在家菩薩身而修行菩薩行，故亦應以此經所述正理而修之，配合《楞伽經、解深密經、楞嚴經、華嚴經》等道次第正理，方得漸次成就佛道；故此經是一切大乘行者皆應證知之正法。平實導師講述，每輯三百餘頁，售價各250元；共八輯，已全部出版。

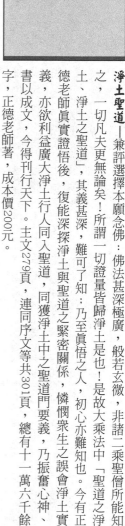

真假活佛—略論附佛外道盧勝彥之邪說：人人身中都有眞活佛，永生不滅而有大神用，但衆生都不了知，所以常被身外的西藏密宗假活佛籠罩欺瞞。本來就眞實存在的眞活佛，才是眞正的密宗無上密！諾那活佛因此而說禪宗是大密宗，但藏密的所有活佛都不知道、也不曾實證自身中的眞活佛。本書詳實宣示眞活佛的道理，舉證盧勝彥的「佛法」不是眞佛法，也顯示盧勝彥是假活佛，直接的闡釋第一義佛法見道的眞實正理。眞佛宗的所有上師與學人們，都應該詳細閱讀，包括盧勝彥個人在內。正犀居士著，優惠價140元。

阿含正義—唯識學探源：廣說四大部《阿含經》諸經中隱說之眞正義理，一一舉示佛陀本懷，令阿含時期初轉法輪根本經典之眞義，如實顯現於佛子眼前。並提示末法大師對於阿含眞義誤解之實例，一一比對之，證實唯識增上慧學確於原始佛法之阿含諸經中已隱覆密意而略說之，證實 世尊確於原始佛法中已曾密意而說第八識如來藏之總相；亦證實 世尊在四阿含中已說此藏識是名色十八界之因、之本—證明如來藏是能生萬法之根本心。佛子可據此修正以往受諸大師（譬如西藏密宗應成派中觀師：印順、昭慧、性廣、大願、達賴、宗喀巴、寂天、月稱、……等人）誤導之邪見，建立正見，轉入正道乃至親證初果而無困難；書中並詳說三果所證的心解脫，以及四果慧解脫的親證，都是如實可行的具體知見與行門。全書共七輯，已出版完畢。平實導師著，每輯三百餘頁，售價300元。

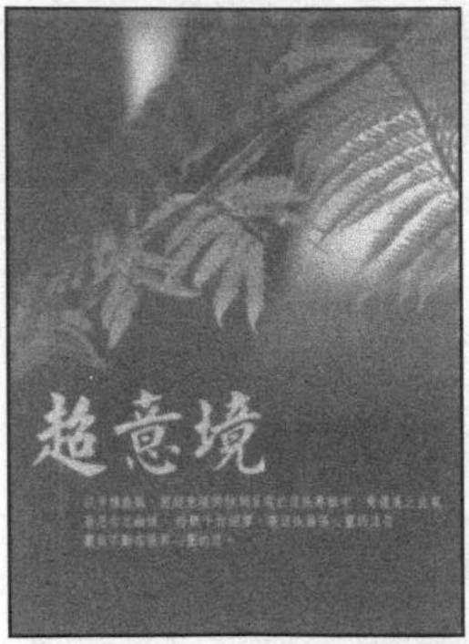

超意境CD：以平實導師公案拈提書中超越意境之頌詞，加上曲風優美的旋律，錄成令人嚮往的超意境歌曲，其中包括正覺發願文及平實導師親自譜成的黃梅調歌曲一首。詞曲雋永，殊堪翫味，可供學禪者吟詠，有助於見道。內附設計精美的彩色小冊，解說每一首詞的背景本事。每片280元。【每購買公案拈提書籍一冊，即贈送一片。】

我的菩提路第一輯：凡夫及二乘聖人不能實證的佛菩提證悟，末法時代的今天仍然有人能得實證，由正覺同修會釋悟圓、釋善藏法師等二十餘位實證如來藏者所寫的見道報告，已爲當代學人見證宗門正法之絲縷不絕，證明大乘義學的法脈仍然存在，爲末法時代求悟般若之學人照耀出光明的坦途。由二十餘位大乘見道者所繕，敘述各種不同的學法、見道因緣與過程，參禪求悟者必讀。全書三百餘頁，售價300元。

我的菩提路第二輯：由郭正益老師等人合著，書中詳述彼等諸人歷經各處道場學法，一一修學而加以檢擇之不同過程以後，因閱讀正覺同修會、正智出版社書籍而發起抉擇分，轉入正覺同修會中修學；乃至學法及見道之過程，都一一詳述之。（本書暫停發售，俟改版重新發售流通。）

我的菩提路第三輯：由王美伶老師等人合著。自從正覺同修會成立以來，每年夏初、冬初都舉辦精進禪三共修，藉以助益會中同修們得以證悟明心發起般若實相智慧；凡已實證而被平實導師印證者，皆書具見道報告用以證明佛法之眞實可證而非玄學，證明佛法並非純屬思想、理論而無實質，是故每年都能有人證明正覺同修會的「實證佛教」主張並非虛語。特別是眼見佛性一法，自古以來中國禪宗祖師實證者極寡，較之明心開悟的證境更難令人信受；至2017年初，正覺同修會中的證悟明心者已近五百人，然而其中眼見佛性者至今唯十餘人爾，可謂難能可貴，是故明心後欲冀眼見佛性者實屬不易。黃正倖老師是懸絕七年無人見性後的第一人，她於2009年的見性報告刊於本書的第二輯中，爲大衆證明佛性確實可以眼見；其後七年之中求見性者都屬解悟佛性而無人眼見，幸而又經七年後的2016冬初，以及2017夏初的禪三，復有三人眼見佛性，希冀鼓舞四衆佛子求見佛性之大心，今則具載一則於書末，顯示求見佛性之事實經歷，供養現代佛教界欲得見性之四衆弟子。全書四百頁，售價300元，已於2017年6月30日發行。

我的菩提路第四輯：由陳晏平等人著。中國禪宗祖師往往有所謂「見性」之言，所言多屬看見如來藏具有能令人發起成佛之自性，並非《大般涅槃經》中 如來所說之眼見佛性。眼見佛性者，於親見佛性之時，即能於山河大地眼見自己佛性，亦能於他人身上眼見自己佛性及對方之佛性，如是境界無法爲尚未實證者解釋；勉強說之，縱使眞實明心證悟之人聞之，亦只能以自身明心之境界想像之，但不論如何想像多屬非量，能有正確之比量者亦是稀有，故說眼見佛性極爲困難。眼見佛性之人若所見極分明時，在所見佛性之境界下所眼見之山河大地、自己五蘊身心皆是虛幻，自有異於明心者之解脫功德受用，此後永不思證二乘涅槃，必定邁向成佛之道而進入第十住位中，已超第一阿僧祇劫三分有一，可謂之爲超劫精進也。今又有明心之後眼見佛性之人出於人間，將其明心及後來見性之報告，連同其餘證悟明心者之精彩報告一同收錄於此書中，供養眞求佛法實證之四眾佛子。全書380頁，售價300元，已於2018年6月30日發行。

我的菩提路第五輯：林慈慧老師等人著，本輯中所舉學人從相似正法中來到正覺同修會的過程，各人都有不同，發生的因緣亦是各有差別，然而都會指向同一個目標——證實生命實相的源底，確證自己生從何來、死往何去的事實，所以最後都證明佛法眞實而可親證，絕非玄學；本書將彼等諸人的始修及末後證悟之實例，羅列出來以供學人參考。本期亦有一位會裡的老師，是從1995年即開始追隨 平實導師修學，1997年明心後持續進修不斷，直到2017年眼見佛性之實例，足可證明《大般涅槃經》中世尊開示眼見佛性之法正眞無訛，第十住位的實證在末法時代的今天仍有可能，如今一併具載於書中以供學人參考，並供養現代佛教界欲得見性之四眾弟子。全書四百頁，售價300元，已於2019年12月31日發行。

我的菩提路第六輯：劉正莉老師等人著。書中詳敘學佛路程之辛苦萬端，直至得遇正法之後如何修行終能實證，現觀眞如而入勝義菩薩僧數。本輯亦錄入一位1990年明心後追隨平實導師學法弘法的老師，不數年後又再眼見佛性的實證者，文中詳述見性之過程，欲令學人深信眼見佛性其實不難，冀得奮力向前而得實證。然古來能得明心又得見性之祖師極寡，禪師們所謂見性者往往屬於明心時親見第八識如來藏具備能使人成佛之自性，即名見性，例如六祖等人，是明心時看見了如來藏具有能使人成佛的自性，當作見性，其實只是明心而階眞見道位，尚非眼見佛性。但非《大般涅槃經》中所說之「眼見佛性」之實證。今本書提供十幾篇明心見道報告及眼見佛性者的見性報告一篇，以饗讀者，已於2020年6月30日出版。全書384頁，300元。

鈍鳥與靈龜：鈍鳥及靈龜二物，被宗門證悟者說爲二種人：前者是精修禪定而無智慧者，也是以定爲禪的愚癡禪人；後者是或有禪定、或無禪定的宗門證悟者，凡已證悟者皆是靈龜。但後者被人虛造事實，用以嘲笑大慧宗杲禪師，說他雖是靈龜，卻不免被天童禪師預記「患背」痛苦而亡：「鈍鳥離巢易，靈龜脫殼難。」藉以貶低大慧宗杲的證量。同時將天童禪師實證如來藏的證量，曲解爲意識境界的離念靈知。自從大慧禪師入滅以後，錯悟凡夫對他的不實毀謗就一直存在著，不曾止息，並且捏造的假事實也隨著年月的增加而越來越多，終至編成「鈍鳥與靈龜」的假公案、假故事。本書是考證大慧與天童之間的不朽情誼，顯現這件假公案的虛妄不實；更見大慧宗杲面對惡勢力時的正直不阿，亦顯示大慧對天童禪師的至情深義，將使後人對大慧宗杲的誣謗至此而止，不再有人誤犯毀謗賢聖的惡業。書中亦舉證宗門的所悟確以第八識如來藏爲標的，詳讀之後必可改正以前被錯悟大師誤導的參禪知見，日後必定有助於實證禪宗的開悟境界，得階大乘眞見道位中，即是實證般若之賢聖。全書459頁，售價350元。

維摩詰經講記：本經係　世尊在世時，由等覺菩薩維摩詰居士藉疾病而演說之大乘菩提無上妙義，所說函蓋甚廣，然極簡略，是故今時諸方大師與學人讀之悉皆錯解，何況能知其中隱含之深妙正義，是故普遍無法爲人解說；若強爲人說，則成依文解義而有諸多過失。今由平實導師公開宣講之後，詳實解釋其中密意，令維摩詰菩薩所說大乘不可思議解脫之深妙正法得以正確宣流於人間，利益當代學人及與諸方大師。書中詳實演述大乘佛法深妙不共二乘之智慧境界，顯示諸法之中絕待之實相境界，建立大乘菩薩妙道於永遠不敗不壞之地，以此成就護法偉功，欲冀永利娑婆人天。已經宣講圓滿整理成書流通，以利諸方大師及諸學人。全書共六輯，每輯三百餘頁，售價各250元。

眞假外道：本書具體舉證佛門中的常見外道知見實例，並加以教證及理證上的辨正，幫助讀者輕鬆而快速的了知常見外道的錯誤知見，進而遠離佛門內外的常見外道知見，因此即能改正修學方向而快速實證佛法。游正光老師著　。成本價200元。

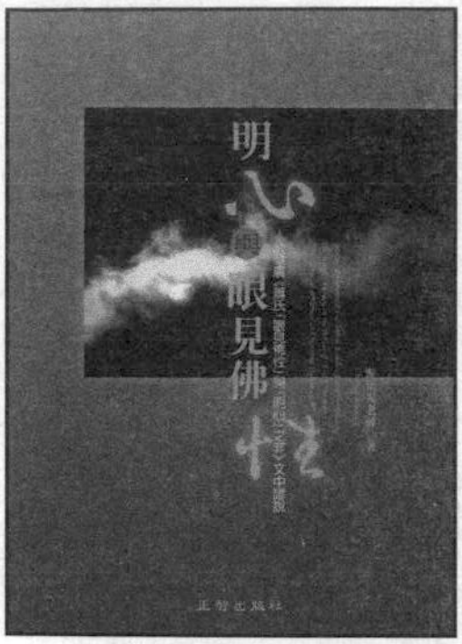

勝鬘經講記：如來藏爲三乘菩提之所依，若離如來藏心體及其含藏之一切種子，即無三界有情及一切世間法，亦無二乘菩提緣起性空之出世間法；本經詳說無始無明、一念無明皆依如來藏而有之正理，藉著詳解煩惱障與所知障間之關係，令學人深入了知二乘菩提與佛菩提相異之妙理；聞後即可了知佛菩提之特勝處及三乘修道之方向與原理，邁向攝受正法而速成佛道的境界中。平實導師講述，共六輯，每輯三百餘頁，售價各250元。

楞嚴經講記：楞嚴經係密教部之重要經典，亦是顯教中普受重視之經典；經中宣說明心與見性之內涵極爲詳細，將一切法都會歸如來藏及佛性—妙眞如性；亦闡釋佛菩提道修學過程中之種種魔境，以及外道誤會涅槃之狀況，旁及三界世間之起源。然因言句深澀難解，法義亦復深妙寬廣，學人讀之普難通達，是故讀者大多誤會，不能如實理解佛所說之明心與見性內涵，亦因是故多有悟錯之人引爲開悟之證言，成就大妄語罪。今由平實導師詳細講解之後，整理成文，以易讀易懂之語體文刊行天下，以利學人。全書十五輯，全部出版完畢。每輯三百餘頁，售價每輯300元。

明心與眼見佛性：本書細述明心與眼見佛性之異同，同時顯示了中國禪宗破初參明心與重關眼見佛性二關之間的關聯；書中又藉法義辨正而旁述其他許多勝妙法義，讀後必能遠離佛門長久以來積非成是的錯誤知見，令讀者在佛法的實證上有極大助益。也藉慧廣法師的謬論來教導佛門學人回歸正知正見，遠離古今禪門錯悟者所墮的意識境界，非唯有助於斷我見，也對未來的開悟明心實證第八識如來藏有所助益，是故學禪者都應細讀之。游正光老師著　共448頁　售價300元。

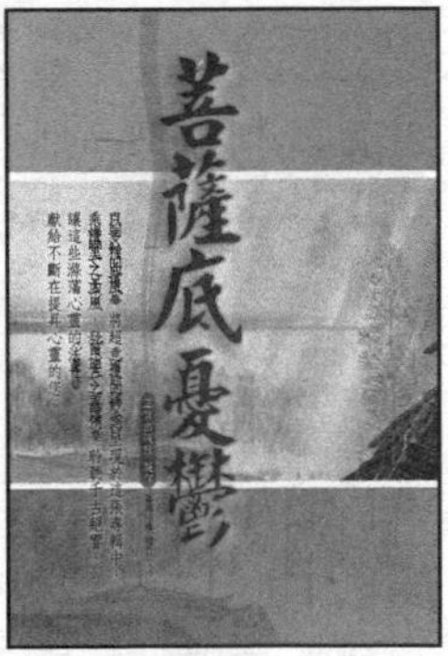

菩薩底憂鬱CD：將菩薩情懷及禪宗公案寫成新詞，並製作成超越意境的優美歌曲。1.主題曲〈菩薩底憂鬱〉，描述地後菩薩能離三界生死而迴向繼續生在人間，但因尚未斷盡習氣種子而有極深沈之憂鬱，非三賢位菩薩及二乘聖者所知，此憂鬱在七地滿心位方才斷盡；本曲之詞中所說義理極深，昔來所未曾見；此曲係以優美的情歌風格寫詞及作曲，聞者得以激發嚮往諸地菩薩境界之大心，詞、曲都非常優美，難得一見；其中勝妙義理之解說，已印在附贈之彩色小冊中。2.以各輯公案拈提中直示禪門入處之頌文，作成各種不同曲風之超意境歌曲，值得玩味、參究；聆聽公案拈提之優美歌曲時，請同時閱讀內附之印刷精美說明小冊，可以領會超越三界的證悟境界；未悟者可以因此引發求悟之意向及疑情，眞發菩提心而邁向求悟之途，乃至因此眞實悟入般若，成眞菩薩。3.正覺總持咒新曲，總持佛法大意；總持咒之義理，已加以解說並印在隨附之小冊中。本CD共有十首歌曲，長達63分鐘，附贈二張購書優惠券。每片280元。

禪意無限CD：平實導師以公案拈提書中偈頌寫成不同風格曲子，與他人所寫不同風格曲子共同錄製出版，幫助參禪人進入禪門超越意識之境界。盒中附贈彩色印製的精美解說小冊，以供聆聽時閱讀，令參禪人得以發起參禪之疑情，即有機會證悟本來面目，實證大乘菩提般若。本CD共有十首歌曲，長達69分鐘，每盒各附贈二張購書優惠券。每片280元。

金剛經宗通：三界唯心，萬法唯識，是成佛之修證內容，是諸地菩薩之所修；般若則是成佛之道（實證三界唯心、萬法唯識）的入門，若未證悟實相般若，即無成佛之可能，必將永在外門廣行菩薩六度，永在凡夫位中。然而實相般若的發起，全賴實證萬法的實相；若欲證知萬法的眞相，則必須探究萬法之所從來，則須實證自心如來—金剛心如來藏，然後現觀這個金剛心的金剛性、眞實性、如如性、清淨性、涅槃性、能生萬法的自性性、本住性，名爲證眞如；進而現觀三界六道唯是此金剛心所成，人間萬法須藉八識心王和合運作方能現起。如是實證

《華嚴經》的「三界唯心、萬法唯識」以後，由此等現觀而發起實相般若智慧，繼續進修第十住位的如幻觀、第十行位的陽焰觀、第十迴向位的如夢觀，再生起增上意樂而勇發十無盡願，方能滿足三賢位的實證，轉入初地；自知成佛之道而無偏倚，從此按部就班、次第進修乃至成佛。第八識自心如來是般若智慧之所依，般若智慧的修證則要從實證金剛心自心如來開始；《金剛經》則是解說自心如來之經典，是一切三賢位菩薩所應進修之實相般若經典。這一套書，是將平實導師宣講的《金剛經宗通》內容，整理成文字而流通之；書中所說義理，迥異古今諸家依文解義之說，指出大乘見道方向與理路，有益於禪宗學人求開悟見道，及轉入內門廣修六度萬行。已於2013年9月出版完畢，總共9輯，每輯約三百餘頁，售價各250元。

空行母—性別、身分定位，以及藏傳佛教：本書作者爲蘇格蘭哲學家，因爲嚮往佛教深妙的哲學內涵，於是進入當年盛行於歐美的假藏傳佛教密宗，擔任卡盧仁波切的翻譯工作多年以後，被邀請成爲卡盧的空行母（又名佛母、明妃），開始了她在密宗裡的實修過程；後來發覺在密宗雙身法中的修行，其實無法使自己成佛，也發覺密宗對女性岐視而處處貶抑，並剝奪女性在雙身法中擔任一半角色時應有的身分定位。當她發覺自己只是雙身法中被喇嘛利用的工具，沒有獲得絲毫應有的尊重與基本定位時，發現了密宗的父權社會控制女性的本質；於是作者傷心地離開了卡盧仁波切與密宗，但是卻被恐嚇不許講出她在密宗裡的經歷，也不許她說出自己對密宗的教義與教制下對女性剝削的本質，否則將被咒殺死亡。後來她去加拿大定居，十餘年後方才擺脫這個恐嚇陰影，下定決心將親身經歷的實情及觀察到的事實寫下來並且出版，公諸於世。出版之後，她被流亡的達賴集團人士大力攻訐，誣指她爲精神狀態失常、說謊……等。但有智之士並未被達賴集團的政治操作及各國政府政治運作吹捧達賴的表相所欺，使她的書銷售無阻而又再版。正智出版社鑑於作者此書是親身經歷的事實，所說具有針對「藏傳佛教」而作學術研究的價值，也有使人認清假藏傳佛教剝削佛母、明妃的男性本位實質，因此洽請作者同意中譯而出版於華人地區。珍妮．坎貝爾女士著，呂艾倫 中譯，每冊250元。

霧峰無霧—給哥哥的信　本書作者藉兄弟之間信件往來論義，略述佛法大義；並以多篇短文辨義，舉出釋印順對佛法的無量誤解證據，並一一給予簡單而清晰的辨正，令人一讀即知。久讀、多讀之後即能認清楚釋印順的六識論見解，與眞實佛法之牴觸是多麼嚴重；於是在久讀、多讀之後，於不知不覺之間提升了對佛法的極深入理解，正知正見就在不知不覺間建立起來了。當三乘佛法的正知見建立起來之後，對於三乘菩提的見道條件便將隨之具足，於是聲聞解脫道的見道也就水到渠成；接著大乘見道的因緣也將次第成熟，未來自然也會有親見大乘菩提之道的因緣，悟入大乘實相般若也將自然成功，自能通達般若系列諸經而成實義菩薩。作者居住於南投縣霧峰鄉，自喻見道之後不復再見霧峰之霧，故鄉原野美景一一明見，於是立此書名爲《霧峰無霧》；讀者若欲撥霧見月，可以此書爲緣。游宗明　老師著　已於2015年出版　售價250元。

霧峰無霧—第二輯—救護佛子向正道　本書作者藉釋印順著作中之各種錯謬法義提出辨正，以詳實的文義一一提出理論上及實證上之解析，列舉釋印順對佛法的無量誤解證據，藉此教導佛門大師與學人釐清佛法義理，遠離岐途轉入正道，然後知所進修，久之便能見道明心而入大乘勝義僧數。被釋印順誤導的大師與學人極多，很難救轉，是故作者大發悲心深入解說其錯謬之所在，佐以各種義理辨正而令讀者在不知不覺之間轉歸正道。如是久讀之後欲得斷身見、證初果，即不爲難事；乃至久之亦得大乘見道而得證眞如，脫離空有二邊而住中道，實相般若智慧生起，於佛法不再茫然，漸漸亦知悟後進修之道。屆此之時，對於大乘般若等深妙法之迷雲暗霧亦將一掃而空，生命及宇宙萬物之故鄉原野美景一一明見，是故本書仍名《霧峰無霧》，爲第二輯；讀者若欲撥雲見日、離霧見月，可以此書爲緣。游宗明　老師著　已於2019年出版　售價250元。

假藏傳佛教的神話—性、謊言、喇嘛教：本書編著者是由一首名爲「阿姊鼓」的歌曲爲緣起，展開了序幕，揭開假藏傳佛教—喇嘛教—的神秘面紗。其重點是蒐集、摘錄網路上質疑「喇嘛教」的帖子，以揭穿「假藏傳佛教的神話」爲主題，串聯成書，並附加彩色插圖以及說明，讓讀者們瞭解西藏密宗及相關人事如何被操作爲「神話」的過程，以及神話背後的眞相。作者：張正玄教授。售價200元。

達賴真面目—玩盡天下女人：假使您不想戴綠帽子，請記得詳細閱讀此書；假使您不想讓好朋友戴綠帽子，請您將此書介紹給您的好朋友。假使您想保護家中的女性，也想要保護好朋友的女眷，請記得將此書送給家中的女性和好友的女眷都來閱讀。本書爲印刷精美的大本彩色中英對照精裝本，爲您揭開達賴喇嘛的眞面目，內容精彩不容錯過，爲利益社會大眾，特別以優惠價格嘉惠所有讀者。編著者：白志偉等。大開版雪銅紙彩色精裝本。售價800元。

童女迦葉考—論呂凱文〈佛教輪迴思想的論述分析〉之謬：童女迦葉是佛世率領五百大比丘遊行於人間的歷史事實，是以童貞行而依止菩薩戒弘化於人間的大菩薩，不依別解脫戒（聲聞戒）來弘化於人間。這是大乘佛教與聲聞佛教同時存在於佛世的歷史明證，證明大乘佛教不是從聲聞法中分裂出來的部派佛教的產物，卻是聲聞佛教分裂出來的部派佛教聲聞凡夫僧所不樂見的史實；於是古今聲聞法中的凡夫都欲加以扭曲而作詭說，更是末法時代高聲大呼「大乘非佛說」的六識論聲聞凡夫極力想要扭曲的佛教史實之一，於是想方設法扭曲迦葉菩薩爲聲聞僧，以及扭曲迦葉童女爲比丘僧等荒謬不實之論著便陸續出現，古時聲聞僧寫作的《分別功德論》是最具體之事例，現代之代表作則是呂凱文先生的〈佛教輪迴思想的論述分析〉論文。鑑於如是假藉學術考證以籠罩大眾之不實謬論，未來仍將繼續造作及流竄於佛教界，繼續扼殺大乘佛教學人法身慧命，必須舉證辨正之，遂成此書。平實導師 著，每冊180元。

末代達賴—性交教主的悲歌：簡介從藏傳僞佛教（喇嘛教）的修行核心—性力派男女雙修，探討達賴喇嘛及藏傳僞佛教的修行內涵。書中引用外國知名學者著作、世界各地新聞報導，包含：歷代達賴喇嘛的祕史、達賴六世修雙身法的事蹟，以及《時輪續》中的性交灌頂儀式……等；達賴喇嘛書中開示的雙修法、達賴喇嘛的黑暗政治手段；達賴喇嘛所領導的寺院爆發喇嘛性侵兒童；新聞報導《西藏生死書》作者索甲仁波切性侵女信徒、澳洲喇嘛秋達公開道歉、美國最大假藏傳佛教組織領導人邱陽創巴仁波切的性氾濫，等等事件背後眞相的揭露。作者：張善思、呂艾倫、辛燕。售價250元。

黯淡的達賴—失去光彩的諾貝爾和平獎：本書舉出很多證據與論述，詳述達賴喇嘛不爲世人所知的一面，顯示達賴喇嘛並不是眞正的和平使者，而是假借諾貝爾和平獎的光環來欺騙世人；透過本書的說明與舉證，讀者可以更清楚的瞭解，達賴喇嘛是結合暴力、黑暗、淫欲於喇嘛教裡的集團首領，其政治行爲與宗教主張，早已讓諾貝爾和平獎的光環染污了。　本書由財團法人正覺教育基金會寫作、編輯，由正覺出版社印行，每冊250元。

第七意識與第八意識？—穿越時空「超意識」：「三界唯心，萬法唯識」是佛教中應該實證的聖教，也是《華嚴經》中明載而可以實證的法界實相。唯心者，三界一切境界、一切諸法唯是一心所成就，即是每一個有情的第八識如來藏，不是意識心。唯識者，即是人類各各都具足的八識心王——眼識、耳鼻舌身意識、意根、阿賴耶識，第八阿賴耶識又名如來藏，人類五陰相應的萬法，莫不由八識心王共同運作而成就，故說萬法唯識。依聖教量及現量、比量，都可以證明意識是二法因緣生，是由第八識藉意根與法塵二法爲因緣而出生，又是夜夜斷滅不存之生滅心，即無可能反過來出生第七識意根、第八識如來藏，當知不可能從生滅性的意識心中，細分出恆審思量的第七識意根，更無可能細分出恆而不審的第八識如來藏。本書是將演講內容整理成文字，細說如是內容，並已在《正覺電子報》連載完畢，今彙集成書以廣流通，欲幫助佛門有緣人斷除意識我見，跳脫於識陰之外而取證聲聞初果；嗣後修學禪宗時即得不墮外道神我之中，得以求證第八識金剛心而發起般若實智。平實導師 述，每冊300元。

中觀金鑑—詳述應成派中觀的起源與其破法本質：學佛人往往迷於中觀學派之不同學說，被應成派與自續派所迷惑；修學般若中觀二十年後自以爲實證般若中觀了，卻仍不曾入門，甫聞實證般若中觀者之所說，則茫無所知，迷惑不解；隨後信心盡失，不知如何實證佛法；凡此，皆因惑於這二派中觀學說所致。自續派中觀所說同於常見，以意識境界立爲第八識如來藏之境界，應成派所說則同於斷見，但又同立意識爲常住法，故亦具足斷常二見。今者孫正德老師有鑑於此，乃將起源於密宗的應成派中觀學說，追本溯源，詳考其來源之外，亦一一舉證其立論內容，詳加辨正，令密宗雙身法祖師以識陰境界而造之應成派中觀學說本質，詳細呈現於學人眼前，令其維護雙身法之目的無所遁形。若欲遠離密宗此二大派中觀謬說，欲於三乘菩提有所進道者，允宜具足閱讀並細加思惟，反覆讀之以後將可捨棄邪道返歸正道，則於般若之實證即有可能，證後自能現觀如來藏之中道境界而成就中觀。本書分上、中、下三冊，每冊250元，全部出版完畢。

人間佛教—實證者必定不悖三乘菩提：「大乘非佛說」的講法似乎流傳已久，卻只是日本人企圖擺脫中國正統佛教的影響，而在明治維新時期才開始提出來的說法；台灣佛教、大陸佛教的淺學無智之人，由於未曾實證佛法而迷信日本人錯誤的學術考證，錯認爲這些別有用心的日本佛學考證的講法爲天竺佛教的眞實歷史；甚至還有更激進的反對佛教者提出「釋迦牟尼佛並非眞實存在，只是後人捏造的假歷史人物」，竟然也有少數人願意跟著「學術」的假光環而信受不疑，於是開始有一些佛教界人士造作了反對中國佛教而推崇南洋小乘佛教的行爲，使佛教的信仰者難以檢擇，導致一般大陸人士開始轉入基督教的盲目迷信中。在這些佛教及外教人士之中，也就有一分人根據此邪說而大聲主張「大乘非佛說」的謬論，這些人以「人間佛教」的名義來抵制中國正統佛教，公然宣稱中國的大乘佛教是由聲聞部派佛教的凡夫僧所創造出來的。這樣的說法流傳於台灣及大陸佛教界凡夫僧之中已久，卻非眞正的佛教歷史中曾經發生過的事，只是繼承六識論的聲聞法中凡夫僧依自己的意識境界立場，純憑臆想而編造出來的妄想說法，卻已經影響許多無智之凡夫僧俗信受不移。本書則是從佛教的經藏法義實質及實證的現量內涵本質立論，證明大乘佛法本是佛說，是從《阿含正義》尚未說過的不同面向來討論「人間佛教」的議題，證明「大乘眞佛說」。閱讀本書可以斷除六識論邪見，迴入三乘菩提正道發起實證的因緣；也能斷除禪宗學人學禪時普遍存在之錯誤知見，對於建立參禪時的正知見有很深的著墨。平實導師 述，內文488頁，全書528頁，定價400元。

喇嘛性世界—揭開假藏傳佛教譚崔瑜伽的面紗：這個世界中的喇嘛，號稱來自世外桃源的香格里拉，穿著或紅或黃的喇嘛長袍，散布於我們的身邊傳教灌頂，吸引了無數的人嚮往學習；這些喇嘛虔誠地爲大衆祈福，手中拿著寶杵（金剛）與寶鈴（蓮花），口中唸著咒語：「唵．嘛呢．叭咪．吽……」，咒語的意思是說：「我至誠歸命金剛杵上的寶珠伸向蓮花寶穴之中」！「喇嘛性世界」是什麼樣的「世界」呢？本書將爲您呈現喇嘛世界的面貌。當您發現眞相以後，您將會唸：「噢！喇嘛．性．世界，譚崔性交嘛！」作者：張善思、呂艾倫。售價200元。

見性與看話頭：黃正倖老師的《見性與看話頭》於《正覺電子報》連載完畢，今結集出版。書中詳說禪宗看話頭的詳細方法，並細說看話頭與眼見佛性的關係，以及眼見佛性者求見佛性前必須具備的條件。本書是禪宗實修者追求明心開悟時參禪的方法書，也是求見佛性者作功夫時必讀的方法書，內容兼顧眼見佛性的理論與實修之方法，是依實修之體驗配合理論而詳述，條理分明而且極爲詳實、周全、深入。本書內文375頁，全書416頁，售價300元。

實相經宗通：學佛之目的在於實證一切法界背後之實相，禪宗稱之爲本來面目或本地風光，佛菩提道中稱之爲實相法界；此實相法界即是金剛藏，又名佛法之祕密藏，即是能生有情五陰、十八界及宇宙萬有（山河大地、諸天、三惡道世間）的第八識如來藏，又名阿賴耶識心，即是禪宗祖師所說的眞如心，此心即是三界萬有背後的實相。證得此第八識心時，自能瞭解般若諸經中隱說的種種密意，即得發起實相般若——實相智慧。每見學佛人修學佛法二十年後仍對實相般若茫然無知，亦不知如何入門，茫無所趣；更因不知三乘菩提的互異互同，是故越是久學者對佛法越覺茫然，都肇因於尚未瞭解佛法的全貌，亦未瞭解佛法的修證內容即是第八識心所致。本書對於修學佛法者所應實證的實相境界提出明確解析，並提示趣入佛菩提道的入手處，有心親證實相般若的佛法實修者，宜詳讀之，於佛菩提道之實證即有下手處。平實導師述著，共八輯，已於2016年出版完畢，每輯成本價250元。

真心告訴您(一)——達賴喇嘛在幹什麼？這是一本報導篇章的選集，更是「破邪顯正」的暮鼓晨鐘。「破邪」是戳破假象，說明達賴喇嘛及其所率領的密宗四大派法王、喇嘛們，弘傳的佛法是仿冒的佛法；他們是假藏傳佛教，是坦特羅(譚崔性交)外道法和藏地崇奉鬼神的苯教混合成的「喇嘛教」，推廣的是以所謂「無上瑜伽」的男女雙身法冒充佛法的假佛教，詐財騙色誤導眾生，常常造成信徒家庭破碎、家中兒少失怙的嚴重後果。「顯正」是揭櫫眞相，指出眞正的藏傳佛教只有一個，就是覺囊巴，傳的是 釋迦牟尼佛演繹的第八識如來藏妙法，稱爲他空見大中觀。正覺教育基金會即以此古今輝映的如來藏正法正知見，在眞心新聞網中逐次報導出來，將箇中原委「眞心告訴您」，如今結集成書，與想要知道密宗眞相的您分享。售價250元。

法華經講義：此書爲平實導師始從2009/7/21演述至2014/1/14之講經錄音整理所成。世尊一代時教，總分五時三教，即是華嚴時、聲聞緣覺教、般若教、種智唯識教、法華時；依此五時三教區分爲藏、通、別、圓四教。本經是最後一時的圓教經典，圓滿收攝一切法教於本經中，是故最後的圓教聖訓中，特地指出無有三乘菩提，其實唯有一佛乘；皆因眾生愚迷故，方便區分爲三乘菩提以助眾生證道。世尊於此經中特地說明如來示現於人間的唯一大事因緣，便是爲有緣眾生「開、示、悟、入」諸佛的所知所見——第八識如來藏妙眞如心，並於諸品中隱說「妙法蓮花」如來藏心的密意。然因此經所說甚深難解，眞義隱晦，古來難得有人能窺堂奧；平實導師以知如是密意故，特爲末法佛門四眾演述《妙法蓮華經》中各品蘊含之密意，使古來未曾被古德註解出來的「此經」密意，如實顯示於當代學人眼前。乃至〈藥王菩薩本事品〉、〈妙音菩薩品〉、〈觀世音菩薩普門品〉、〈普賢菩薩勸發品〉中的微細密意，亦皆一併詳述之，開前人所未曾言之密意，示前人所未見之妙法。最後乃至以〈法華大義〉而總其成，全經妙旨貫通始終，而依佛旨圓攝於一心如來藏妙心，厥爲曠古未有之大說也。平實導師述，共有25輯，已於2019/05/31出版完畢。每輯300元。

西藏「活佛轉世」制度—附佛、造神、世俗法：歷來關於喇嘛教活佛轉世的研究，多針對歷史及文化兩部分，於其所以成立的理論基礎，較少系統化的探討。尤其是此制度是否依據「佛法」而施設？是否合乎佛法眞實義？現有的文獻大多含糊其詞，或人云亦云，不曾有明確的闡釋與如實的見解。因此本文先從活佛轉世的由來，探索此制度的起源、背景與功能，並進而從活佛的尋訪與認證之過程，發掘活佛轉世的特徵，以確認「活佛轉世」在佛法中應具足何種果德。定價150元。

真心告訴您(二)—達賴喇嘛是佛教僧侶嗎？補祝達賴喇嘛八十大壽：這是一本針對當今達賴喇嘛所領導的喇嘛教，冒用佛教名相、於師徒間或師兄姊間，實修男女邪淫，而從佛法三乘菩提的現量與聖教量，揭發其謊言與邪術，證明達賴及其喇嘛教是仿冒佛教的外道，是「假藏傳佛教」。藏密四大派教義雖有「八識論」與「六識論」的表面差異，然其實修之內容，皆共許「無上瑜伽」四部灌頂爲究竟「成佛」之法門，也就是共以男女雙修之邪淫法爲「即身成佛」之密要，雖美其名曰「欲貪爲道」之「金剛乘」，並誇稱其成就超越於（應身佛）釋迦牟尼佛所傳之顯教般若乘之上；然詳考其理論，則或以意識離念時之粗細心爲第八識如來藏，或以中脈裡的明點爲第八識如來藏，或如宗喀巴與達賴堅決主張第六意識爲常恆不變之眞心者，分別墮於外道之常見與斷見中；全然違背 佛說能生五蘊之如來藏的實質。售價300元。

涅槃—解說四種涅槃之實證及內涵：眞正學佛之人，首要即是見道，由見道故方有涅槃之實證，證涅槃者方能出生死，但涅槃有四種：二乘聖者的有餘涅槃、無餘涅槃，以及大乘聖者的本來自性清淨涅槃、佛地的無住處涅槃。大乘聖者實證本來自性清淨涅槃，入地前再取證二乘涅槃，然後起惑潤生捨離二乘涅槃，繼續進修而在七地心前斷盡三界愛之習氣種子，依七地無生法忍之具足而證得念念入滅盡定；八地後進斷異熟生死，直至妙覺地下生人間成佛，具足四種涅槃，方是眞正成佛。此理古來少人言，以致誤會涅槃正理者比比皆是，今於此書中廣說四種涅槃、如何實證之理、實證前應有之條件，實屬本世紀佛教界極重要之著作，令人對涅槃有正確無訛之認識，然後可以依之實行而得實證。本書共有上下二冊，每冊各四百餘頁，對涅槃詳加解說，每冊各350元。

佛藏經講義：本經說明爲何佛菩提難以實證之原因，都因往昔無數阿僧祇劫前的邪見，引生此世求證時之業障而難以實證。即以諸法實相詳細解說，繼之以念佛品、念法品、念僧品，說明諸佛與法之實質；然後以淨戒品之說明，期待佛弟子四眾堅持清淨戒而轉化心性，並以往古品的實例說明，教導四眾務必滅除邪見轉入正見中，然後以了戒品的說明和囑累品的付囑，期望末法時代的佛門四眾弟子皆能清淨知見而得以實證。平實導師於此經中有極深入的解說，總共21輯，每輯300元，於2019/07/31開始發行。

修習止觀坐禪法要講記：修學四禪八定之人，往往錯會禪定之修學知見，欲以無止盡之坐禪而證禪定境界，卻不知修除性障之行門才是修證四禪八定不可或缺之要素，故智者大師云「性障初禪」；性障不除，初禪永不現前，云何修證二禪等？又：行者學定，若唯知數息，而不解六妙門之方便善巧者，欲求一心入定，未到地定極難可得，智者大師名之爲「事障未來」：障礙未到地定之修證。又禪定之修證，不可違背二乘菩提及第一義法，否則縱使具足四禪八定，亦不能實證涅槃而出三界。此諸知見，智者大師於《修習止觀坐禪法要》中皆有闡釋。作者平實導師以其第一義之見地及禪定之實證證量，曾加以詳細解析。將俟正覺寺竣工啓用後重講，不限制聽講者資格；講後將以語體文整理出版。欲修習世間定及增上定之學者，宜細讀之。平實導師述著。

解深密經講記：本經係 世尊晚年第三轉法輪，宣說地上菩薩所應熏修之唯識正義經典，經中所說義理乃是大乘一切種智增上慧學，以阿陀那識—如來藏—阿賴耶識爲主體。禪宗之證悟者，若欲修證初地無生法忍乃至八地無生法忍者，必須修學《楞伽經、解深密經》所說之八識心王一切種智；此二經所說正法，方是眞正成佛之道；印順法師否定第八識如來藏之後所說萬法緣起性空之法，是以誤會後之二乘解脫道取代大乘眞正成佛之道，尚且不符二乘解脫道正理，亦已墮於斷滅見中，不可謂爲成佛之道也。平實導師曾於本會郭故理事長往生時，於喪宅中從首七開始宣講，於每一七各宣講三小時，至第十七而快速略講圓滿，作爲郭老之往生佛事功德，迴向郭老早證八地、速返娑婆住持正法。茲爲今時後世學人故，將擇期重講《解深密經》，以淺顯之語句講畢後，將會整理成文，用供證悟者進道；亦令諸方未悟者，據此經中佛語正義，修正邪見，依之速能入道。平實導師述著，全書輯數未定，每輯三百餘頁，將於未來重講完畢後逐輯出版。

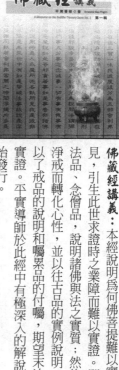

阿含經講記—小乘解脫道之修證：數百年來，南傳佛法所說證果之不實，所說解脫道之虛妄，所弘解脫道法義之世俗化，皆已少人知之；從南洋傳入台灣與大陸之後，所說法義虛謬之事，亦復少人知之；今時台灣全島印順系統之法師居士，多不知南傳佛法數百年來所說解脫道之義理已然偏斜、已然世俗化、已非眞正之二乘解脫正道，猶極力推崇與弘揚。彼等南傳佛法近代所謂之證果者皆非眞實證果者，譬如阿迦曼、葛印卡、帕奧禪師、一行禪師……等人，悉皆未斷我見故。近年更有台灣南部大願法師，高抬南傳佛法之二乘修證行門爲「捷徑究竟解脫之道」者，然而南傳佛法縱使眞修實證，得成阿羅漢，至高唯是二乘菩提解脫之道，絕非究竟解脫，無餘涅槃中之實際尚未得證故，法界之實相尚未了知故，習氣種子待除故，一切種智未實證故，焉得謂爲「究竟解脫」？即使南傳佛法近代眞有實證之阿羅漢，尚且不及三賢位中之七住明心菩薩本來自性清淨涅槃智慧境界，則不能知此賢位菩薩所證之無餘涅槃實際，仍非大乘佛法中之見道者，何況普未實證聲聞果乃至未斷我見之人？謬充證果已屬逾越，更何況是誤會二乘菩提之後，以未斷我見之凡夫知見所說之二乘菩提解脫偏斜法道，焉可高抬爲「究竟解脫」？而且自稱「捷徑之道」？又妄言解脫之道即是成佛之道，完全否定般若實智、否定三乘菩提所依之如來藏心體，此理大大不通也！平實導師爲令修學二乘菩提欲證解脫果者，普得迴入二乘菩提正見、正道中，是故選錄四阿含諸經中，對於二乘解脫道法義有具足圓滿說明之經典，預定未來十年內將會加以詳細講解，令學佛人得以了知二乘解脫道之修證理路與行門，庶免被人誤導之後，未證言證，梵行未立，干犯道禁自稱阿羅漢或成佛，成大妄語，欲升反墮。本書首重斷除我見，以助行者斷除我見而實證初果爲著眼之目標，若能根據此書內容，配合平實導師所著《識蘊眞義》《阿含正義》內涵而作實地觀行，實證初果非爲難事，行者可以藉此三書自行確認聲聞初果爲實際可得現觀成就之事。此書中除依二乘經典所說加以宣示外，亦依斷除我見等之證量，及大乘法中道種智之證量，對於意識心之體性加以細述，令諸二乘學人必定得斷我見、常見，免除三縛結之繫縛。次則宣示斷除我執之理，欲令升進而得薄貪瞋痴，乃至斷五下分結…等。平實導師將擇期講述，然後整理成書。共二冊，每冊三百餘頁。每輯300元。

＊喇嘛教修外道雙身法，墮識陰境界，非佛教＊

＊弘揚如來藏他空見的覺囊派才是眞正藏傳佛教＊

總經銷： 聯合發行股份有限公司
231 新北市新店區寶橋路 235 巷 6 弄 6 號 4F
Tel.02－2917-8022（代表號） Fax.02－2915-6275（代表號）

零售：1.**全台連鎖經銷書局：**
三民書局、誠品書局、何嘉仁書店
敦煌書店、紀伊國屋、金石堂書局、建宏書局
諾貝爾圖書城、墊腳石圖書文化廣場

2.**台北市**：佛化人生 **大安區**羅斯福路 3 段 325 號 6 樓之 4　台電大樓對面
3.**新北市**：春大地書店 **蘆洲區**中正路 117 號
4.**桃園市**：御書堂 **龍潭區**中正路 123 號
5.**新竹市**：大學書局 **東區**建功路 10 號
6.**台中市**：瑞成書局 **東區**雙十路 1 段 4 之 33 號
佛教詠春書局 **南屯區**永春東路 884 號
文春書店 **霧峰區**中正路 1087 號
7.**彰化市**：心泉佛教文化中心 南瑤路 286 號
8.**高雄市**：政大書城 **前鎮區**中華五路 789 號 2 樓（高雄夢時代店）
明儀書局 **三民區**明福街 2 號
青年書局 **苓雅區**青年一路 141 號
9.**台東市**：東普佛教文物流通處 博愛路 282 號
10.**其餘鄉鎮市經銷書局**：請電詢總經銷**聯合**公司。
11.**大陸地區請洽：**

香港：樂文書店
旺角店 :香港九龍旺角西洋菜街 62 號 3 樓
電話 :(852) 2390 3723　email: luckwinbooks@gmail.com
銅鑼灣店 :香港銅鑼灣駱克道 506 號 2 樓
電話 :(852) 2881 1150　email: luckwinbs@gmail.com

廈門：廈門外圖臺灣書店有限公司
地址：廈門市思明區湖濱南路809 號 廈門外圖書城3 樓 郵編：361004
電話：0592-5061658（臺灣地區請撥打 86-592-5061658）
E-mail：JKB118@188.COM

12.**美國：世界日報圖書部**：紐約圖書部　電話 7187468889#6262
洛杉磯圖書部　電話 3232616972#202

13.**國內外地區網路購書：**
正智出版社 書香園地　http://books.enlighten.org.tw/
（書籍簡介、經銷書局可直接聯結下列網路書局購書）
三民 網路書局　http://www.sanmin.com.tw
誠品 網路書局　http://www.eslitebooks.com
博客來 網路書局　http://www.books.com.tw

金石堂 網路書局 http://www.kingstone.com.tw

聯合 網路書局 http:// www.nh.com.tw

附註：1.請儘量向各經銷書局購買：郵政劃撥需要八天才能寄到（本公司在您劃撥後第四天才能接到劃撥單，次日寄出後第二天您才能收到書籍，此六天中可能會遇到週休二日，是故共需八天才能收到書籍）若想要早日收到書籍者，請劃撥完畢後，將劃撥收據貼在紙上，旁邊寫上您的姓名、住址、郵區、電話、買書詳細內容，直接傳真到本公司 02-28344822，並來電 02-28316727、28327495 確認是否已收到您的傳眞，即可提前收到書籍。 2.因台灣每月皆有五十餘種宗教類書籍上架，書局書架空間有限，故唯有新書方有機會上架，通常每次只能有一本新書上架；本公司出版新書，大多上架不久便已售出，若書局未再叫貨補充者，書架上即無新書陳列，則請直接向書局櫃台訂購。 3.若書局不便代購時，可於晚上共修時間向正覺同修會各共修處請購（共修時間及地點，詳閱**共修現況表**。每年例行年假期間請勿前往請書，年假期間請見共修現況表）。 4.郵購：郵政劃撥帳號 19068241。 5.正覺同修會會員購書都以八折計價（戶籍台北市者爲一般會員，外縣市爲護持會員）都可獲得優待，欲一次購買全部書籍者，可以考慮入會，節省書費。入會費一千元（第一年初加入時才需要繳），年費二千元。**6.尚未出版之書籍，請勿預先郵寄書款與本公司，謝謝您！** 7.若欲一次購齊本公司書籍，或同時取得正覺同修會贈閱之全部書籍者，請於正覺同修會共修時間，親到各共修處請購及索取；**台北市讀者**請洽：103 台北市承德路三段 267 號 10 樓（捷運淡水線 圓山站旁）請書時間：週一至週五爲 18.00~21.00，第一、三、五週週六爲 10.00~21.00，雙週之週六爲 10.00~18.00 請購處專線電話：25957295-分機 14（於請書時間方有人接聽）。

敬告大陸讀者：

大陸讀者購書、索書捷徑（尚未在大陸出版的書籍，以下二個途徑都可以購得，電子書另包括結緣書籍）：

1.廈門外國圖書公司：廈門市思明區湖濱南路 809 號 廈門外圖書城 3F
郵編：361004　電話：0592-5061658　網址：http://www.xibc.com.cn/

2.電子書：正智出版社有限公司及正覺同修會在台灣印行的各種局版書、結緣書，已有『**正覺電子書**』陸續上線中，提供讀者於手機、平板電腦上購書、下載、閱讀正智出版社、正覺同修會及正覺教育基金會所出版之電子書，詳細訊息敬請參閱『正覺電子書』專頁：http://books.enlighten.org.tw/ebook

關於平實導師的書訊，請上網查閱：

成佛之道　http://www.a202.idv.tw

正智出版社 書香園地　http://books.enlighten.org.tw/

中國網採訪佛教正覺同修會、正覺教育基金會訊息：

http://big5.china.com.cn/gate/big5/fangtan.china.com.cn/2014-06/19/content_32714638.htm

http://pinpai.china.com.cn/

★ 正智出版社有限公司售書之稅後盈餘，全部捐助財團法人正覺寺籌備處、佛教正覺同修會、正覺教育基金會，供作弘法及購建道場之用；懇請諸方大德支持，功德無量。

★ 聲　明 ★

本社於 2015/01/01 開始調整本目錄中部分書籍之售價，以因應各項成本的持續增加。

＊喇嘛教修外道雙身法、墮識陰境界，非佛教＊

＊弘揚如來藏他空見的覺囊派才是真正藏傳佛教＊

售後服務—換書啓事（免附回郵） 2017/12/05

《楞伽經詳解》第三輯初版免費調換新書啓事：茲因 平實導師弘法早期尚未回復往世全部證量，有些法義接受他人的說法，寫書當時並未察覺而有二處（同一種法義）跟著誤說，如今發現已將之修正。茲爲顧及讀者權益，已開始免費調換新書；敬請所有讀者將以前所購第三輯（不論第幾刷），攜回或寄回本公司免費換新；郵寄者之回郵由本公司負擔，不需寄來郵票。因此而造成讀者閱讀、以及換書的不便，在此向所有讀者致上萬分的歉意，祈請讀者大眾見諒！

《楞嚴經講記》第 14 輯初版首刷本免費調換新書啓事：本講記第 14 輯出版前因 平實導師諸事繁忙，未將之重新閱讀而只改正校對時發現的錯別字，故未能發覺十年前所說法義有部分錯誤，於第 15 輯付印前重閱時才發覺第 14 輯中有部分錯誤尚未改正。今已重新審閱修改並已重印完成，煩請所有讀者將以前所購第 14 輯初版首刷本，寄回本公司免費換新（初版二刷本無錯誤），本公司將於寄回新書時同時附上您寄書來換新時的郵資，並在此向所有讀者致上最誠懇的歉意。

《心經密意》初版書免費調換二版新書啓事：本書係演講錄音整理成書，講時因時間所限，省略部分段落未講。後於再版時補寫增加 13 頁，維持原價流通之。茲爲顧及初版讀者權益，自 2003/9/30 開始免費調換新書，原有初版一刷、二刷書籍，皆可寄來本公司換書。

《宗門法眼》已經增寫改版爲 464 頁新書，2008 年 6 月中旬出版。讀者原有初版之第一刷、第二刷書本，都可以寄回本公司免費調換改版新書。改版後之公案及錯悟事例維持不變，但將內容加以增說，較改版前更具有廣度與深度，將更能助益讀者參究實相。

換書者**免附回郵**，亦無截止期限；舊書請寄：111 台北郵政 73-151 號信箱 或 103 台北市承德路三段 267 號 10 樓 正智出版社有限公司。舊書若有塗鴨、殘缺、破損者，仍可換取新書；但缺頁之舊書至少應仍有五分之三頁數，方可換書。所有讀者不必顧念本公司是否有盈餘之問題，都請踴躍寄來換書；本公司成立之目的不是營利，只要能眞實利益學人，即已達到成立及運作之目的。若以郵寄方式換書者，免附回郵；並於寄回新書時，由本公司附上您寄來書籍時耗用的郵資。造成您不便之處，再次致上萬分的歉意。

正智出版社有限公司 啓

國立中央圖書館出版品預行編目資料

宗通與說通：成佛之道／蕭平實 .--初版.
--台北市：正智，2000〔民 89〕
面；　　　公分

ISBN 957-97840-7-8（平裝）

1.成佛論　　2.佛教－哲學，原理

220.127　　　　89019601

宗通與說通——成佛之道

作　者：平實導師
初　校：章乃鈞　蘇振慶
二　校：游世光　方明慧
出版者：正智出版社有限公司
電話：○二 28327495　28316727（白天）
傳眞：○二 28344822
111 台北郵政信箱 73 之 151 號
郵政劃撥帳號：一九○六八二四一
正覺講堂：總機○二 25957295（夜間）
總 經 銷：聯合發行股份有限公司
231 新北市新店區寶橋路 235 巷 6 弄 6 號 4 樓
電話：○二 29178022（代表號）
傳眞：○二 29156275
初　版：公元二○○○年十二月　二千冊
初版十五刷：公元二○二○年七月　二千冊
定　價：三○○元